Alexander Baumgartner

Das Ramayana und die Rama-Literatur der Inder

Eine literaturgeschichtliche Skizze

Verlag
der
Wissenschaften

Alexander Baumgartner

Das Ramayana und die Rama-Literatur der Inder

Eine literaturgeschichtliche Skizze

ISBN/EAN: 9783957002143

Auflage: 1

Erscheinungsjahr: 2014

Erscheinungsort: Norderstedt, Deutschland

Hergestellt in Europa, USA, Kanada, Australien, Japan
Verlag der Wissenschaften in Hansebooks GmbH, Norderstedt

Das Râmâyana

und die

Râma-Literatur der Inder.

Eine literaturgeschichtliche Skizze

von

Alexander Baumgartner S. J.

> So lange die Berge ragend stehn,
> Die Flüsse zum Meere wallen,
> Soll weithin das Râmâyana
> Von Land zu Land erschallen.
> Bâlmîki.

(Ergänzungshefte zu den „Stimmen aus Maria-Laach". — 62.)

Freiburg im Breisgau.
Herder'sche Verlagshandlung.
1894.
Zweigniederlassungen in Straßburg, München und St. Louis, Mo.
Wien I, Wollzeile 33: B. Herder, Verlag.

Inhaltsverzeichniß.

Einleitung VII
1. Râma Vishnu 1
2. Bâlmîkis Râmâyana 13
    I. Das Buch der Jugend (Bâla-Kânba) 13
    II. Das Buch Ayobhyâ (Ayobhyâ-Kânba) 28
    III. Das Buch vom Walde (Aranya-Kânba) 33
    IV. Das Buch Kishkindhâ (Kishkindhâ-Kânba) . . . 41
    V. Das schöne Buch (Sunbara-Kânba) 43
    VI. Das Buch vom Kampfe (Yubbha-Kânba) . . . 45
    VII. Das letzte Buch (Uttara-Kânba) 52
3. Ursprung und Abfassungszeit des Râmâyana 57
4. Poetischer Werth des Râmâyana 66
5. Das Râmâyana im Mahâbhârata (Râmopâkhyâna) und in den Purânas 75
6. Die Râma-Sage als buddhistische Erzählung (Dasaratha-Jâtaka) . 83
7. Das Râmalied der klassischen Blüthenperiode (Kâlidâsas Raghuvamça) 91
8. Das Râmalied als grammatisches Exempelbuch (Bhattikâvya) . . 103
9. Das Gedicht von Râvanas Tod oder vom Brückenbau (Râvanavaha oder Setubandha) 108
10. Die Râma-Schauspiele des Bhavabhûti (Mahâvîra-Carita. Uttararâma-Carita) 114
11. Spätere Râma-Schauspiele 125
12. Das Hinbi-Râmâyana des Tulsi Dâs (Râm-carit-mânas) . . 134
13. Das Râmâyana in den andern Volkssprachen Indiens . . . 150
14. Das Râmâyana im heutigen Volksleben Indiens . . . 161

Einleitung.

Wie die Ilias und die Odyssee, so gehören auch die zwei großen indischen Epen, das Mahâbhârata und das Râmâyana, zu den Marksteinen der Weltliteratur. Die Sagenwelt, das Geistesleben, die Bildung und Eigenart eines der merkwürdigsten alten Culturvölker hat sich darin zu einem großen Gesamtbilde verkörpert, an dem die folgenden Geschlechter durch mehr als zwei Jahrtausende sich erfreuten und begeisterten, belehrten und heranschulten. Ein großer Theil der spätern Sanskrit-Literatur ist aus diesem fruchtbaren Wurzelstock emporgeblüht und ohne denselben nicht zu verstehen. Ist auch Zeit und Ursprung der beiden Gedichte noch in unsicheres Dunkel gehüllt, so kann doch kein Zweifel sein, daß die ihnen zu Grunde liegenden Sagen über den Anfang unserer Zeitrechnung hinaus in ein beträchtlich hohes Alterthum zurückreichen und daß sie bei einem der zahlreichsten Völker der Erde bis heute ihre lebendige Anziehungskraft unverändert bewahrt haben. Beide sind durch ganz Indien volksthümlich geworden und geblieben und haben auf das gesamte Geistesleben einen entscheidenden Einfluß ausgeübt; beide sind über den Himâlaya hinaus in die Thäler von Kaschmir gedrungen und ostwärts bis in die Sunda-Inseln. Das Mahâbhârata hat dabei den Vorzug, daß es die größere Masse alter Sagen, Dichtungen und Ueberlieferungen verschiedener Epochen in sich schließt; das Râmâyana aber ist kunstvoller abgerundet, hat fruchtbarer auf die spätere Literatur eingewirkt und ist als Ganzes auch volksthümlicher geworden.

In das Abendland drang nähere Kunde über die merkwürdige Dichtung erst seit dem Anfang des gegenwärtigen Jahrhunderts. Friedrich von Schlegel war es, der sie während seines Pariser Aufenthalts (1803 bis 1806) kennen lernte, sich als erster Pionier in dieselbe hineinarbeitete und 1808 einen kurzen Abriß derselben nebst einigen metrischen Uebersetzungsproben als Anhang zu seiner für die Indologie wie für die vergleichende Sprachforschung bahnbrechenden Abhandlung „Ueber die Sprache und Weisheit der Indier" veröffentlichte[1]. Sein Bruder August Wilhelm unternahm es dann, eine kritische Ausgabe des Sanskrittextes mit lateinischer Uebersetzung zu veranstalten, von welcher 1829 und 1838 zwei Bände erschienen. Das verdienstvolle Unternehmen gerieth jedoch ins Stocken, ehe noch ein Drittel der Aufgabe gelöst war. Nicht glücklicher waren die Engländer Carey und Marshman, welche (1806) eine Sanskritausgabe mit englischer Uebersetzung begannen. Erst dem Italiener Gaspare Gorresio gelang es (1843 bis 1870), eine Ausgabe des Originaltextes (aber nach einer andern, der sogen. bengalischen Recension) mit italienischer Prosa-Uebersetzung zu vollenden. In Indien ward inzwischen die Dichtung wiederholt gedruckt, während H. Fauche sie (1854 bis 1858) in französische Prosa, R. Griffith (1870 bis 1874) in sehr schöne englische Verse übersetzte[2].

Auch in Deutschland hat das Râmâyana mannigfache Beachtung gefunden, wenn auch nicht in gleichem Maße wie der Rigveda, die philosophischen und grammatischen Werke der Inder und neuerdings namentlich die religiösen Schriften der Buddhisten. Text, Form, Entstehung der Dichtung wurden eingehend geprüft, ihre sprachlichen, geschichtlichen, culturgeschichtlichen und religiösen Beziehungen vielfach erörtert[3]. Das Augenmerk blieb indes mehr darauf gerichtet, den Werdeproceß des Epos mit kritischem Scharfsinne zu zergliedern, als es in seiner Gesamtheit auf-

---

[1] Friedrich v. Schlegel, Sämtl. Werke. 2. Orig.-Ausg. X (Wien 1846), 193—225; VIII, 271—382.

[2] Ramayana id est Carmen epicum de Ramae rebus gestis poetae antiquissimi Valmicis opus. Textum codd. mss. collatis recensuit, interpretationem latinam et annotationes criticas adiecit *Aug. Guil. a Schlegel*. Bonnae 1829. 1838. — *Carey* and *Marshman*, Râmâyana. Serampore 1806. 1808. 1810 (nur die zwei ersten Bücher in 3 Bdn.). — Ramayana, Poema Indiano di Valmici. Testo Sanskrito secondo i codici manoscritti della scuola Gaudana. Per *Gaspare Gorresio*. 10 voll. Parigi 1843—1858. Uttara Kânda, ibid. 1867—1870. — Indische Ausgaben: (in Devanagari-Schrift) Bombay 1859 (mit Commentar). 1864. 1888; Calcutta 1881; (in Grantha-Schrift) Madras 1864; (in Telugu-Schrift) Madras 1864. 1871; (in canaresischer Schrift) Bangalore, çaka 1785 (1863). — *Hipp. Fauche*, Le Râmâyana. 9 vols. Paris 1854—1858. — *Ralph T. H. Griffith*, The Râmâyana of Vâlmîki, translated into English verse. 5 vols. Benares and London 1870—1874. — *Manmatha Nath Dutt*, The Râmâyana, translated into English prose from the original sanskrit of Vâlmîki. 6 vols. Calcutta 1891—1893.

[3] Die wichtigsten Monographien sind: Alb. Weber, Ueber das Râmâyana. Aus d. Abhandlungen d. kgl. Akad. d. Wissenschaften zu Berlin. Berlin 1870. Hermann Jacobi, Das Râmâyana. Geschichte und Inhalt nebst Concordanz der gedruckten Recensionen. Bonn 1893.

zufassen, wie es als poetische Schöpfung in seiner dermaligen Gestalt wenigstens schon seit vielen Jahrhunderten die Völker Indiens erfreute. Abgesehen von ein paar kleinen Bruchstücken, welche noch in den Tagen der Romantik von den Gebrüdern Schlegel und F. Bopp verdeutscht wurden, ist nur ein einziges Buch der Dichtung, und zwar in möglichst verkürzter Fassung, durch A. Holtzmann dem weitern deutschen Leserkreise erschlossen[1]. Was die Literaturgeschichten darüber bieten, ist noch ungleich karger und dürftiger und völlig unzureichend, um sich von der wirklichen Bedeutung desselben eine entsprechende Vorstellung zu machen.

Es mag darum der Versuch nicht ganz überflüssig erscheinen, durch einen etwas reichlichern Auszug auch weitern Kreisen einen genauern Einblick in das höchst seltsame Werk zu gewähren und zugleich in einigen Umrissen den gewaltigen Einfluß zu skizziren, welchen es auf die übrige Literatur und das Geistesleben Indiens ausgeübt hat. Das ist der bescheidene Zweck der vorliegenden Schrift. Soweit es dazu erforderlich schien, wurde die einschlägige Fachliteratur ausgiebig herangezogen; doch macht die Schrift keinen Anspruch, die Resultate der letztern um neue zu bereichern.

Wenn ein derartiger Versuch bisher nicht von andern unternommen worden ist, so mögen zum Theil schon die vorhandenen Proben abgeschreckt haben. Denn der indische Geschmack weicht nun einmal völlig von dem unsrigen ab. Die indische Mythologie ist uns nicht von der Schule her geläufig wie die griechische oder römische. An Umfang überschreiten die indischen Heldengedichte jedes uns gewohnte Maß. Endlich mochte es gewagt erscheinen, über eine Dichtung zu schreiben, die nicht in einer einzigen endgiltig bestimmten Fassung vorlag, über deren echte und unechte, älteste, alte und neuere Bestandtheile die gelehrtesten Forscher unter sich disputirten.

Das Râmâyana ist indes kein literarisches Ungeheuer von so unabsehbarem, verwirrendem Umfang wie das Mahâbhârata. Es umfaßt nur 24000 Çlokas (Doppelverse zu je 16 Silben, so daß der Çloka ungefähr zwei Hexametern entspricht), ist also nur etwa doppelt so groß als die Ilias. Dabei ist es in sieben ziemlich gleichmäßige Bücher (Kânda), diese wieder in je 67 bis 119 kurze, übersichtliche, fast romanzenartige Cantos (Sarga) abgetheilt, die sich ungezwungen aneinanderfügen. Das Ganze stellt sich als eine einheitliche, planmäßige und wohlgegliederte Kunstdichtung

---

[1] Adolf Holtzmann, Indische Sagen II (2. Aufl., Stuttgart 1854), 181 bis 344 (Râma nach Bâlmîki).

dar. Mag vieles darin uns seltsam, fremdartig, ja abgeschmackt und abstoßend erscheinen, so zeigt sich in andern Stellen die geistige Verwandtschaft der indogermanischen Stämme, ein hoher Bildungsgrad und die Gemeinsamkeit der natürlichen, menschlichen Ideale.

Was den Text der Dichtung betrifft, so liegt derselbe allerdings in wenigstens drei voneinander abweichenden Hauptfassungen vor: der sogen. nördlichen, welche A. W. v. Schlegel seiner Ausgabe zu Grunde legte, der bengalischen, welcher Gorresio folgte, und einer dritten, deren Ursprung Gildemeister in das westliche Vorderindien verlegte und in diesem Sinne west-indisch nannte. So sehr nun diese Recensionen mitunter in der Anordnung sowie in zahlreichen kleinen Einzelheiten voneinander abgehen[1], so stimmen sie doch in der Hauptsache und im Umfang so ziemlich zusammen. Die Dichtung ist in allen drei Fassungen wesentlich dieselbe, und es läßt sich ganz gut ein Abriß geben, der gerade diese wesentlichen Momente charakterisirt, ohne auf die nebensächlichen Verschiedenheiten einzugehen.

Mehr als wahrscheinlich ist es, daß die Dichtung nicht auf einmal jene Gestalt erlangt hat, in welcher sie uns heute vorliegt. Von gründlichen Forschern wird namentlich der größte Theil des I. Buches und das ganze VII. Buch für ein Agglomerat späterer Zeit gehalten; in den andern weisen sprachliche und metrische Verschiedenheiten, sachliche Widersprüche, formelle Unebenheiten auf spätere Einschiebsel hin. Für die Beantwortung vieler sprachlichen und historischen Fragen wäre eine Kritik dieser Einzelheiten nicht zu umgehen. Bei einer allgemeinern literaturgeschichtlichen Betrachtung kann man indes bis zu einem gewissen Grade davon absehen. Alle diese als unecht angefochtenen Zuthaten und Einschiebsel haften der Dichtung nicht bloß seit Jahrhunderten, sondern ziemlich sicher schon seit zwei Jahrtausenden an, und gerade in diesem Zustande ist sie der Quell und Ausgangspunkt der spätern Râma-Literatur geworden. Gerade für jene „unechten" Bestandtheile haben sich die zwei größten Dichter Indiens, Kâlidâsa und Bhavabhûti, sichtlich nicht weniger begeistert als für die echten; die Epigonen sind ihnen gefolgt, und mit den übrigen fünf Büchern sind auch das erste und letzte in die meisten indischen Volkssprachen übergegangen.

---

[1] Die Zahl der Sargen und Çloken in den verschiedenen Ausgaben (Serampore, Schlegel, Gorresio, Bombay) hat A. Weber in einer Tabelle zusammengestellt, welche sehr gut die relative Unsicherheit des Textbestandes veranschaulicht. Zeitschr. d. D. M. G. XVII (1863), 774. Ueber die verschiedenen Recensionen s. Jacobi, Râmâyana S. 2—28.

Man kann also Inhalt, Charakter und Einfluß der Dichtung genügend kennen lernen, ohne sich in jene kritischen Fragen zu vertiefen; ja, da das Râmâyana bis herab auf die Gegenwart anregend weitergewirkt hat, kann man an der Râma-Literatur einigermaßen einen gedrängten Ueberblick über den wesentlichen Verlauf der indischen Literaturentwicklung gewinnen.

Zur leichtern Orientirung für solche, die sich noch nicht mit indischer Literatur beschäftigt haben, wird kurz einiges über die älteste indische Cultur, Literatur und Religion vorausgeschickt.

In der Schreibung der indischen Eigennamen herrscht große Verschiedenheit; wir schließen uns der gebräuchlichern an, wonach „c" wie „tsch", „ch" wie „tschh", „j" wie „dsch", „sh" wie „sche", „v" wie „w" zu sprechen ist; der Zischlaut „ç" liegt zwischen unserem „ß" in „reißen" und dem „sch" in „Schall", nähert sich aber mehr dem „sch". Die besondern Zeichen für die Lingual-Consonanten, das gutturale und palatale n sind durch die einfachen Dental-Zeichen ersetzt, um dem des Sanskrits Unkundigen die Namen nicht noch fremdartiger und verwirrender zu machen.

Für gütige Förderung meiner Studien spreche ich Herrn Dr. Reinhold Rost, dem hochverdienten gew. Oberbibliothekar des India Office in London, seinem Nachfolger Herrn Dr. C. H. Tawney, den Vorständen des British Museum und der Universitätsbibliotheken in Amsterdam und Straßburg, sowie meinem Freunde und Ordensgenossen P. J. N. Straßmaier in London meinen herzlichsten Dank aus.

1. Râma Vishnu.

Die zwei großen indischen Epen stehen nicht als die ältesten Denkmäler an der Spitze der indischen Literatur, wie die homerischen Dichtungen in der griechischen. Es gehen ihnen vier Sammlungen (Samhitâ) bedeutend älterer und durchaus anders gearteter Schriftwerke voraus, die vier Vedas, die heiligen Bücher der Inder. Der Rigveda, die älteste dieser Sammlungen, besteht aus 1017 (nach anderer Zählung 1028) Hymnen und Liedern an die Götter; von den drei andern umfaßt der Yajurveda hauptsächlich liturgische Opfer- und Ritualvorschriften, der Sâmaveda wieder Lieder in methodischer Ordnung, der Atharvaveda vorwiegend abergläubische Hymnen und Zaubersprüche. An die vier Beden schließt sich eine umfangreiche Literatur, welche den Zweck verfolgt, die im Veda meist dunkel ausgesprochene Lehre näher zu erklären und weiter zu entwickeln. Sie zerfällt in vier Hauptgruppen: 1. Die Brâhmanas, welche das im Yajurveda gegebene Opferritual praktisch und theoretisch näher erläutern; 2. die Âranyakas oder Waldbücher, welche, für die in den Wäldern lebenden Einsiedler bestimmt, den Gehalt der religiösen Gebräuche erbaulich, mystisch und theosophisch auseinandersetzen; 3. die Upanishaden, auch Vedânta genannt, eigentlich philosophische Abhandlungen, welche die Ueberlieferungslehre speculativ erörtern, und 4. endlich die Sûtras, methodisch angelegte Sammlungen sowohl über die liturgischen Vorschriften und deren Bedeutung, als über die in frühern Schriften niedergelegte philosophische Speculation [1].

Der Schauplatz, auf welchem uns die geographischen Angaben des Rigveda versetzen, ist das Fünfströmeland, das heutige Pandschab. Der Indus mit seinen Nebenflüssen wird häufig erwähnt, die Yamunâ dreimal,

---

[1] Eingehendere Uebersicht bei *J. Muir*, Original Sanskrit Texts I (2ᵈ ed. London, Trübner, 1872); 2 ff. Albr. Weber, Akad. Vorles. über Indische Literaturgeschichte (2. Aufl., Berlin 1876) S. 8 ff. Leop. v. Schröder, Indiens Literatur und Cultur (Leipzig 1887) S. 45 ff. 87 ff. 291 ff. *W. D. Whitney*, Oriental and Linguistic Studies (New York 1872) p. 1—45. *Max Müller*, A History of Ancient Sanskrit Literature. London 1859.

der Ganges nur einmal[1]. Diesen Angaben entsprechen jene über Bodenbeschaffenheit, Fauna und Flora. Das Volk, das in diesen Hymnen seine Götter preist, nennt sich Ârya, die Edeln, im Gegensatz zu den Anârya, Unedeln, oder Dasyu, Feinden, d. h. den dunkelfarbigen Ureinwohnern, welche mit der Götter Hilfe nach und nach unterworfen oder nach Süden zurückgedrängt werden[2].

Die Cultur, welche sich in diesen Liedern spiegelt, hat noch ein gewisses idyllisch-naives, patriarchalisches Gepräge. Die Viehzucht steht im Vordergrund. Den Hauptreichthum bilden Rosse und Kühe, neben denen auch Büffel, Schafe und Ziegen Erwähnung finden. Die Götter werden um gute Weideplätze angerufen, um Regen, um reichliche Milch, um gutes Futter, um Mehrung der Herden. Doch auch der Ackerbau findet ausgiebige Pflege. Korn, Gerste, Bohnen und Sesam werden gepflanzt, die Felder mit Kanälen bewässert. Die gewöhnlichen Ackergewächse sind bekannt. Die Ackerfurche (Sîtâ) wird als göttliches Wesen verehrt. Das Volk lebt nicht nur in Dörfern (Grâma) beisammen, es gibt auch befestigte Plätze, d. h. Städte (Pur). Da blühen schon die verschiedensten Gewerbe. Wir treffen Schmiede, Töpfer, Gerber, Zimmerleute, Wagenbauer. Die Frauen sind erfahren im Nähen, Weben und Flechten. Auch Anfänge von Handel finden sich vor. Die Dorfschaften sind zu Gauen, diese zu kleinen Reichen vereinigt, denen Könige vorstehen, von den Stammeshäuptern erwählt oder auch, nachdem einmal eine solche Wahl erfolgt, durch Erbschaft zum Throne gelangt. Solcher Fürsten sitzen mehrere am Indus entlang, andere an der Sarasvatî, mitunter sich gegenseitig bekriegend, mitunter gegen gemeinsame Feinde verbündet. Sie erscheinen als Führer im Kriege wie in den Volksversammlungen[3].

Von Kampf und Krieg ist häufig die Rede. Die Krieger sind mit Bogen und Speeren, Schwertern, Streitkolben und Streitäxten bewaffnet, von Panzern beschirmt. Banner wehen vor ihnen her. Trommeln feuern zum Marsche an. Bevorzugt ist der Kampf auf zweispännigen Streitwagen, welche die Scharen der Fußkämpfer wie im Sturm vor sich niederwerfen, während der Held mit seinen Pfeilen und Speeren Tod und Schrecken um sich her verbreitet[4].

---

[1] Lassen, Indische Alterthumskunde I (1. Aufl., 1843), 741 ff.
[2] *Muir* l. c. III, 341 ff. 359 ff; V, 450 ff.
[3] *Muir* l. c. V, 464 ff. 461 ff. 454 ff. H. Zimmer, Altindisches Leben. Die Cultur der vedischen Arier, nach den Samhitâ zusammengestellt (Berlin 1879) S. 145 ff.
[4] Max Duncker, Geschichte des Alterthums III (5. Aufl, Leipzig 1879), 27 ff.

Da in den vedischen Hymnen die Götter in goldenem Schmuck auf prächtigen Wagen einherfahren, in Palästen mit tausend Thoren und Säulen wohnen, unter den Himmelslichtern strahlen „wie ein König unter seinen Weibern"[1], so ist auch orientalischer Prunk und Haremswirtschaft an diesen Höfen hinlänglich bezeugt. Ihren Günstlingen verschenken die Könige Gold, reiche Prachtgewänder, Juwelen, schöne Sklavinnen, Kühe und Wagen. Außer dem Leibrock tragen die Reichen Mäntel, Halsketten, Brustjuwelen, Spangen an Armen und Füßen, Ohrringe. Für Musik dienen sowohl Saiteninstrumente als Flöten, Cymbeln, Klappern und Trommeln. Der Tanz ist so beliebt wie noch heute bei den Hindu: die Morgenröthe (Uṣhâ) wird in einem Morgenliede mit einer reichgeschmückten Tänzerin verglichen[2]. Es gab Weinhäuser und Buhlerinnen, und aus dem Liede eines Spielers ersehen wir, daß das Würfelspiel schon damals Sitte, Lebensglück und Wohlstand untergrub[3].

Ein ausgeprägtes Kastenwesen ist noch nicht nachzuweisen. Aber neben den Königen treffen wir Krieger und Priester, vorab sogen. Purohitas oder Hauspriester, welche die täglichen Opfer und Gebete zu verrichten hatten.

Von den zehn Büchern (Mandala) des Rigveda sind drei (I. IX. X) verschiedenen Dichtern zugeschrieben, die andern einzelnen Stammeshäuptern: Gritsamada, Viçvâmitra und dessen Nachkommen, Vâmadeva, Atri, Bharadvâja, Vasishtha und Kanva[4]. Der Inhalt ist meist einfach und oft auch einförmig: Anrufung der verschiedenen Götter in verschiedenen Anliegen, wobei die Götter wie ihre Verehrer kurz charakterisirt sich finden; Form und Metrik dagegen ist eine sehr ausgebildete und complicirte. Schon dieser Umstand setzt eine frühere längere Ausbildung der Poesie voraus[5], und es werden in den Hymnen denn auch Lieder auf Götter und Könige, fürstlich reiche Gönner, sowie poetische Erzählungen, Räthsel und Sprüche erwähnt. Die Verfasser der Hymnen aber ragen über diese Dichter weit hinaus. Sie erscheinen als hochbevorzugte, priesterliche Sänger, als Vertraute der Gottheit, als Rishis, d. h. eine Art von Heiligen, Patriarchen und Propheten zugleich. Als solche Hauptrepräsentanten der ältesten Urzeit, als

---

[1] Rigveda VII, 18, 2.   [2] Ebend. I, 92, 4.
[3] Das Lied des Spielers. Rigveda X, 34. Bei *Muir* l. c. V, 425—428. Ueber die Sittenzustände überhaupt vgl. E. Hardy, Die vedisch-brahmanische Periode der Religion des alten Indiens (Münster i. W. 1893) S. 17—19.
[4] Alfr. Ludwig, Der Rigveda III (Prag, Tempsky, 1878), 100 ff.
[5] Ebend. III, 53 ff.

Mittelglieder zwischen den Göttern und den ältesten Geschlechtern begegnen sie uns denn auch in den zwei großen Epen wieder, in denen wir Näheres über ihren Charakter und ihre Lebensschicksale vernehmen, besonders von jenen des Vasishtha und Viçvâmitra.

Daß zwischen den im Rigveda berührten Thatsachen und den in den beiden Epen erzählten Hauptereignissen ein gewisser Abstand liegen muß, darauf weist schon die Verschiedenheit des Schauplatzes. Im Mahâbhârata rückt derselbe nämlich weiter dem Osten zu. Wohl werden auch hier die Kleinkönige von den Ufern des Indus (Sindhu) und der Sarasvatî zu Hilfe gerufen; aber die Haupthelden der Arier wohnen nicht mehr dort, sondern im obern Gangesstromland, wo der heilige Fluß mit seinen großen Nebenflüssen Yamunâ, Gomatî und Sarayû eine der fruchtbarsten Gegenden des indischen Mittellandes bildet. Hier begegnen uns die Städte Indraprastha (an Stelle des heutigen Delhi), Kâuçâmbî und die Elefantenstadt Hâstinapura. Wie sich die Könige am Indus häufig befehdeten, so bricht hier zwischen zwei gewaltigen Fürstengeschlechtern, den Kuru und Pându, ein Kampf aus, doch mächtiger und entscheidender als je ein anderer zuvor. Alle benachbarten Fürsten werden in denselben hineingezogen. Die Entscheidung vollzieht sich auf dem Kurufelde (Kurukshetra) am westlichen Ufer der Yamunâ. Beide Parteien reiben sich gegenseitig auf, und erst nach dem Zusammenbruch der ganzen Heroenwelt bricht eine friedlichere und glücklichere Zeit an. Das ist der Kern des Mahâbhârata, dessen Kampfschilderungen einen fast noch urwüchsigern und kriegerischern Geist athmen als die kriegslustigsten Hymnen im Rigveda[1].

Das Râmâyana führt uns noch weiter östlich, in das den Pancâla benachbarte Reich der Kosala, das sich von der Sarayû nördlich an die Abhänge des Himâlaya hinstreckt, während nordöstlich davon die Videha wohnen. Die Hauptstadt der Kosala ist Ayodhyâ, das heutige Oude (Audh bei Faisâbâd); die Hauptstadt der Videha Mithilâ, mehr nördlich gelegen. In Ayodhyâ regiert König Daçaratha, bereits der Erbe einer langen Reihe von Königen, deren Genealogie die Sage bis zu den Göttern emporführt. Lange ohne männliche Nachkommen, erhält er endlich, nach vielen Gebeten und Opfern, nicht nur einen, sondern vier Sprößlinge, deren erster, Râma geheißen, durch seine Vorzüge Hof und Land in Entzücken versetzt. Schon als Jüngling zeichnet er sich durch kühne Waffenthaten

---

[1] Vgl. meine Aufsätze „Das Mahâbhârata". Stimmen aus Maria-Laach XLIII (1892), 182—208. 286—308.

aus und vermählt sich dann mit Sîtâ, der Tochter des Nachbarkönigs von Mithilâ. Daçaratha will ihm schon zu seinen Lebzeiten Thron und Reich übertragen; allein eine Palastintrigue durchkreuzt diesen Plan. Der Kronprinz wird vom Hofe verbannt und gelangt erst nach des Vaters Tode, nachdem er sich durch neue Kämpfe ausgezeichnet und die ihm entrissene Gattin wiedererlangt, zur Regierung in Ayodhyâ. Das ist ungefähr der Kern der historischen oder halbhistorischen Sage, welche dem Râmâyana zu Grunde liegt.

Lassen und mit ihm die angesehensten Indologen nahmen bis heute fast ausnahmslos an, daß dieser Kern der nordindischen Sage noch weiter reicht, daß die Kämpfe Râmas das weitere Vordringen der Arier in den Süden bis nach Ceylon bedeuten.

Vergleichen wir das Culturbild der arischen Inder, wie es uns die Hymnen des Rigveda zeichnen, mit jenem, welches uns aus den ältesten Bestandtheilen der zwei Epen entgegentritt, so ergibt sich für alles Aeußere die überraschendste Aehnlichkeit. Die Masse der Bevölkerung lebt noch immer von Viehzucht und Ackerbau; daneben blühen Städte mit Handel und Gewerbe. Man kämpft noch mit denselben Waffen, und man erfreut sich an denselben geselligen Unterhaltungen und Künsten. Bäuerliches, bürgerliches, kriegerisches und höfisches Leben weisen ungefähr dieselben Züge auf, wenn auch Reiche und Städte, Gewerbe und Luxus etwas zugenommen haben mögen. Eine stärkere Veränderung macht sich nur in den politischen und religiösen Verhältnissen bemerkbar. Aus der frühern natürlichen Gliederung des Volkes nach Familien und Stämmen hat sich langsam eine künstliche nach Ständen und endlich nach Kasten herausgebildet. Die höchste Kaste ist jene der Brâhmanen, welche ihr Leben ganz dem Studium der Veden, dem Opfer, dem Gebet, der Buße und religiösen Gelehrsamkeit widmen; die zweite jene der Kshatriya, der edeln Krieger und Ritter, welche sich dem Waffenhandwerk weihen und in Friedenszeiten an den Höfen der aus ihrer Mitte erkorenen Könige leben; die dritte, jene der Vâiçyas, umfaßt den Nährstand, alle von Handel, Viehzucht und Ackerbau Lebenden; die vierte der Çûdras endlich besteht aus allen Knechten und Hörigen, welche im Dienste der obern Kasten stehen. Die Vâiçyas und die Çûdras (eigentlich nur Sammelbegriffe für eine ganze Menge gesonderter niedriger Kasten) treten in den beiden Heldengedichten fast völlig in den Schatten. Alle wichtigern Ereignisse spielen sich zwischen den Brâhmanen und Kshatriyas ab, und unter diesen beiden hinwieder haben die Brâhmanen die eigentliche höhere und führende Stellung. Sie haben alle religiöse Autorität und nahezu alle höhere Bildung an sich gerissen, den Königen nur den äußern Prunk der politischen Herrschaft, den Kshatriyas die Führung der Waffen und den Glanz eines vornehmern Lebens übrig gelassen.

Die Wurzel dieser allgewaltigen Macht, zu welcher die Brâhmanen gelangten, liegt unverkennbar in dem tiefreligiösen, zur Speculation und zum Mysticismus neigenden Charakter des Volkes selbst, der in den Hymnen des Rigveda noch in jugendlicher Begeisterung lyrisch aufsprudelte, aber schon in dem Ausbau des complicirten Opferrituals, mehr noch in dessen Deutung und Begründung eine ernstere, ruhigere Richtung nahm und, ohne die weltlichen und praktischen Seiten des Lebens ganz preiszugeben, doch das höchste Lebensziel in der Ergründung des Uebersinnlichen suchte. Die Männer, in deren Hand die ganze alte Ueberlieferung ruhte, die sie autoritativ erklärten, wissenschaftlich erörterten, Sitte und Gewohnheitsrecht danach bestimmten, die feierlichsten Cultushandlungen vornahmen und leiteten, ihr ganzes Leben der Erforschung und Verehrung des Göttlichen widmeten, mußten in den Augen eines solchen Volkes zu einem fast unbegrenzten Einfluß gelangen. Mochten einzelne Könige und Krieger versuchen, diesen Einfluß abzuschütteln oder einzuschränken, in der Anschauung des gesamten Volkes standen die Brâhmanen als die unmittelbaren Günstlinge, Anwälte und Stellvertreter der Gottheit, als die autoritativen Erklärer der vedischen Ueberlieferung, als die Repräsentanten des Gebets, des Opfers, der Weisheit, der Wissenschaft und der göttlichen Macht zugleich weit höher als die Könige. Es blieb diesen nichts übrig, als durch reiche Gaben ihre Gunst zu gewinnen, auf ihren Rath zu hören und sich mit der äußerlich glänzenden und angenehmen Stellung zu begnügen, welche die Brâhmanen ihnen vergönnten. Hand in Hand mit der Ausbildung des Brâhmanenthums ging aber die Umwandlung der einfachern vedischen Religion in jenes vielgestaltige Göttersystem, das uns im Râmâyana begegnet und das man als das brâhmanische bezeichnen mag.

Nur einige wenige Hymnen des Rigveda deuten darauf hin, daß die Arier bei ihrer Einwanderung in Indien eine reinere Idee von der Gottheit mit sich gebracht[1]. Diese wenigen erhabenen Klänge verhallen bald in dem polytheistischen Gewirr der übrigen Lieder, in denen Varuna seine Herrlichkeit erst mit Mitra theilt, dann an Sûrya und Indra abtritt, welcher seinerseits noch in manchem Liede mit göttlichen Attributen

---

[1] *Muir* l. c. V, 61 ff.

umkleidet erscheint, in andern aber nur mehr als eine gewaltige Naturkraft und schließlich als ein vom Soma-Opfer trunkener und taumelnder Bacchant[1].

Keiner der vedischen Götter wurde abgeschafft. Wir treffen die meisten im Râmâyana wieder, aber verblaßt, in einen dämmernden Hintergrund zurückgedrängt. Der Himmelsgott Dyâus, der Lichtgott Mitra, die Aditi und die Açvin sind halb verschollen. Varuna, einst der höchste Weltenherr, ist zum Wassergott herabgesunken. Sûrya der Sonnengott, Agni der Feuergott, Vâyu der Windgott, Soma der vergötterte Opfertrank spielen nur noch eine untergeordnete Rolle.

Treuer blieb der Volksgeist seinem alten Liebling, dem Gewittergott Indra, der mit Blitz und Donner durch die Wolken daherfährt, dem Unhold Vritra den befruchtenden Regen entringt; dem Gott des Krieges und der Schlachten, der den kämpfenden Helden wunderbare Waffen und seinen Kriegswagen zur Verfügung stellt und die Gefallenen aufnimmt in sein Paradies. Dort thront er selbst wie ein echt orientalischer Sultan, in Genuß versunken, umringt von den zahllosen Scharen der Apsaras (Nymphen) und der musicirenden Gandharven (Luftgeistern). Als Sänger an Indras Hofe wirken auch die Câranas und die Kinnaras, letztere mit Pferdeköpfen und Menschenleib; da weilen gewöhnlich auch die Sibbhas, die Glückseligen, denen es aber auch vergönnt ist, wie die Vidyâdharas, eine Art Luftgeister, den Luftraum zu durchschweben. Eine andere Art halbgöttlicher Wesen, die Yakshas, steht im Gefolge des Kubêra oder Kuvêra, des indischen Plutus, der mit seinen unermeßlichen Schätzen auf dem Berg Kâilâsa im Himâlaya thront. Der Unterwelt, die als eigentliche Hölle mit grellsten Farben ausgemalt wird, steht Yama vor, der Gott des Todes.

An Indra, Varuna, Yama und Kubêra, dann an Agni, Sûrya, Vâyu und Soma, als an die sogen. Welthüter oder Lokapâla, sind die acht Weltregionen vertheilt: an Indra der Osten, an Yama der Süden, an Varuna der Westen, an Kubêra der Norden, an die vier andern die dazwischen liegenden Weltgegenden.

Der Gott der Weisheit und der Wissenschaft, der meist am Anfang indischer Bücher angerufen wird, ist Ganeça, ein Sohn Çivas, an seinem Elefantenkopf kenntlich, heute noch in Indien hochverehrt. Der Gott des Krieges ist Skanda oder Kârttikeya, bald als Sohn Çivas bald als Sohn Agnis erwähnt, auf dem Pfau reitend, der in Indien als kriegerischer

---

[1] Indras Trinklied. Rigveda X, 119.

Vogel gilt. Der indische Eros ist Kâma oder Kâmadêva, ein Sohn des Rechtsgottes Dharma und Gemahl der Rati, d. h. der Wollust, gleich dem griechischen Eros mit Bogen und Pfeilen versehen.

Eine große Rolle spielen die männlichen und weiblichen Schlangengötter (Nâga und Nâgî), die Rakshas oder Râkshasa, ein zahlloses Geschlecht von Dämonen, das seit der Zeit der Veden stets an Zahl und Macht gewonnen hat und schließlich die Götter selbst bedroht.

Ueber diese Menge von Göttern und Halbgöttern, Dämonen und Genien ragen beherrschend drei Gottheiten hervor, die sogen. großen Götter: Brahmâ, Çiva und Vishnu, wohl Trimurti genannt, doch nur als Dreiheit gedacht, ohne jeden Anklang an das große Grundgeheimniß der christlichen Lehre.

Der Gott Brahmâ scheint ein Ergebniß brahmanischer Speculation zu sein. Denn ursprünglich bedeutete das neutrale Brahman zunächst das Gebet; allmählich wurde es auf alles Heilige übertragen, endlich auf das Heilige an sich, das Absolute — die pantheistisch gedachte Weltseele. Dieser abstracte Gott war aber den Massen unverständlich, und so wurde er denn schließlich als männlicher Gott Brahmâ personificirt und mit allen Attributen einer höchsten Gottheit ausgestattet.

Auch so war dieser philosophische Gott noch zu abstract, um der naiv polytheistischen, phantasiereichen, ja phantastischen Anschauungsweise des Volkes recht zu entsprechen. Die Andacht des Volkes wandte sich weit mehr den beiden andern Göttern zu, von denen Çiva zwar mit diesem Namen im Rigveda noch nicht vorkommt, aber unzweifelhaft als eine Weiterbildung des vielbeliebten und feurig besungenen Sturmgottes Rudra zu betrachten ist. Schon in den Yajurveden wird Rudra (der „Brüllende" oder „Heulende") auch Çiva (d. h. der „Gütige") genannt, Çamkara, der „Heilbringer", Mahâdeva, der „große Gott", und mit andern Namen, die sämtlich später auf Çiva übergingen. Wie Rudra trägt Çiva das Haar in einen Zopf geflochten; wie Rudra ist Çiva der Herr der Berge, der Wälder und Felder, der Herr der Thiere, der Straßen, der Heerscharen, roth von Angesicht mit bläulichem Nacken, in seinem Zorne Tod verbreitend vor und nach sich, begütigt aber auch ein Gott der Fruchtbarkeit und des Segens. Sein symbolisches Thier ist der Stier, den er als Vrishabhvaja im Banner trägt. Er führt auch den Dreizack und ein Netz (Pâça) als Zeichen seiner Herrschaft über die Thiere. Seine Gemahlin ist Durgâ oder Pârvati. Gleich Brahmâ wird er oft als der höchste aller Götter geschildert, er wird auch wohl einfach Içvara („der Herr") oder Devadeva

(„Gott der Götter") genannt[1] und erlangte eine weit allgemeinere und bleibende Volksthümlichkeit; doch war dieselbe keine unumschränkte; er theilte sie mit dem dritten der drei großen Götter: Vishnu.

Vishnu wird des öftern schon im Rigveda angerufen, zugleich mit Mitra, Varuna und Aryaman, weit öfter zusammen mit Indra und mit Pûshan. Er ist wahrscheinlich gleich Sûrya, Savitar, Mitra und Pûshan ein Sonnengott, seinem Namen nach der „Wirksame", der „Geschäftige", also wohl eine Personifikation der wirksamen, allebelebenden Thätigkeit der Sonne. Er wohnt in der Höhe; seine höchste Wohnung, in der Honig fließt, strahlt in hellem Glanze. Er hält dreifach den Himmel, die Erde, alle Welten. In drei Schritten durchwandelt er das ganze Firmament. Seinen dritten Schritt, d. h. in den Himmel, können auch leichtbeschwingte, himmelansteigende Vögel nicht erreichen. Gemeinsam mit Indra bekämpft er den Dämon Vritra oder Ahi und befreit die in den Wolken zurückgehaltenen Wasser aus ihrer Knechtschaft, um die dürstende Erde zu tränken[2].

Die drei Schritte Vishnus werden verschieden gedeutet: auf Erde, Luft und Himmel, dann auf Morgen-, Mittag- und Abendsonne, endlich auf das Sonnenlicht, den Blitz und das irdische Feuer.

„Kein Sterblicher, o Vishnu," so wird er angerufen[3], „kennt die fernsten Grenzen deiner Größe; du hast die Erde auf beiden Seiten mit Lichtstrahlen umgeben. Niemals bereut es der Mann, welcher dem weitschreitenden Vishnu mit ganzem Herzen dient und den Mächtigen günstig stimmt. Gewähre uns gnädig, rascher Gott, deine Gunst, welche alle Menschen umfaßt, deinen günstigen Blick, daß uns reichlich Gut, Schätze und Rosse zu theil werden! Dreimal durchschritt der rasche Gott die Erde mit seinen hundert Lichtern."

Es ist kein Zweifel, daß die Vorstellung von diesem wohlthätigen Wirken es war, welche dem Gott die Herzen des Volkes gewann; weshalb er aber vor so vielen andern gleichfalls sehr freundlichen und wohlthuenden Göttern immer mehr Ansehen und Zuneigung gewann, ist noch nicht genügend aufgehellt. Von diesem steten Wachsthum geben die vielen Sagen und Legenden Zeugniß, welche sich um ihn häufen und ihn schließlich zum

---

[1] *Muir* l. c. IV, 299 ff.
[2] Vishnu ist auch Indras Trinkgenosse, und sie werden in jovialer Weise zusammen „Somabecher" (Kalaçá somadhânâ) genannt (Rigveda VI, 69, 2). Vgl. E Hardy a. a. O. S. 115.
[3] Rigveda VII, 99, 2. 8; 100, 1. 2. 3.

Mittelpunkt der ganzen Götterwelt erheben. Schon in den Prosaabschnitten des Yajurveda wird er mit dem Opfer identificirt, und wiederholt kehrt der Spruch wieder: „Vishnu ist das Opfer!"[1] Seine häufigsten Beinamen sind: Hari, Janârdana, Vâsudeva, Puruṣhottama und Nârâyaṇa.

Von den zahllosen Sagen und Märchen, die sich an seinen Namen knüpften, sind die wichtigsten unzweifelhaft jene, welche von seinen „Herabkünften" oder Avatâras handeln. Es werden deren gewöhnlich zehn aufgeführt; das Bhâgavata-Purâna hat sie bis auf zweiundzwanzig vermehrt[2]. Er erscheint hier auf der Erde als Fisch, als Schildkröte, als Eber, als Mannlöwe, als Zwerg, als Paraçurâma, als Râma, als Kriṣhṇa, als Buddha und endlich als Kalki. Die vorletzte Herabkunft gehört erst einer spätern Zeit an, die letzte der Zukunft.

Hohen Alters, schon im Çatapatha-Brâhmaṇa enthalten, ist die Sage von Vishnus Erscheinen als Zwerg (Vâmana). Sie schließt sich an die vedische Ueberlieferung von seinen drei Schritten an. Bali, ein mächtiger Asura (Dämon), hat den Göttern die Herrschaft über die Erde entrissen. Um dieselbe wieder zu gewinnen, nimmt Vishnu die Gestalt eines Zwerges an und bittet Bali, ihm wenigstens Raum für seine kleinen Füßchen zu gewähren. Bali gewährt ihm das. Vishnu verwandelt sich alsbald, durchschreitet in drei Schritten Erde, Luft und Himmel, befreit so die Welt, stößt Bali in die Unterwelt und wird zum jüngern Bruder des Götterfürsten Indra erhoben[3].

Den Herabkünften Vishnus als Fisch (Matsya) und als Eber (Varâha) liegen alte Fluthsagen zu Grunde. Zufolge der erstern erscheint er in der allgemeinen Fluth, welche alle Menschen zu vernichten droht, in Gestalt eines Fisches, mahnt den frommen König Satyavrata, mit den sieben Riṣhis ein Schiff zu besteigen, und führt dann dasselbe mitten durch die Wogen an sicheres Gestade[4]. In der andern Sage packt der Dämon Hiraṇyâkṣha (der Goldäugige) die Erde und zieht sie auf den Boden des Oceans herab; da erscheint Vishnu als Eber, ringt tausend Jahre lang mit dem Dämon und bringt endlich als siegreicher Retter die Erde an ihren frühern Platz zurück[5].

---

[1] Ueber die Entwicklung des Vishnu-Cultus vgl. *Muir* l. c. IV, 63—298.
[2] Bhâgavata-Purâna I, 8, 1 ff. Vgl. *Muir* l. c. IV, 156.
[3] Çatapatha-Brâhmaṇa I, 2, 5, 1 ff. Râmâyaṇa (Bomb.) I, 29, 2 ff. Mahâbhârata, Çântiparv. vv. 12943 ff.; Vanap. vv. 484 ff. Vishnu-Purâna III, 1 ff. Bhâgavata-Purâna VIII, 15 ff. (am ausführlichsten).
[4] Bhâgavata-Purâna VIII, 24, 7 ff. Vgl. *Muir* l. c. I, 211 ff.
[5] *Muir* l. c. I, 51 ff.

Als Schildkröte (Kûrma) rettet Vishnu die Götter, da sie bei der Quirlung des Meeres und der Bereitung des Amrita (Ambrosia) durch den Schlangengott Vâsuki in Gefahr kommen.

Als Mannlöwe (Nrisimha) steigt Vishnu auf die Erde hernieder, um dem Treiben des Dämon Hiranyakaçipu ein Ende zu machen. Er zerreißt denselben mit seinen Tatzen.

Alle diese Metamorphosen entsprechen dem Charakter, der Vishnu schon in den vedischen Hymnen zugeschrieben wird, wo er vereint mit Indra den Dämon Vritra besiegt, nur daß der Kreis dieser Dämonen sich immer mehr erweitert, Vishnu als einziger Kämpfer eintritt und seine Triumphe immer großartigere Verhältnisse annehmen. Während diese Sagen sämtlich aus eigentlichen Volksüberlieferungen hervorgegangen sein mögen, die zwei Fluthsagen an eine allen Völkern gemeinsame erinnern, weist die nun folgende ziemlich deutlich auf brâhmanische Erfindung hin. In der Gestalt des Paraçurâma (Râma mit dem Beil) steigt Vishnu nämlich aus den bisherigen Götter- und Dämonenkämpfen in die Gegensätze irdischer Politik herab. Als Brâhmane von einem Kshatriya verletzt, schwört er allen Mitgliedern der Kshatriya-Kaste blutige Rache, rottet sie in wiederholtem Massenmord mit Stumpf und Stil aus, bis auf einen, der ihm wunderbarerweise entgeht und die vernichtete Kaste wieder neu aufleben läßt, nachdem die brâhmanische Staatsordnung fest genug begründet ist[1].

Noch viel seltsamer und widersprechender muß es uns vorkommen, daß nun aber derselbe Gott ein siebentes Mal auf Erden erscheint, als ein zweiter, ganz anderer Râma, diesmal als ein Kshatriya und Königssohn, um zu seiner frühern Aufgabe zurückzukehren und in gewaltigem Heldenkampf das mächtigste aller bisherigen Dämonengeschlechter zu vernichten. Der aus Thron und Reich verstoßene Kronprinz von Ayobhyâ wird zum Retter der Welt, zum triumphirenden Dämonentödter, zugleich zum rührendsten Dulder und zu dem höchsten aller Volksgötter erhoben. Diese seltsame, widerspruchsvolle Erfindung, aus halbhistorischer Sage und mythischen Träumen zusammengewoben — ist der Gegenstand des Râmâyana.

Nach der Ansicht der gewichtigsten Forscher gehört diese Erhebung Râmas zum Gotte Vishnu nicht der ursprünglichen Fassung des Gedichtes an. Sie tritt nur an einigen wenigen Stellen hervor, welche sich durch ungeschickte Einfügung, wie durch Stil, Metrum ꝛc., als Interpolationen verrathen. In der ganzen übrigen Dichtung tritt Râma bloß als ein

---

[1] *Muir* l. c. I, 442 ff. Max Müller, Essays II (Leipzig 1869), 297 ff.

hochbegabter menschlicher Held auf, und jene Stellen, wo er zum Gotte gemacht ist, lassen sich ausscheiden, ohne daß die Erzählung dadurch ihren Zusammenhang verliert[1]. Dennoch hat diese Vergötterung Râmas tiefe Wurzeln im indischen Geistesleben geschlagen und hat nicht geringen Antheil daran, daß das Râmâyana nicht nur eine Lieblingsdichtung der Inder ward und blieb, sondern auch von Jahrhundert zu Jahrhundert immer wieder schwärmerische Begeisterung hervorrief. Mag ihr Ausdruck auch unbeholfen in die Dichtung eingeflickt sein, diese selbst drängt logisch und psychologisch dazu. Denn ist einmal dem Sagenhelden Râma die Aufgabe zugetheilt, die furchtbarsten Dämonen zu überwinden, welche je die Götter und die Welt bedrängt, so ist es kaum mehr glaublich, daß er ein bloßer Mensch sein soll; nichts lag vielmehr näher, als ihn zum Gott und zwar zum höchsten der Götter zu machen.

---

[1] Lassen, Indische Alterthümer, 1. Aufl. I, 488; 2. Aufl. I, 586. *Wilson*, Vishnu Purâna, Pref. p. ix. (Ed. Dr. Hall p. xv.) *Muir* l. c. IV, 169.

2. Vâlmîkis Râmâyana.

I. Das Buch der Jugend (Bâla Kânda)[1].

Das gesamte Werk[2] beginnt mit einer Lobpreisung des Dichters, welche natürlich erst ein späterer Verehrer desselben dem Werke vorangestellt hat. Die vier ersten Gesänge entsprechen ungefähr der Anrufung der Muse bei den altklassischen Dichtern der Griechen und Römer. Da es aber in Indras Himmel keine Musen gibt, treten an ihre Stelle Rishis, d. h. brâhmanische Heilige und Götter. Und so führt sich denn der Dichter in dritter Person selbst ein und zugleich Nâraba, den Sohn Brahmâs, den Erfinder der Laute (Vînâ), einen der ehrwürdigsten Patriarchen der Vorzeit, der auch im Mahâbhârata und in den Purânas eine hervorragende Rolle spielt. Unter weitläufiger Aufzählung aller nur erdenklichen menschlichen Vorzüge fragt Vâlmîki den ehrwürdigen Seher nach einem Heldenkönig, der all diese Vorzüge als unübertroffener Idealmensch in sich vereinige, und erhält die Antwort, daß ein solcher Held und König wirklich aus dem alten vedischen Geschlecht Ikshvâkus hervorgegangen sei und Râma heiße. In nicht weniger redseliger Ausführlichkeit schildert er ihn vom Kopfe bis zum Fuß und erzählt darauf gedrängt seine Geschichte — den

---

[1] Oder „Âdi-Kânda", d. i. Anfangsbuch.
[2] Speciellere Angaben über den Inhalt der einzelnen Gesänge findet man bei H. Jacobi, Das Râmâyana S. 140—208, und bei *Monier Williams*, Indian Epic Poetry (London, Williams & Norgate, 1863) p. 60—90. Eine stellenweise reichhaltige Analyse gibt auch *Charles Schoebel*, Le Râmâyana au point de vue religieux, philosophique et moral (Vol. XIII des Annales du musée Guimet. Paris, Leroux, 1888). Die religionsphilosophischen Ausführungen enthalten manches Beachtenswerthe, sind indes pantheistisch gefärbt und schweifen öfters weit ab, mit frivoler Behandlung des positiven Christenthums (p. 15; 199. 207. 208. 229. 280); Vgl. L'Université Catholique XV (Paris 1892), 113 ss. Anregend, aber rein belletristisch gehalten ist die enthusiastische Schrift des Italieners *Silvio Trovanelli*, Râmâyana, poema di Vâlmîki. Raghu-Vança, poema di Kâlidâsa. Saggi critici (Bologna 1884), die sich fast ausschließlich an Gorresio und Fauche hält.

wesentlichen Kern der ganzen Dichtung. Daran knüpft er die Verheißung, daß das Lesen der Dichtung allen Menschen, welcher Kaste sie auch immer angehören mögen, Brâhmanen, Kshatriyas, Vâiçyas und Çûdras, Erlösung von Sünden, zeitliches und ewiges Heil gewähren werde. Des Staunens und der Ehrfurcht voll, verläßt Vâlmîki den Seher und begibt sich mit seinem Schüler Bharadvâja an die Tamasâ, nicht weit von deren Mündung in den Gangesstrom, um daselbst ein rituelles Bad zu nehmen. Im nahen Walde sieht er fröhlich ein Pärchen Brachvögel spielen; aber plötzlich schießt ein Jäger das Männchen weg, und das Weibchen erhebt ein klagendes Wehgeschrei. Von tiefstem Mitgefühl ergriffen, stimmt auch Vâlmîki in die Klage ein und flucht dem herzlosen Schützen. Ohne daß er es beabsichtigte, ward aber sein „Leid" zum „Liede"[1], d. h. er drückte seinen Schmerz in dem Versmaß aus, das von da ab Çloka hieß und zum Hauptversmaß der epischen Poesie wurde. Wie er in seine Hütte zurückgekehrt, daselbst die vorgeschriebenen Lustrationen vorgenommen und sich dann der Beschauung überlassen will, überrascht ihn plötzlich Brahmâ, der höchste aller Götter, der Vater der Erde und des Himmels, mit einem Besuch. Vâlmîki läßt es an der ehrfurchtsvollsten Begrüßung nicht fehlen; aber das Erlebniß am Waldessaum beschäftigt ihn noch so, daß er unwillkürlich vor Brahmâ die eben erfundene Strophe wiederholt. Brahmâ lobt ihn dafür, gebietet ihm, in diesem Versmaß die Thaten Râmas zu besingen, wie er sie eben von Nârada vernommen, und verspricht dem Werke ewigen Ruhm und Bestand:

Solange die Berge ragend stehn und die Flüsse zum Meere wallen,
Soll weithin das Râmâyana von Land zu Lande schallen,
Und während das Râmâyana klingt hin durch alle Zonen,
Sollst ewig glorreich du mit mir ob den drei Welten thronen.

Darauf entschwindet Brahmâ. Vor dem in tiefe Beschauung versunkenen Dichter zieht Râmas Leben in fesselnder Vision vorüber, und was er schaut, das gestaltet er zur Dichtung. — Wie soll sie sich aber auf die Nachwelt vererben? Die Zwillingssöhne Râmas, Kuça und Lava, sind seine Schüler. Ihnen anvertraut er das göttliche Lied, es zu sagen und zu singen in stiller Waldeinsamkeit wie in Hütten und Palästen. In tiefer Rührung lauschen den jungen Rhapsoden die ehrwürdigen Einsiedler, voll Jubel horcht ihnen das Volk zu; ihr Ruf dringt zu Râmas Hof, und bezaubert vernimmt der Königsheld den Bericht seiner eigenen Thaten.

---

[1] Das Wortspiel im Sanskrit: Çoka (Kummer) und Çloka (Vers).

I. Das Buch der Jugend (Bâla Kânda).

Damit schließt das kunstvoll angelegte Proömium; die eigentliche Hauptdichtung beginnt¹.

Wie im Mahâbhârata, so liegt auch hier der Ausgangspunkt und Hauptschauplatz in dem indischen Mittellande (Madhyadeça) zwischen dem Himâlaya und dem Vindhyagebirge, doch weiter östlich nach Bengalen hin und näher an den Abhängen des Himâlaya. Da, am Flusse Sarayû, bis zum Meere hin erstreckt sich das glückliche Reich der Kosala, von Königen aus Ikshvâkus Stamm beherrscht. Die Hauptstadt Ayodhyâ (das heutige Oude) baute Manu selbst, der große Gesetzgeber. Zwölf Meilen erstreckt sie sich in die Länge, drei in die Breite, mit den herrlichsten Plätzen, Thoren, Tempeln und Palästen, von mächtigen Wällen und Gräben beschützt, schimmernd in goldener Pracht, voll reicher und glücklicher Bewohner, die in Frömmigkeit und Fröhlichkeit des Segens der Götter genießen. Die Schilderung ist nicht in sehr concreten Farben gehalten, aber doch glänzend und frisch.

Wie die Stadt so ist auch ihr Herrscher, König Daçaratha, ein Ausbund jeglicher Trefflichkeit, fromm vor allen, in den Veden erfahren, weise, mächtig, klug, gerecht und gütig. Jede der vier Kasten hält sich in ihren Schranken und befindet sich wohl dabei. An der Spitze der Geschäfte stehen zwei auserlesene Minister: Vasishtha und Vâmadeva, und acht vorzügliche Räthe, darunter Sumantra, des Königs Wagenlenker. Nur eins fehlt dem König wie dem Reiche zum höchsten Glück: es ist noch kein Kronprinz und Erbe vorhanden. Um von den Göttern einen solchen zu erlangen, gedenkt er nach alter Sitte das feierlichste aller Opfer, das Roßopfer (Açvamedha), darzubringen. Damit dasselbe aber richtig vollzogen werde, räth ihm Sumantra, den berühmten Rishyaçringa, Sohn des Einsiedlers Vibhândaka und Schwiegersohn des Königs der Anga, einzuladen. Dieser Rath leitet eine kleine Episode ein, eine jener leichtfüßigern Geschichtchen, mit welchen das Leben der indischen Einsiedler und Büßer häufig durchwoben ist und welche für die ethischen Anschauungen der Inder nicht ohne Bedeutung sind.

Rishyaçringa ist von Kindesbeinen auf fern der Welt, in einer Waldeinsiedelei, aufgewachsen und hat in seinem Leben nie ein Weib gesehen. Dem Könige Romapâda von Anga, dessen Land mit Dürre geschlagen ist, rathen nun seine Räthe, den jungen Rishyaçringa herbeizuholen und mit

---

¹ Das ganze Proömium hat Friedrich von Schlegel übersetzt (Ges. Werke X [Wien 1846], 202—225).

seiner Tochter Çântâ zu vermählen: dann würde der Himmel sich erbarmen und Regen senden. Da man den alten Einsiedler fürchtet, wird zu Schiff eine ganze Schar Mädchen in die Einsiedelei geschickt, die den jungen Anachoreten durch ihre Liebkosungen so bezaubern, daß er sich von ihnen entführen läßt. Er wird mit Çântâ vermählt, und das Land Anga bekommt Regen [1].

Diesen Rishyaçringa, den die erste Versuchung dem strengen Bußleben entfremdet, empfiehlt Sumantra dem König als einen ganz besondern Liebling der Götter: wenn er dem Pferdeopfer vorstehe, so werde Daçaratha seinen Wunsch erfüllt sehen und vier Söhne erhalten. Es gelingt. Rishyaçringa kommt mit seiner jugendlichen Gattin, um die Leitung der großen Opferfeier zu übernehmen. Alle Vorbereitungen dazu werden getroffen, alle befreundeten Könige eingeladen, die von Mithilâ, von Kâçi, von Maghaba und viele andere. Nachdem das Jahr vorüber und das Roß von seiner Wanderung zurückgekehrt, geht das Opfer nach allen rituellen Vorschriften vor sich. Die eingehende Schilderung bietet ein glänzendes, farbenprächtiges Bild. Am Schluß verkündet der zweimalgeborne Rishyaçringa dem König die Erfüllung seines Wunsches, nimmt aber sofort eine neue Opferweihe (die putrîyâ ishti) vor, welche ganz Außerordentliches ahnen und erwarten läßt [2]. Und so ist es. Brahmâ, Çiva, die Maruts, alle Götter und himmlischen Wesen finden sich an dem Altare ein, hören das Gebet Rishyaçringas an und versprechen dem König Daçaratha vier Söhne. Doch das sollen keine gewöhnlichen irdischen Helden sein. Von Indra geführt, wenden sich die übrigen Götter nun an Brahmâ und klagen ihm das Leid und die Noth, welche durch Râvana, das Haupt der Râkshasa, und dessen Gewaltthätigkeiten über Himmel und Erde hereingebrochen. Brahmâ ist in Verlegenheit. Auf Râvanas Bitten hat er ihn einst unverwundbar für die Götter und für alle überirdischen Wesen gemacht. Nur Menschen können ihn verwunden; denn Râvana war zu stolz, um sich ein ähnliches Vorrecht gegen die ihm verächtlichen Menschen zu erbitten. Wie Brahmâ den versammelten Göttern das erklärt, kommt Vishnu auf dem Vogel Garuda herangeritten, in safrangelbem Gewand, das Haupt

---

[1] Vgl. The Legend of Rishya Çringa by *V. N. Narasimmiyengar*, Bengalor. The Indian Antiquary II (Bombay 1873), 140—148. Die Entführung ist oft in indischen Tempeln dargestellt. Auf einer solchen in Devanbahalli hat Rishyaçringa einen Eberkopf.

[2] Die folgenden Gesänge (I, 14—16) hielt schon A. W. v. Schlegel für Interpolationen, ebenso Lassen. S. *Muir* l. c. IV, 169—175.

von Glorienschein umstrahlt, in seiner Hand Muschel, Discus und Keule, am Arme Spangen von feinstem Gold, leuchtend wie die Sonne, wenn sie über die Wolken daherfährt. Zu ihm rufen nun die Götter um Hilfe und bitten ihn, auf die Erde herniederzusteigen und als Sohn Daçarathas Menschengestalt anzunehmen, um den großen Kampf gegen Râvana zu führen und Himmel und Erde von dessen Gewaltherrschaft zu befreien. Freudig geht Bishnu auf den Wunsch der Götter ein; dankbar jubelt ihm der ganze Himmel entgegen. In wunderbarer Lichtgestalt schwebt er selbst auf den Opferaltar hernieder, an welchem König Daçaratha noch harrt und fleht, und übergibt ihm ein goldenes Gefäß mit Göttertrank gefüllt, aus dem er seine drei Gemahlinnen trinken lassen soll. Die Lichtgestalt entschwindet. Der König gibt seiner ersten Frau Kauçalyâ die Hälfte des Trankes, den zwei andern, Kaikeyî und Sumitrâ, je ein Viertel, und Brahmâs Verheißung beginnt sich alsbald zu erfüllen. Nachdem so für einen Heerführer gegen Râvana, das finstere Haupt aller feindlichen Mächte, gesorgt ist, denkt der höchste der Götter aber auch daran, ihm ein Heer zu stellen. Auf sein Gebot zeugen die Götter mit den Apsaras und andern Himmelsbewohnerinnen ein zahlloses Geschlecht von Wesen, die in ihrem Aeußern zwar Affen gleichen und auch so genannt werden (vânara), aber mit Heldenkraft wunderbare Zauberkraft verbinden, hurtig wie der Wind, schlau und listig, weise und kühn, den verschlagensten Dämonen gewachsen, in Führung aller Waffen so gewandt wie die Götter selbst. So zeugt Indra den Bâlin, Sûrya den Sugrîva, Mâruta den Hanûmat[1], die andern Götter ein Heer anderer Affen, denen Bâlin zum König gegeben wird. Durch sein Gähnen hatte Brahmâ selbst bereits den Bärenkönig Jâmbavat hervorgebracht. Dieses Affenheer, das in unzählbaren Scharen Berge und Wälder, Land und Meer bevölkert, ist eine der seltsamsten Schöpfungen indischer Phantasie: wie indes Vishnu mit dem Eberkopf, Ganeça mit dem Elefantenkopf, so sind auch diese Affen nicht als vermenschlichte Thiere, sondern als übermenschliche Wesen in Thiergestalt zu fassen.

Mit der von den Göttern so glänzend belohnten Opferfeier ist die Aufgabe Rishyaçringas erfüllt. Er zieht mit seiner Gattin zunächst nach Mithilâ; dort erscheint sein Vater, verzeiht hocherfreut dem ihm entlaufenen Sohn, entsühnt Çântâ von der Schuld, die sie, die Kshatriya-Tochter, sich durch Heirat mit einem Brâhmanen zugezogen, und nimmt dann den ge-

---

[1] In der Dichtung steht, je nach Bedürfniß des Metrums, bald Hanûmat bald Hanumat (im Nominativ: Hanûmân oder Hanumân). Das Wort bedeutet: „der mit Kinnbacken versehene".

liebten Sohn wieder mit in die Waldeinsiedelei. Nach Umlauf von elf Monaten unter sehr günstigen Sternconstellationen verwirklicht sich das ersehnte Familienglück im Hause Daçaratha's. Kauçalyâ gebiert den herrlichsten aller Knaben, Râma, den als Gott und Herrn des Alls einst die ganze Welt anbeten soll, den Vernichter Râvanas und aller feindseligen Mächte. Kaikeyî gebiert den Prinzen Bharata, in welchem ein Viertel von Vishnus Wesen sich offenbart, und Sumitrâ schenkt dem König ein Zwillingspaar, Lakshmana und Çatrughna, die ebenfalls ihren Theil von Vishnu haben. Stadt und Land begrüßen die Geburt der Prinzen mit festlichem Jubel. Nach zwölf Tagen theilt Vasishtha, der Brâhmane, jedem der Knaben seinen Namen zu. Alle vier hatten etwas Göttliches an sich, waren mit fürstlicher Anmuth ausgezeichnet, ein Ausbund von Weisheit und Liebenswürdigkeit. Aber weit über die drei andern ragte Râma hervor wie der volle, von keiner Wolke umdüsterte Mond, früh schon der gewandteste Reiter, Elefantenführer, Wagenlenker, Bogenschütze, die Freude und Hoffnung der Welt. Am innigsten schließt sich ihm Lakshmana an, während Çatrughna mehr zu Bharata hält. Das stört übrigens die gemeinsame Eintracht nicht; alle vier wachsen zur Freude des Vaters prächtig heran.

Schon sind die Prinzen 16 Jahre alt, und Daçaratha trägt sich mit Heiratsplänen für dieselben: da erscheint vor ihm als Hilfeflehender der berühmte Büßer Viçvâmitra, welcher in seiner Waldeinsiedelei gern ein Opfer vollziehen möchte, aber daran beständig durch die gewaltthätigen Riesen Subâhu und Mârîca gehindert wird. Er ersucht den König, ihm Râma mitzugeben, da dieser im stande sein würde, die zwei Störefriede zu überwinden. Der König will sich nicht von seinem Lieblingssohne trennen; da aber Viçvâmitra in Zorn geräth, entschließt er sich endlich doch, auf den Rath des weisen Vasishtha, der Bitte zu willfahren. So begleiten denn Râma und Lakshmana den gefeierten Einsiedler. Am südlichen Ufer der Sarayû stattet er sie mit zwei Zaubermitteln, Balâ und Atibalâ, aus. Am Zusammenfluß der Sarayû mit dem Gangesstrom kommen sie an die Stelle, wo Çiva einst, in seiner Buße durch den Liebesgott Kâma gestört, diesen in Asche verwandelte: sie werden da von Verehrern Çivas freundlich aufgenommen. Sie setzen dann über den Ganges und gelangen in einen schauerlichen Wald, wo die Hexe und Menschenfresserin Tâtakâ wohnt, Sundas Frau und Mârîcas Mutter. Obwohl Viçvâmitra den Râma auffordert, sie zu tödten, will dieser sich begnügen, sie durch Verstümmelung unschädlich zu machen; erst da sie ihn mit allen Arten von Zauberkünsten äfft, tödtet er sie, worauf die Götter erscheinen und Viçvâmitra auffordern, ihn mit göttlichen Waffen auszustatten. Nachdem das geschehen, erreichen die Wanderer einen andern Wald, denjenigen, wo Viçvâmitra wohnt und in seinen religiösen Uebungen von den Râkshasas gestört wird. Von den Schülern des Eremiten ehrfurchtsvoll empfangen, bewachen die zwei Königssöhne sechs Tage lang das Opfer: am sechsten kommen die Dämonen herbei, um ihr altes Spiel zu treiben. Allein Râma trifft den Mârica mit einem seiner göttlichen Pfeile, schleudert ihn ins Meer und vernichtet sein ganzes dämonisches Gefolge.

Schon auf dieser Wanderung fragt Prinz Râma mehr und erzählt Viçvâmitra mehr abenteuerliche Mythen, als dem abendländischen Leser lieb sein mag; von jetzt an aber wird die Dichtung für ihn geraume Zeit völlig episodisch[1]. Für den Inder ist das jedoch nicht in gleichem Maße der Fall, vielleicht gar nicht. Nach indischen Begriffen ist nicht das thätige Leben der beste Theil des Menschendaseins, sondern das beschauliche. Sobald der junge Inder den Kinderjahren entwachsen, muß er darum seine Lehrjahre durchmachen. Er wird als Lehrling, Brahmacârin, einem Lehrer oder Guru übergeben und muß diesem in aller Demuth dienen, ohne andern Lohn als jenen, von ihm in den Veden und allen heiligen Gebräuchen unterrichtet zu werden. Für die höhern Stufen des Brâhmanenthums wird diese Beschäftigung mit dem religiösen Wissen in immer steigendem Grade Hauptaufgabe des Lebens bleiben; aber auch der Kriegerssohn, der Fürstensohn, der Königssohn darf sich dieser Schulung nicht entziehen. Er muß für eine Anzahl Jahre Schüler des Brâhmanen werden, bevor er heiratet und die Bühne des Lebens betritt. Bei Râma, dem Idealhelden Indiens, durfte ein so wichtiger Zug nicht fehlen. Seine Jugend mußte die eines jungen Inders sein. So wird er denn zum gelehrigen Schüler Viçvâmitras und von diesem in die wichtigsten Geheimnisse der Vorwelt eingeweiht. Da er aber zum Königthum bestimmt ist, so ist ihm sehr passend gerade jener der alten Patriarchen zum Lehrer gegeben, der sich durch die wunderbarsten Schicksale aus der Kaste der Kshatriyas zu jener der Brâhmanen erhob und in seiner Person mehr als irgend ein anderer zugleich die Obmacht des Brâhmanenthums über das Königthum verkörpert und die Ansprüche beider nach gewaltigem Kampfe versöhnt.

Von diesem durchaus historischen Standpunkt betrachtet, verlieren die langen Episoden einigermaßen ihren episodischen Charakter: sie gehören

---

[1] Die philologische Kritik betrachtet die nun folgenden Episoden ziemlich übereinstimmend als spätere Einschiebsel in die erste Gestalt der Dichtung. Nach den später herrschenden brâhmanischen Anschauungen sind sie jedoch ganz gut motivirt.

weſentlich in Râmas Jugendgeſchichte hinein. Ohne eine ſolche Schulung wäre Râma kein richtiger Inder, kein Vorbild für die Jugend, die verehrend zu ihm aufſchauen und ſich an ihm bilden ſoll. In aller Ehrfurcht verrichtet Râma deshalb ſeine erſten Heldenthaten unter Leitung und Führung des ehrwürdigen Viçvâmitra; in aller Ehrfurcht lauſcht er auf der langen Wanderung ſeinen Erzählungen und Berichten, die durch dieſes Verhältniß nicht nur genügend motivirt, ſondern durch Umſtände der Zeit und des Ortes meiſt ganz natürlich und poetiſch in die Dichtung eingegliedert ſind. Durch Vaſiſhtha, den weiſen Berather des Königs Daçaratha, und durch Viçvâmitra, den Lehrer Râmas, ergießt ſich zugleich über die Dichtung gewiſſermaſſen der Glanz und das Anſehen der Veden ſelbſt, da beide zu den Hauptſängern der älteſten vediſchen Zeit gehören.

Viçvâmitras Erzählungen gruppiren ſich um drei Hauptgegenſtände: ſeine eigene Genealogie, die Herabkunft der Gangâ und die Entſtehung der Götterſpeiſe, des Amrita, mit welcher das Schickſal der älteſten Götter, der Diti und Aditi, unzertrennlich verwoben iſt. Auf das erſte Thema führt der Anblick des Fluſſes Çonâ, auf das zweite die Ankunft am Ganges und auf das dritte die Ankunft bei der Stadt Viçâlâ.

Das Land am Fluſſe Çonâ beherrſchte zuerſt Kuça, ein Sohn Brahmâs; von Kuças Söhnen hatte der eine, Kuçanâbha, 100 Töchter, welche einſt der Windgott Vâyu beim Spielen überraſchte. Er verliebte ſich in ſie; als ſie ihn aber verſchmähten, krümmte er ihnen den Rückgrat, ſo daß ſie bucklig nach Hauſe zurückkehrten. Sie fanden indes einen Retter an Brahmadatta (dem Sohne des Einſiedlers Çûli und der Gandharvin Somadâ), welcher ſie alle zu Frauen nahm. Sobald er ihre Hände berührte, wurden ſie wieder gerade und ſchön. Ein Sohn Kuçanâbhas, Gâdhi, wurde der Vater Viçvâmitras. Eine Schweſter des letztern, Satyavatî, Gemahlin des Ricîka, wird lebendig in den Himmel aufgenommen und kommt von da als Fluß Kauçikâ auf die Erde zurück. Viçvâmitra ſtammt alſo im vierten Geſchlecht von Brahmâ ſelbſt ab und iſt mit der Urzeit und ihren Wundern in verwandtſchaftlicher Beziehung.

Weit verwickelter und grotesker ſind die Mythen, mit welchen Viçvâmitra den Urſprung des Gangesſtromes verbindet. Wie alle indiſchen Ströme iſt auch der Ganges als Göttin — Gangâ — gedacht. Sie iſt eine Tochter des Himavat (Himâlaya), Enkelin des Meru (des Götterberges) und zugleich Schweſter der Umâ, welche Çiva zur Frau nimmt. Gangâ wohnt natürlich im Himmel; ihre Herabkunft auf die Erde wird durch die ſeltſamſte Verwicklung veranlaßt. Sagara, der König von Ayodhyâ, hat zwei Frauen, Keçinî und Sumati; die erſtere gebiert ihm einen Kronprinzen, Aſamanja, die zweite einen Kürbis, in dem ſich aber 60 000 Männlein finden, welche dann zu blühenden Jünglingen herangezogen werden. Bei einem Pferdeopfer, das Sagara hält, hütet der Sohn des Kronprinzen, Amçumat, das Pferd. Dieſes wird ihm von Indra geraubt. Sagara ſchickt nun die 60 000 Söhne aus, um es zu ſuchen. Sie ſtreifen ganz Indien ab, von einem Meer zum andern, und da ſie es nicht finden, graben ſie 60 000 Meilen weit in den Bauch der Erde hinein, so daß die Götter um Schutz und Hilfe schreien. Ein zweites Mal graben sie noch tiefer, bis daß sie die vier Elefanten zu Gesichte bekommen, welche auf ihrem Rücken die Erde tragen. Da finden sie endlich das geraubte Pferd, aber ehe sie sich desselben bemächtigen können, verbrennt sie der in Gestalt Kapilas entsandte Vishnu zu Asche. Da sie nicht wieder nach Hause kommen, sendet Sagara seinen Enkel Amçumat aus, der die Asche seiner 60 000 Oheime entdeckt und das Pferd richtig nach Ayodhyâ bringt, so daß das Pferdopfer endlich stattfinden kann. Aber nun gilt es, den im Bauch der Erde Gestorbenen die entsühnende Wasserspende zu theil werden zu lassen. Das kann nach Suparnas Anweisung nur mit Hilfe der Gangâ geschehen. Doch König Sagara, obwohl er 30 000 Jahre alt wird, erlebt das nicht, auch nicht sein Enkel Amçumat, noch Dilîpa, dessen Sohn. Erst des letztern Erbe Bhagîratha erlangt von Brahmâ die ersehnte Gunst nach langer Buße. Doch die Erde würde das Herabkommen der Gangâ nicht aushalten. Çiva muß sie mit seinem Haupte auffangen, um den Sturz zu mildern — und da Gangâ ihn in die Unterwelt zu stürzen versucht, läßt er sie in den Flechten seines Haares herumirren, bis ihn Bhagîrathas Buße dazu vermag, sie in sieben Strömen herabzulassen. Der südlichste dieser sieben Ströme ist die indische Gangâ, der Riesenstrom des nördlichen Indiens.

Gebändigt folgt Gangâ nun dem Wagen Bhagîrathas bis zu der Opferstätte des Büßers Jahnu, der sie verschluckt, aber auf Bitten der Götter durch seine Ohren wieder entläßt, unter der Bedingung, daß sie fürder seine Tochter heißen soll. So bringt Bhagîratha sie glücklich weiter hinab in die Unterwelt, wo die Asche der Sagariden durch ihre heiligen Fluthen Entsühnung findet. Brahmâ selbst erscheint in Person, verleiht dem Weltmeer den Namen Sâgara, der Gangâ den Namen Bhâgîrathî und Tripathagâ (die Dreipfadige) und lobpreist Bhagîratha für seine gewaltige That [1].

Noch weiter zurück in das Reich kosmogonischer Mythen geht Viçvâmitra in seiner dritten Erzählung, welche sich an die Stadt Viçâlâ knüpft. Im Kritayuga, d. h. dem goldenen Zeitalter, so meldet er, butterten die Söhne der Diti (die Titanen) und die Söhne der Aditi (die Götter) das Milchmeer, um das Amrita (die Ambrosia oder Götterspeise) zu gewinnen. Zum Butterfaß nahmen sie den Berg Mandara, zum Quirlseil den Schlangenkönig Vâsuki. Dieser spie aber Gift aus, und die Dreiwelt wäre verloren gewesen, wenn Çiva nicht auf Bitte Vishnus die giftige Mischung Hâlâhala weggetrunken hätte. Von neuem wird das Buttern dadurch gehemmt, daß der Berg Mandara in die Unterwelt versinkt; doch auch da tritt Vishnu rettend ein. In Gestalt einer Schildkröte (Kûrma) nimmt er den Berg auf seinen Rücken und in Menschengestalt setzt er das Buttern fort. Nach tausendjährigem Quirlen steigt aus dem Meere endlich der Weise Dhanvantari auf, der Arzt der Götter — darauf 60 Millionen Apsaras, d. i. himmlische Nymphen, jede mit einer Schar von Dienerinnen versehen, welche von niemand zur Heirat begehrt, mit allen Göttern in freier Gemeinschaft leben [2] — dann die Nymphe

---

[1] Die Episode übersetzt von A. W. v. Schlegel, Ges. Werke III (Leipzig 1846), 8—60. Während sein Bruder den Çloka nachzubilden versuchte, zog er den uns geläufigern Hexameter vor. Vgl. Fr. v. Schlegel, Ges. Werke X, 199.

[2] So läßt auch das Vishnu-Purâna die Apsaras entstehen. Nach dem Mahâbhârata sind sie Töchter des Kaçyapa oder unmittelbar von Brahmâ geschaffen. Siehe A. Holtzmann, Die Apsaras nach dem Mahâbh. (Zeitschr. d. D. M. G. XXXIII, 633 ff.).

Surâ, Varunas Tochter, von den Sura geliebt, von den Asura verschmäht — dann Uccaiḥçravas, das edelste aller Pferde — Kaustubha, der köstlichste aller Edelsteine — Soma, der Mondgott — Lakshmî, die Göttin der Schönheit — und zuletzt das wunderbare Amrita. Ueber den Besitz desselben entspinnt sich aber zwischen den Söhnen Ditis und jenen Aditis ein brudermörderischer Kampf. Vishnu versteckt das Amrita. Die Ditya werden in furchtbarer Schlacht überwunden, und Indra erhält den Königsthron über alle drei Welten. Trauernd klagt die ihrer Söhne beraubte Diti ihr Leid dem Gemahle Kaçyapa. Dieser tröstet sie mit der Verheißung eines neuen Sohnes, der die Erschlagenen rächen soll. Doch ehe es so weit kommt, zerstört Indra ihre Hoffnung wieder, und das einzige, was sie erlangt, ist, daß ihre neuen sieben Söhne als Mâruta (Sturmgötter) unter die Zahl der Himmlischen versetzt werden.

Unter Erzählung all dieser wunderbaren Begebenheiten gelangen die Wanderer von Viçâlâ in die Nähe der Stadt Mithilâ, wo Viçvâmitra die zwei Prinzen dem König Janaka vorstellen will. In einer Einsiedelei treffen sie hier die büßende Ahalyâ, Gautamas Frau, die sich von Gott Indra zum Ehebruch hatte verführen lassen. Gautama hat ihr dafür geflucht, aber auch verheißen, daß Râma einst bei ihr erscheinen und den Fluch von ihr nehmen würde. Das geschieht, die Prinzen ziehen weiter und werden vom König Janaka und dessen Hauspriester Çatânanda feierlich empfangen. Çatânanda ist der älteste Sohn Gautamas und deshalb überglücklich, daß sich durch Râma die Entsündigung der Mutter und die Versöhnung der Eltern vollzogen hat. Doch noch glücklicher preist er Râma, daß er einen so erhabenen Mann wie Viçvâmitra zum Führer seines Lebens erhalten habe. Er erzählt ihm seine ganze Geschichte, welche die folgenden 15 Gesänge der Dichtung füllt[1].

Viçvâmitra — jetzt der schlichte Büßer und Einsiedler — war einst ein gewaltiger Herrscher, von Brahmâ selbst entstammt, reich an Land und Gut, Schätzen und Heeren, seinen Unterthanen ein gütiger Fürst, seinen Feinden ein furchtbarer Gegner. Aber, das tritt alsbald aus der Schilderung hervor, Königsherrlichkeit ist nicht das Höchste auf Erden. Weit beneidenswerther als der kriegerische König erscheint der friedliche Brâhmane Vasishtha, den Viçvâmitra in seiner Einsiedelei besucht. Entsündigt durch Gebet und Buße, strahlt hier die ganze Natur in ihrer ursprünglichen Schönheit und Harmonie, in ungetrübtem Frieden. Götter und himmlische Geister ziehen da ein und aus. Die einsame Waldbehausung gleicht der seligen Behausung Brahmâs selbst. Der Besuch verläuft aufs gemüthlichste wie zwischen guten alten Freunden. Vasishtha bewirtet seinen königlichen Gast und dessen ganzes Heer erst schlicht und einfach mit Früchten, wie es zum frommen Waldleben paßt; doch ist ihm das nicht genug. Er ruft seine Wunderkuh herbei und gebietet ihr, ein königliches Festmahl zu schaffen[2]. Gesagt, gethan. Das Fest-

---

[1] Uebersetzt von Fr. Bopp, Conjugationssystem der Sanskritsprache. Frankfurt a. M. 1816.

[2] In zahlreichen Stellen des Rigveda schon erscheint der Besitz von Kühen als der erwünschteste und werthvollste Reichthum. Von da ab schreibt sich die über-

I. Das Buch der Jugend (Bâla Kânda).

mahl, das die Wunderkuh bereitet, übertrifft alles, was der König je in seinem
Leben gekostet hat. Trotz aller an ihm gerühmten Tugend und Frömmigkeit erwacht
in ihm jetzt die Begierlichkeit. Er bittet erst höflich um die wunderbare Kuh, er
fordert sie als von Rechts wegen, und da Vasishtha sie nicht hergeben will, so läßt
er sie endlich entführen. Doch die Kuh ist nicht nur das großartigste Speisemagazin
der Welt, sondern auch das furchtbarste Kriegsarsenal. Sie flieht zu ihrem Besitzer
zurück und fordert ihn zum Widerstande auf, ausdrücklich hervorhebend, daß die
Macht der Brâhmanen, unmittelbar vom Himmel stammend, jene der Könige weit
übertrifft. Sie zaubert im Nu ein Heer von Pahlavas (Persern) hervor, und da
Viçvâmitra es bis zum letzten Mann niedermacht, ein zweites von Yavanas und
Çakas (Griechen und Scythen), und da auch dieses theils niedergehauen theils in
die Flucht geschlagen wird, ein drittes von Kâmbojas, Yavanas, Çakas, Mlechhas,
Kirâtas und Hârîtas. Jetzt macht auch Vasishtha seine Macht geltend. Mit einem
Blick brennt er die auf ihn eindringenden 100 Söhne des Königs zu einem
Haufen Asche nieder. Viçvâmitras ganzes Heer liegt auf der Wahlstatt hingestreckt.
Er übergibt die Zügel der Regierung seinem Thronerben, um Buße zu thun und
so sich den endlichen Sieg über den Brâhmanen zu verschaffen. Çiva nimmt ihn
auch freundlich auf und verleiht ihm die besten Waffen und die wunderbarste Waffen-
kenntniß zugleich. Siegesgewiß bringt er abermals in Vasishthas Einsiedelei ein
und verwüstet sie mit Mord und Brand. Aber im Zweikampf mit dem Brâhmanen,
der ihm jetzt selbst gegenübertritt, versagen alle wunderbaren Waffen, die ihm Çiva
verliehen, die sonst unüberwindlichen, der Reihe nach. Selbst das furchtbare
Brahmâ-Geschoß, dem sonst weder Menschen noch Götter gewachsen sind, lenkt Vasishtha mit einem Brahmâ-Stabe ab. Ueberwunden und gedemüthigt muß der stolze
König eingestehen, daß der Brâhmane mächtiger ist als er. Er will sich drum selbst
jetzt der Buße widmen, um die Brâhmanenwürde und Brâhmanenmacht zu erlangen.

Nach tausendjähriger Buße will ihm Brahmâ wohl die Würde eines Râjarshi,
eines königlichen Heiligen, verleihen; aber das ist ihm nicht genug. Er büßt darum
weiter und läßt sich nicht entmuthigen, wenn auch die Götter seinen Wünschen nicht
zu Willen sind. König Triçanku verlangt, lebendigen Leibes in den Himmel aufgenommen zu werden; Viçvâmitra sagt ihm gleich das erforderliche Opfer zu. Da
aber eine Anzahl Rishis, die Anhänger des Vasishtha, sich dem Opfer entziehen,
flucht er ihnen, und da die Götter auch nicht kommen wollen, versetzt er Triçanku
aus eigener Vollmacht in den Himmel, und da Gott Indra den Eindringling kopf-
über aus dem Himmel hinauswirft, bringt er doch noch so viel zu stande, daß er
im Falle aufgehalten wird und nun mit andern Sternen als Sternbild am Himmel
glänzt. Neue Verlegenheiten bereitet ihm Ambarisha aus Ikshvâkus Stamme, der
ein Opfer darbringen will, dem aber Indra das Opferthier stiehlt. An die Stelle
des Thieres soll nun ein Mensch treten. Doch umsonst sucht Ambarisha nach einem
solchen, bis endlich Çunahçepa, einer der drei Söhne des Einsiedlers Ricîka, sich zum
Opfer erbietet. Unterwegs kehrt er aber bei Viçvâmitra ein, der alsbald seine
eigenen Söhne auffordert, an die Stelle Çunahçepas zu treten. Da sie nicht wollen,

---

schwängliche Verehrung her, welche die Indier den Kühen zollten. Siehe J. Jolly,
Altindisches Leben (Allgem. Zeitung, Beil. Nr. 199, 18. Juli 1870). Die bekannten
Spottverse Heines beweisen deutlich, daß er die Sage vom König Viçvâmitra nicht
einmal richtig gekannt hat. Wem sie nichtsdestoweniger imponiren, der bedenke, daß
nach der altgermanischen Sage die Kuh Audhumbla den ersten Menschen Ymir aus
dem Eise hervorgeleckt hat. K. Simrock, Edda (8. Aufl., Stuttgart 1882) S. 253.

belegt er sie mit einem Fluch, der wie jener über Vasishthas Anhänger durch 700 Generationen fortwirken soll; dem Çunaḥçepa aber verleiht er einen doppelten Zauber, der ihn beim Opfer am Leben erhält.

Er selbst wird nach abermals tausendjähriger Buße von Brahmâ als Rishi anerkannt, allein der Anblick der schönen Nymphe Menakâ stürzt sein ganzes Tugendgebäude zusammen, und für 10 Jahre der Wollust, die ihm wie ein einziger Tag vorkommen, muß er wieder 1000 Jahre Buße thun. Darauf erhält er den Rang eines Maharshi, aber der eines Brahmarshi (eines Brâhmanen-Heiligen) bleibt ihm noch verwehrt, weil er seine Sinne nicht genug zu zügeln wisse. Sein Bußeifer vermehrt sich nun. Als die Götter ihm die Nymphe Rambhâ als Versucherin schicken, überwindet er zwar die schmeichlerische Lockung, aber nicht den Zorn. Er verhängt über die leichtfertige Versucherin den Fluch, für 10 000 Jahre versteinert zu werden. Um nun auch den Zorn zu besiegen, büßt er noch viel strenger abermals 1000 Jahre, und als nach Ablauf derselben Indra in Gestalt eines Brâhmanen ihn um das erste Mahl bittet, das er nach so langem Fasten sich zubereitet, gibt er es ihm hin, ohne ein Wort zu sagen, fängt sein Fasten von vorne an und büßt wiederum 1000 Jahre lang mit angehaltenem Athem. Da wird den Göttern endlich bang vor ihm, und Brahmâ verleiht ihm auf ihre Bitten die so schwer errungene Würde eines Brahmarshi. In seinem Siege aber, das ist klar, triumphirt nicht das indische Königthum, sondern der Brâhmanismus, und wenn nun auch Vasishtha den Viçvâmitra freudig als Brâhmanen anerkennt, so ist damit nur jene geistige Herrschaft besiegelt, welche die Brâhmanen fürder unangefochten über das gesamte Culturleben ausüben sollten.

Wie Râma die Lebensgeschichte seines erhabenen Reisebegleiters mit höchstem Beifall vernimmt, so fühlt sich König Janaka nicht wenig geehrt, den heiligen Brâhmanen an seinem Hofe zu empfangen.

> Herrlich ist mein Geschick, und himmlischer Segen, o Weiser,
> Ward mir zu theil, daß du mit Raghus lieblichen Söhnen
> Kamst zu opfern mit mir; denn dich mit Augen zu schauen,
> Reinigt und stärket die Seele und füllt sie mit köstlichen Gaben.
> Was du Großes gethan, was Größeres einst du gelitten,
> Glorreicher Anachoret, die Werke unendlicher Buße,
> Haben Râma wie ich mit staunendem Geiste vernommen.
> Keiner vergleicht sich mit dir, o Trefflichster, und ohne Grenzen
> Ist deine Tugend und Macht, und keiner vermag sie zu fassen.

Die Haupthandlung kommt nun wieder in Fluß. Nach feierlichem Empfang bei Hofe am andern Morgen verlangen die Gäste den berühmten Bogen zu sehen, um dessentwillen Viçvâmitra hauptsächlich die Prinzen nach Mithilâ geführt. Wie König Janaka berichtet, ist dies der Bogen, mit welchem einst Rudra-Çiva die Götter angriff, als sie in den ältesten Zeiten unter Führung Dakshas ein Opfer hielten und ihn einzuladen versäumten. Zur Strafe störte er das Opfer und verwundete einige der Götter, ließ sich aber bald wieder begütigen und heilte sie. Er selbst übergab diesen Bogen einem der Vorfahren des Königs Devarâta, und von dieser Zeit ward er als Heiligthum aufbewahrt und diente dazu, die vielen Freier zu beschäftigen, welche um die schöne Sîtâ, die Tochter Janakas, warben. Sie war nicht auf gewöhnlichem Wege geboren. Als er einmal pflügte, kroch plötzlich aus einer Ackerfurche (Sanskrit: sîtâ) ein allerliebstes Mägdlein hervor und ward deshalb Sîtâ genannt. Am Hofe des Königs als dessen eigenes Kind aufgezogen, wuchs es zur lieblichsten Jungfrau heran, deren Ruhm ganze Scharen von fürstlichen Brautwerbern herbeilockte. Janaka machte aber seine Einwilligung davon abhängig, daß der Freier den Bogen Çivas spannte, und das konnte keiner.

Auf Viçvâmitras Bitte wird der Götterbogen herbeigeholt. Eine Schar der kräftigsten Männer[1] zieht mit Mühe den achträderigen Wagen, auf dem er ruht. Janaka hält es noch jetzt für unmöglich, daß ein Mensch den Bogen spannen kann. Die zwei Prinzen sollen ihn jedoch wenigstens sehen. Râma begnügt sich aber nicht mit dem Sehen; nach kurzem Segensspruch greift er zu dem Bogen — und siehe! er spannt die Sehne mit so gewaltiger Kraft, daß der Bogen bricht, unter solchem Getöse, daß die Erde zittert und alles Volk zu Boden sinkt. Nur der König, Viçvâmitra und die beiden Königssöhne halten sich aufrecht, und staunend bietet Janaka dem jugendlichen Helden seine Tochter zur Braut. Sofort wird eine Gesandtschaft nach Ayodhyâ abgeordnet, um dem König Daçaratha das wunderbare Ereigniß zu melden. In drei Tagen langt sie daselbst an. Sämtliche Räthe genehmigen die vorgeschlagene Heirat. Unter glänzendster Prachtentfaltung zieht der König mit dem ganzen Hofe nach Mithilâ, von wo ihm König Janaka ebenso feierlich entgegenkommt. Freudig begrüßen sich die beiden Herrscher, noch freudiger umarmen Râma und Lakshmana ihren Vater wieder. Nachdem auch König Janakas jüngerer Bruder Kuçadhvaja herbeigerufen, wird dann in Gegenwart aller Priester und Großen der beiden Königshöfe der feierliche Heiratsvertrag abgeschlossen. Vasishtha fordert im Namen Râmas die Töchter Janakas als Bräute für Râma und Lakshmana und zählt dabei die ganze Ahnenreihe des Bräutigams auf, manche Helden- und Großthaten rühmend hervorhebend. König Janaka erwidert selbst, indem er die ganze Genealogie seines Hauses entwickelt, und gibt seine Tochter Sîtâ dem Râma, Ûrmilâ dem Lakshmana. Darauf begehrt Vasishtha für die zwei andern Söhne Daçarathas, Bharata und Çatrughna, zwei Nichten des Königs Janaka zu Frauen, und der König genehmigt auch diesen Wunsch. Alle vier Hochzeiten sollen gemeinschaftlich

---

[1] Nach Jacobi 150, nach Griffith (I, 281) 5000 Mann.

gefeiert werden am letzten Tage des Monats Phâlgunî. Als Morgengabe erhält jeder der vier Prinzen 100 000 Milchkühe, jede mit ihrem Kalb.

Es folgt nun die Hochzeit, welche verhältnißmäßig kurz beschrieben ist. Der Brâhmane Vasishtha hat dabei die führende Rolle. Er fordert den König zur Vornahme des Eides und der üblichen Ceremonien auf, und nachdem dieser ihm den Opfergrund und die daselbst anwesenden Bräute übergeben, errichtet er mit dem Hauspriester Çatânanda den Opferaltar in der Mitte des Festraumes, ziert ihn mit frischen Blumen und rüstet ihn aus mit den Opfergefäßen, den goldenen Löffelchen, Bechern, Rauchschalen, Wasserkrügen, mit den Reis-, Korn- und Weihrauchspenden, während der ganze Raum mit heiligem Gras bestreut wird. Nachdem er endlich die Opferflamme angezündet, ergreift der König Janaka Sîtâs Hand, stellt sie vor dem Opferfeuer dem Bräutigam gegenüber, übergibt sie ihm, spricht über das Paar seinen Vatersegen und besprengt es mit geweihtem Wasser. Dieselbe Ceremonie wiederholt sich mit den drei andern Paaren: Lakshmana und Ûrmilâ, Bharata und Mândavyâ, Çatrughna und Çrutakîrti. Dann umwandeln die Brautpaare in feierlichem Schritt erst den Opferaltar und König Janaka, darauf die Brâhmanen und die ganze heilige Stätte. Vom Himmel fällt ein Regen bunter Blüthen auf sie hernieder, während fröhliche Musik erklingt und die Nymphen munter dazu tanzen. Musik, Tanz und Jubel begleitet die Neuvermählten bis hin zum königlichen Palaste.

Nach der Hochzeit kehrt Viçvâmitra in seine Berg- und Waldeinsamkeit zurück. Die vier Bräute, von Janaka reich beschenkt mit Pferden und Elefanten, Mägden und Sklavinnen, prächtigen Seidengewändern und den herrlichsten Juwelen, nehmen Abschied vom Vaterhaus und folgen ihren jungen Gatten und deren Vater nach Ayodhyâ. Alle sind noch erfüllt von dem Jubel der vierfachen Hochzeit. Da plötzlich unterwegs stellen sich schreckenerregende Vorzeichen ein — die friedlichen Thiere ziehen sich scheu zurück; Unglücksvögel lassen ihr schrilles Gekreisch in den Lüften ertönen. Ein furchtbarer Sturm bricht aus, eine Wolke von Staub und Asche verfinstert die Sonne. In dem unheimlichen Dunkel erscheint ein anderer Râma — Paraçurâma, Râma mit dem Beil — und verwehrt dem königlichen Zuge den Weiterweg. Alle zagen; selbst Vasishtha wird von Furcht erfüllt. König Daçaratha ruft schreckensvoll um Gnade.

Wie sich in Viçvâmitra das vom Brâhmanenthum überwundene Königthum personificirt, so in Paraçurâma die triumphirende Rache der Brâhmanen an den ihnen unbotmäßigen Kshatriyas, der Priester an der wider sie ankämpfenden Kriegerkaste. Er ist Brâhmane, aber ein kriegerischer Brâhmane von herkulischer Kraft. In seiner Hand ruht der Bogen, der einst im Zweikampf der großen Götter Vishnu und Çiva zu Gunsten Vishnus entschied. Vishnu schenkte die furchtbare Waffe dem Ricîka, einem Schwager Viçvâmitras; dieser vererbte sie auf seinen Sohn Jamabagni, den gewaltigen Brâhmanen. Als aber die Söhne des anmaßenden Königs Arjuna diesen ehrwürdigen Einsiedler erschlugen, da schwur Jamabagnis Sohn Paraçurâma nicht nur dem Stamme Arjunas, sondern allen Kshatriyas Verderben und Untergang. Und er hielt seinen Schwur. Dreimal siebenmal rottete er mit seinem furchtbaren Beile alle Kshatriyas auf dem ganzen Erdboden aus, bis auf einige wenige, die entkamen. Dann schenkte er die ganze weite Erde dem Kaçyapa und zog sich zur Buße auf den Berg Mahendra zurück. Da drang die Kunde zu ihm, daß der jugendliche Râma den Bogen Çivas zerbrochen. Er fordert ihn nun auf, auch den siegreichen Bogen Vishnus zu spannen. Wenn er es kann, dann will er den Zweikampf mit ihm versuchen, d. h. er will dann auch ihn vernichten.

Die Herausforderung ist für den jungen Râma verführerisch: als König und Kshatriya konnte er sich als gewaltsamer Rächer aufwerfen für die zahllosen Opfer, die Paraçurâma in seinem Grimm geschlachtet. Er fühlt seine siegreiche Kraft. Im ersten Griff spannt er den mächtigen Bogen und legt an. „Doch, du bist Brâhmane," ruft er aus, „und deshalb muß ich dich ehren. Schon um Viçvâmitras willen werde ich dir diese Ehrfurcht nicht entziehen. Obwohl es in meiner Macht stände, deinem Leben ein Ende zu machen, schieße ich den Pfeil nicht auf dich ab!" In Gegenwart aller Götter und himmlischen Wesen, welche sich in diesem wichtigen Momente über den zwei Kämpfern einfinden, überläßt Râma seinem Gegner die Wahl, ob er auf die Freiheit verzichten will, unstät die ganze Welt zu durchschweifen, oder auf den seligen Besitz der überirdischen Wohnungen, die er sich durch seine lange Buße verdient. Paraçurâma wählt das letztere, und Râma schießt nun den Pfeil nach dem Himmel ab, von dessen wonnigen Gefilden der unerbittliche Feind der Kshatriya fortan für immer ausgeschlossen ist [1].

Während der Ueberwundene selbst laut das Lob Râmas verkündigt und huldigend um ihn dahinschreitet, um dann zum Berge Mahendra zu enteilen, legt Râma den unüberwindlichen Bogen dankbar in Varunas

---

[1] Auch diese seltsame Episode gilt als späteres Einschiebsel. Vgl. *Muir* l. c. IV, 175—178.

Hände zurück. Daçaratha aber drückt den siegreichen Sohn wonnetrunken an seine Brust, ein neues Leben für sich und ihn begrüßend. Weiter ungehindert, erreichen sie die Königsstadt Ayodhyâ, wo unendlicher Jubel sie empfängt. Freudig heißt vorab die Gemahlin Daçarathas ihre lieblichen Schwiegertöchter willkommen. Dem Honigmonat folgen Jahre des trautesten Glückes. Besonders Râma und Sîtâ werden die Lieblinge des Hofes, der Stadt, des ganzen Landes und Volkes von Ayodhyâ.

II. Das Buch Ayodhyâ (Ayodhyâ-Kâṇḍa)[1].

Râma entfaltet alle Eigenschaften, die einen Fürsten zieren können, im seltensten Maße. Die liebevollste Pietät für seinen Vater und das muthigste Selbstgefühl, die gewissenhafteste Religiosität und der kühnste Heldengeist, tiefes Gemüth und ein helles Verständniß für alle Fragen der Staatsverwaltung, die schönsten Tugenden eines Sohnes, eines Familienhauptes, eines Kriegers, eines Regenten finden sich in ihm vereint. In Daçaratha erwacht deshalb das Verlangen, den herrlichen Sohn noch zu seinen Lebzeiten als Mitregenten auf den Thron zu setzen. Er ruft alle Großen seines Reiches und das ganze Volk zusammen und macht ihnen den Vorschlag, Râma die Königsweihe zu ertheilen. Der Vorschlag findet jubelnde Beistimmung. Von aller Lippen tönt des Prinzen Lob und das sehnliche Verlangen, ihn auf dem Throne zu sehen. Daçaratha setzt die Königsweihe gleich auf den nächsten günstigen Tag an und fordert auf, alle nöthigen Vorbereitungen zu treffen. Râma läßt er alsbald zu sich bescheiden, um ihm selbst die große Kunde mitzutheilen; jubelnd bringt sie Râma dann der Mutter, die eben für ihn betet, der jungen Gattin und dem treuen Bruder Lakshmana. Während die ganze Stadt sich in Feierpracht kleidet, bereiten Râma und Sîtâ nach des Vaters Geheiß sich durch strenges Fasten auf den großen Tag vor.

Schon graut der festliche Morgen. Guirlanden prangen von Haus zu Haus. Fröhliche Wimpel wehen von allen Dächern. Die fröhliche Menge auf den Straßen trägt ihr Feierkleid. Das sieht Mantharâ, die bucklige Zofe der zweiten Königin Kaikeyî, und Grimm und giftiger Neid erwacht in ihr. Sie weckt ihre Herrin mit der Nachricht, daß heute Râma gekrönt werden solle. Doch Kaikeyî ist edler gesinnt als sie; rückhaltslos

---

[1] Dieses Buch hat Adolf Holtzmann (Indische Sagen II [2. Aufl., Stuttgart 1856], 181—344) ins Deutsche übersetzt, jedoch mit Weglassung der Stellen, welche er für unecht resp. Einschiebsel aus späterer Bearbeitung hielt. Das indische Versmaß ist sehr kraftvoll nachgeahmt.

stimmt sie ein in die allgemeine Freude und belohnt Mantharâ sogar mit einem Juwel. Erst die hämischen Reden der Zofe träufeln nach und nach das Gift des Neides in ihr Herz, und endlich willigt sie in den schnöden Plan ein, welchen diese entworfen, um im letzten Augenblick die Königsweihe Râmas zu hintertreiben und Bharata, den Sohn Kaikeyîs, an dessen Stelle zu setzen. Es ist eine schnöde Serailskomödie. Wie der König Kaikeyî in der Morgenfrühe besuchen will, um ihr selbst die Festnachricht mitzutheilen, findet er sie nicht in ihrem Gemach. Allen Schmuckes beraubt, entstellt, mit aufgelösten Haaren liegt sie im Schmollgemach, weinend und wehklagend. Nach langem Schmollen erinnert sie den König daran, daß sie ihm einst in seinem Kampfe gegen den Asura Çambara das Leben gerettet und daß er ihr damals die Gewährung zweier Wünsche feierlich verheißen habe. Sie habe bis jetzt von diesem Rechte keinen Gebrauch gemacht, aber jetzt verlange sie die Weihe ihres Sohnes Bharata zum König und die Verbannung Râmas auf vierzehn Jahre.

Der König ist erst starr vor schmerzlicher Ueberraschung, wie ein vom Tiger überfallenes Reh, wie eine vom Beschwörer auf engen Kreis gebannte Schlange. Dann bricht er wild und leidenschaftlich in die herbsten Vorwürfe gegen das herzlose Weib aus. Er wirft sich in tiefstem Schmerz vor ihr nieder und fleht sie an, ihre Forderungen zurückzunehmen. All das ist in wahrhaft dramatischer Kraft und Schönheit durchgeführt. Doch die Königin läßt sich nicht erweichen. Unerbittlich, mit schneidender Beredsamkeit hält sie den König bei dem einmal gegebenen Worte fest. Abermals bietet Daçaratha alles auf, um ihr Herz zu rühren. Sie setzt allen Gründen unbeugsamen Trotz entgegen und droht sogar mit Selbstmord, wenn der König sein Wort nicht einlöse. In namenlosem Schmerz bricht dieser endlich zusammen und läßt Râma zu sich entbieten.

Der Wagenlenker Sumantra, der weise Vasishtha, alle Brâhmanen und Großen des Hofes sind mit den Vorbereitungen zur Königsweihe beschäftigt. Keiner hat eine Ahnung von dem Schlag, der allen droht. Nichts Arges träumend, verläßt Râma auf den ersten Ruf des Vaters seine geliebte Sîtâ, welche in vollster Seligkeit der nahen Krönung entgegensieht, und eilt zum königlichen Palast. Aber welche Ueberraschung! Daçaratha ist so zerschmettert, daß er kein Wort hervorbringen kann. Râma wendet sich deshalb an Kaikeyî, ihm das Räthsel zu lösen. Diese nimmt ihm erst das eidliche Versprechen ab, die Zusicherung, die der Vater ihr gegeben, zu bestätigen, und dann erklärt sie ihm stolz, was er gelobt: seinem Bruder Bharata Thron und Reich zu überlassen und selbst auf 14 Jahre in den

Wald zu gehen. Mild, sanft, in unüberwindlicher Gelassenheit hört Râma sein Urtheil an. Aus Liebe zum Vater ist er bereit, alles über sich ergehen zu lassen; ja auch ohne des Vaters Geheiß würde er seinem Bruder Bharata gern Thron und Reich, Besitz und Weib und selbst das eigene Leben opfern. Kaikeyî wird durch diesen Edelmuth aber nicht im geringsten gerührt, sondern sendet alsbald Eilboten aus, um den fern vom Hofe lebenden Bharata herbeizuholen. Nur eines wünschte Râma: von des Vaters Munde selbst dessen Wunsch und Willen zu vernehmen; doch Daçaratha kann diesen Wunsch nicht erfüllen. Nur schmerzliche Wehrufe entringen sich seinem Munde. So bleibt dem Sohne nichts übrig als seine Füße ehrfurchtsvoll zu berühren und dann zu gehen. Ohne Zeichen von Leid oder Erregung schaut er all die königliche Pracht, die eben noch ihm galt und die ihm nun schnöde entrissen. Er eilt zu seiner Mutter, die den ganzen Morgen im Gebete für ihn zugebracht, um ihr selbst die Unglücksbotschaft zu melden und sie so weit als möglich zu lindern.

Der Glückswechsel ist zu schroff für die in ihrer Mutterliebe gekränkte Frau und Herrscherin; sie fällt in Ohnmacht, und nachdem sie sich wieder erholt, ergießt sich ihr Herz in einem Strom der ergreifendsten Klagen. Lakshmana, entrüstet über das seinem Bruder angethane Unrecht, räth ihm, das unklug gegebene Versprechen nicht zu achten, sondern sich mit den Waffen des ihm gebührenden Thrones zu bemächtigen. Auch Kausalyâ stimmt ihm bei; sie droht, sich selbst zu tödten, wenn er ihr entrissen werde. Doch weder der Mutter Schmerz noch des Bruders Zorn vermögen etwas über Râmas ruhige, ernste Selbstbeherrschung. Nur eines schwebt ihm vor: die Pflicht des Gehorsams gegen seinen Vater, und inständig fleht er die Mutter an, ihm die Erfüllung derselben nicht zu erschweren, sondern lieber zu erleichtern. Auch auf ihren Wunsch, mit ihm in die Verbannung zu wandern, geht er nicht ein, weil es die Pflicht der Gattin sei, bei ihrem Manne auszuharren. Langsam beruhigt sich endlich ihr Herz und mit den innigsten Segenswünschen nimmt sie Abschied von ihrem vielgeliebten Sohne.

Sîtâ, welche an diesem Tage ihren jungen Gemahl in aller Pracht eines Königs zu schauen hoffte, ist sehr erstaunt, daß er ohne jedes königliche Abzeichen, ganz verändert zu ihr kommt. Sie hört die Nachricht indes gefaßter an als Kausalyâ und erklärt sich alsbald bereit, die Verbannung ihres Gatten zu theilen. Wie sehr ihr auch Râma die Schrecken und Gefahren des Waldlebens ausmalen mag, sie bleibt fest bei diesem Entschluß, und Râma sieht sich endlich genöthigt, in ihr Verlangen einzuwilligen. Auch seinen Bruder Lakshmana sucht er umsonst zu überreden, in Ayodhyâ zu bleiben und der Beschützer Kausalyâs und der übrigen zurückbleibenden Freunde zu werden. Lakshmana besteht darauf, mit in die Verbannung zu gehen, und so beauftragt ihn denn Râma, die zwei von Varuna geschenkten Bogen und andere Waffen herbeizubringen. Râma selbst macht zum Abschied die reichlichsten Geschenke an die Brâhmanen.

Râmas kindliche Liebe und unwandelbares Pflichtgefühl wie Sîtâs eheliche Anhänglichkeit und Treue sind mit einer Anmuth, einer Zartheit gezeichnet, die nur einen sehr blasirten Leser unbewegt lassen kann. Wenn auch nicht ungetrübt von dem Einfluß heidnischer Anschauung, zeigt sich der Charakter der Inder hier in seinen schönsten, liebenswürdigsten Zügen. Nur werden dieselben Motive von da an zu stark wiederholt und zu breit ausgesponnen. Es braucht noch zwölf Gesänge, bis Râma und Sîtâ endlich den letzten Abschied von Ayodhyâ genommen haben, und zehn weitere, bis sie endlich ihre Waldeinsiedelei erreichen.

Erst macht die gesamte Bürgerschaft Miene, mit dem vielgeliebten Prinzen ihre Stadt zu verlassen; dann versucht Daçaratha wenigstens noch einen Tag Aufschub zu erwirken; Kaikeyî wird von Sumantra hart angelassen und aufgefordert, ihr Begehren zurückzunehmen. Da Râma auf sofortige Abreise drängt, will der König ihm wenigstens sein ganzes Heer mitgeben; allein Kaikeyî erhebt dagegen Einspruch, und Râma weist das Angebot aus Rücksicht auf seinen Bruder Bharata zurück. Ueberhaupt verzichtet er auf jeden königlichen Prunk, erbittet sich schlichte Bastkleider, wie die Büßer sie tragen, zieht sie alsbald an und hilft Sîtâ, ihre Prachtgewänder mit derselben Tracht zu vertauschen; Vasishtha macht noch einen letzten Versuch, wenigstens Sîtâ zurückzuhalten, aber vergeblich. Râma, Sîtâ und Lakshmana nehmen endlich Abschied und besteigen dann den Wagen, den der König herbeiholen läßt. Alle ergießen sich in Klagen, vorab die Frauen. Aber auch die Stadt fällt der tiefsten Trauer anheim, und die ganze Natur geräth in seltsamen Aufruhr und verkündet dadurch das tiefe Weh, das Râmas Schicksal ihr einflößt.

Ein Theil der Bürgerschaft, darunter die ehrwürdigsten Brâhmanen, begleiten die Scheidenden, und da die Greise dem Wagen nicht zu folgen vermögen, steigen Râma, Sîtâ und Lakshmana aus und gehen mit ihnen zu Fuße. Abermals bieten die treuen Alten alles auf, um Râma zur Heimkehr zu vermögen. Um dem stets sich erneuernden Ansturm zu entgehen, brechen die drei nächtlicherweile heimlich auf, fahren über den Fluß Tamasâ und entziehen sich so weiterer Gefolgschaft. Während die treuen Begleiter wehklagend in die Stadt zurückkehren, wandern die drei weiter, über die Grenzen von Kosala hinaus an den Ganges, setzen mit Hilfe des frommen Guha auf einem Schiffe über den Strom, wenden sich dann zur Yamunâ, kreuzen auch diesen Fluß und erreichen endlich tief im Walde die Einsiedelei Bharadvâjas, der sie zum Berge Citrakûta weist. Hier zwischen lieblichen Wäldern bauen sich die zwei Brüder und Sîtâ eine kleine Hütte und weihen sie feierlich ein, um fürder der Welt entzogen, nur der Frömmigkeit zu leben.

In Ayodhyâ ist inzwischen mit Râmas Wegzug alles Glück erloschen. König Daçaratha überlebt die schreckliche Veränderung nicht lange mehr. Er fällt von einer Ohnmacht in die andere. In einem lichten Augenblicke erkennt er noch die Schuld, durch die er die Heimsuchung auf sich gezogen. Als Prinz hat er einst auf der Elefantenjagd, ohne es zu beabsichtigen, den Sohn eines Brâhmanen getödtet, der die einzige Stütze seines alten Elternpaares war, und der Vater belegte ihn dafür mit dem Fluch, daß er einst ebenfalls aus Kummer über den Verlust eines Sohnes sterben werde. Bald darauf erblindet er und stirbt[1].

Vasishtha und die übrigen Großen des Reiches senden zu Bharata, der sich noch immer in Râjagriha aufhält, damit er die Herrschaft übernehme. Sie lassen ihn jedoch den Tod des Vaters noch nicht wissen. Er erfährt denselben erst bei seiner Ankunft von seiner Mutter Kaikeyî, die jetzt endlich am Ziele ihrer ehrgeizigen Wünsche zu sein glaubt. Doch Bharata verabscheut ihre unedle Gesinnung: er will um keinen Preis den auf solche Weise erworbenen Thron besteigen. In der Erinnerung an Râma tritt er aber vermittelnd und schonend ein, als sein Bruder Çatrughna die Zofe Mantharâ, die Urheberin alles Unheils, mißhandelt und selbst Kaikeyî mit seiner Rache bedroht.

Sobald die Leichenfeier des verstorbenen Königs vollzogen ist, zieht Bharata mit einem großen Heere an den Ganges und von da weiter zu der Einsiedelei am Berge Citrakûta, um Râma zurückzuholen und auf den Thron zu setzen. Das Wiedersehen der beiden Brüder ist ergreifend dargestellt. Ein Wettstreit des Edelmuthes entspinnt sich zwischen ihnen. Bharata denkt nur an den ältern Bruder, der um seinetwillen alles geopfert; Râma denkt nur an die Pflicht, die das Versprechen seines Vaters

---

[1] Diese rührende Episode (Ges. 63 u. 64) hat Graf A. F. v. Schack sehr schön übersetzt (Stimmen vom Ganges. Berlin 1857. Nr. 6. 2. Aufl. S. 106 ff.).

ihm auferlegt. Nachdem beide auch in ferner Waldeinsamkeit dem Vater ein Todtenopfer gehalten, fordert Bharata feierlich vor allem Volke Râma auf, die Herrschaft zu übernehmen. Allein dieser gemahnt ihn ernst an die Vergänglichkeit alles Irdischen, über die nur eines — treue Pflichterfüllung — den Menschen emporhebt. Mit ebenso tiefen, herrlichen Worten über den unvergänglichen Werth der Wahrheit weist er auch die leichtfertigen Ideen Jâbâlis zurück, der von einem grobmaterialistischen Standpunkt aus[1] die Verbindlichkeit seiner Sohnespflicht läugnet und ihm räth, sich darüber hinwegzusetzen. Selbst die Erscheinung der Rishis, welche den Bharata auffordern, sich Râma zu fügen, vermag diesen nicht zur Uebernahme des Thrones zu bewegen. Da aber Râma fest bei seinem Entschlusse bleibt, erbittet sich Bharata von ihm seine Sandalen. Diese will er als Symbol der Herrschaft auf den Thron von Ayobhyâ legen, bis Râma nach Ablauf der 14 Jahre denselben besteigen wird. Râma gewährt ihm diese Bitte, und Bharata zieht mit seinem Heere nach der Heimat zurück.

Bald darauf werden die Einsiedler in Râmas Nachbarschaft von dämonischem Spuk geplagt, und damit eröffnet sich eine neue Verwicklung, welche zum folgenden Theil der Dichtung überleitet.

III. Das Buch vom Walde (Aranya-Kânda).

Ein tiefes Naturgefühl, aufs innigste verwachsen mit religiöser Beschaulichkeit, ist einer jener Charakterzüge, welcher den Inder am meisten von dem ihm ursprünglich stammverwandten Hellenen unterscheidet. Weder die Helden der Ilias noch die Gefährten des Odysseus lieben die Einsamkeit. Wir treffen sie beständig in Thätigkeit, in Kampf und Abenteuer. Ihre Gebete sind kurz, ihre Opfer mit glänzender Heerschau und nahrhafter Opfermahlzeit verbunden. Ihre Götter sind wie sie mit reger Thätigkeit oder munterer Unterhaltung beschäftigt. Die Natur selbst wird häufig personificirt, nur selten erscheint sie kurz und in ein paar Zügen als Schauplatz oder Staffage der Handlung gezeichnet. Beim Inder ist das völlig anders. Bei aller Phantastik seiner Götterwelt schwebt ihm dunkel doch die Idee vor, daß das Göttliche über das Sinnliche hinausragt, daß es nur vom Geiste erfaßt werden kann, und daß dieser ihm näher kommt, wenn er sich aus dem Gewühle des sinnlich aufregenden Alltagslebens,

---

[1] Nach der Lehre der sogen. Lokâyatika, zufolge der mit dem Tode alles aus ist. Jâbâli spricht völlig wie ein moderner Materialist.

aus dem Menschenverkehr, in die Einsamkeit zurückzieht und in Buße und Entsagung der Beschauung obliegt. Da befreundet er sich dann mit der ihn umgebenden Natur, mit See und Fluß, mit Blumen und Bäumen, mit den friedlichen Thieren und Vögeln des Waldes, mit dem buntfarbigen Insectenschwarm, der das Pflanzengewirr des Urwaldes belebt. Wie Auge und Ohr hier ihre harmlose Erquickung finden, so bietet der Wald dem genügsamen Einsiedler auch mühelos Obdach, Kleidung und Nahrung: eine aus Zweigen geflochtene Hütte, ein schlichtes Bastkleid und zur Labung einige Beeren und Früchte. Der Störung durch wilde Thiere wird auffallend wenig gedacht. Nicht wenig aber werden die Einsiedler durch Dämonen und Riesen, die sogen. Râkshasa, geplagt, die bald ihre Gebete und Opfer stören, bald sie selbst wohl auch an Leib und Leben bedrohen. Dafür lassen aber auch gütige Geister, die Gandharvas und Kinnaras, ihren Gesang in der einsamen Waldesstille ertönen, die Nymphen oder Apsaras führen an Teichen und Waldlichtungen ihre Tänze auf. Die Flußgöttinnen stehen mit den frommen Waldbewohnern in traulichem Verkehr, und nicht selten, von Gebet und Buße herbeigelockt, erscheinen die Götter, auch die höchsten, Çiva, Vishnu, Brahmâ, bei ihnen zum Besuch.

Im allgemeinen üben die Büßer Enthaltsamkeit; aber das häufige Zusammenleben oder die Nachbarschaft von Männern und Frauen führen doch manches Abenteuer herbei, und wenn die Menschen sich tadellos zu betragen suchen, schicken die Götter leichtsinnige Apsaras aus Indras Himmel herab, um sie zu bethören. Der indische Ascetenwald hat nicht jenen tiefen, unverbrüchlichen Ernst, jene unwandelbare Strenge der Entsagung, jene Weihe und Würde, welche später die Thebais zum mahnenden Schauspiel für die entarteten Römer und Hellenen gestaltete.

Innerhalb der Erscheinungen heidnischer Cultur kann man indes dieses indische Waldleben als etwas relativ Ideales, Schönes und Freundliches betrachten. Der trauliche Verkehr mit der Natur erinnert an das Paradies, die Buße der Einsiedler an die Schuld, unter deren Nachwehen wirklich die Menschheit schmachtet; das Gebet und die Beschauung der Waldbewohner an jenen dem Menschenherzen eingepflanzten Drang, über der Sinnenwelt, bei Gott selbst Licht, Trost und Hilfe zu suchen. All das ist theils von polytheistischem Aberglauben theils von pantheistischen Vorstellungen angekränkelt und mannigfach verzerrt. Aber es weht darin doch etwas von einer Poesie, die weder den in Schönheit schwelgenden Griechen noch den thatendurstigen Römern bekannt war, der Nachklang einer höhern, geistigen Weltanschauung, welche auch das Leben der Natur verklärt. Auch das

III. Das Buch vom Walde (Aranya-Kânda).

Treiben finsterer Dämonen vermag das Harmonische des Bildes nicht zu trüben: die Frömmigkeit guter Menschen tritt ihm vielfach siegreich gegenüber, und wo diese zu unterliegen droht, entfalten die Götter ihre Macht und kommen den Ringenden zu Hilfe. Die wichtigsten Gegensätze bleiben freilich ungelöst; heidnischer Irrwahn steigert sie noch mehr zum Widerspruch, und während die Menschen sich durch Buße zu läutern bemühen, huldigen die Götter allen Lüsten entfesselter Sinnlichkeit.

Die Schilderung dieses Waldlebens gibt dem dritten Theil des Râmâyana seinen eigenartigen Charakter[1]. Es hat darin manche Verwandtschaft mit dem III. Buch des Mahâbhârata (Vanaparvan); doch ist das Bild mehr abgerundet und durch weniger Episoden gestört.

Wir haben Râma, Sîtâ und Lakshmana verlassen, wie sie, durch die Erinnerung an Bharatas Besuch des Berges Citrakûta überdrüssig geworden, erst zu dem Einsiedler Atri und seiner Frau Anasûyâ kommen, um dann in den Dandaka-Wald zu übersiedeln. Mit der Beschreibung dieses Waldes beginnt der dritte Theil. Die drei Pilger finden hier bei andern Einsiedlern freundliche Aufnahme, wandern jedoch schon folgenden Tages weiter und stoßen auf den Râkshasa Virâdha, einen Menschenfresser, der alsbald Sîtâ an sich reißt und die zwei Brüder zu morden droht. Allein Râma haut ihm den einen Arm ab, Lakshmana den andern, darauf treten sie den Ueberwundenen mit Füßen und werfen ihn in eine Grube. Auf seine Aufforderung besuchen sie dann den Rishi Çarabhanga, den Indra in Person eben in Brahmâs Himmel abholen wollte; doch er blieb, um erst Râma zu begrüßen, und besteigt nun erst den Scheiterhaufen und fährt Indra in den Himmel nach. Auch der Einsiedler Sutikshna ist durch Gott Indra selbst von Râmas Ankunft benachrichtigt, empfängt ihn ehrfurchtsvoll und warnt ihn vor Gazellen: diese würden ihm Gefahr bringen. Sîtâ sucht ihren Gemahl dazu zu bewegen, seine Waffen abzulegen; allein er weigert sich dessen, weil er bereits mehreren Einsiedlern seinen Schutz versprochen. Weiter wandernd, gelangen die drei zu dem See Pancâpsaras, wo einst fünf Apsaras den Einsiedler Mândakarni verführten; er nahm sie darauf alle fünf zu Frauen, baute ihnen unten im Seegrund einen herrlichen Palast und lebt da mit ihnen, in einen schönen Jüngling umgewandelt, in stetem Genuß und Freude, weshalb von diesem See aus stets eine liebliche Musik ertönt. Am Strande dieses Sees läßt sich Râma mit Frau

---

[1] Die dabei eingeflochtenen Naturschilderungen gelten als spätere Zusätze, nicht aber die Zeichnung des Waldlebens selbst. Siehe Jacobi, Râmâyana S. 124.

und Bruder volle zehn Jahre nieder. Nach Ablauf dieser Zeit wird der ehrwürdige Rishi Agastya besucht, der unmittelbar von Varuna abstammende Patriarch, dessen Aufgabe es ist, Râma für die ihm bevorstehenden Kämpfe auszurüsten [1]. Das erinnert an die Waffen Achills. Doch wir bekommen hier kein künstlerisches Bild von den Waffen, die Râma erhält, außer daß sie von Gold und Edelsteinen blitzen wie der Sonnenstrahl: der goldene Bogen, für Vishnu selbst gemacht, der goldene Köcher mit unversieglich vielen, unfehlbar treffenden Pfeilen und das Schwert mit dem goldenen Griffe. Als künftigen Wohnplatz räth der Rishi den dreien Pancavatî unfern des Flusses Godâvarî an. Dahin ziehen sie nun und machen unterwegs die Bekanntschaft eines höchst wunderbaren Wesens, des ungeheuern Geiers Jatâyus, der als Großenkel von Kaçyapa abstammte und mit König Daçaratha sehr befreundet gewesen war. Endlich erreichen sie den prächtigen Wald von Pancavatî und bauen da ihre Hütte unter den blühenden Bäumen.

> Und ein wonniger See blitzt zwischen dem dunklen Gezweige,
> Reich mit Blumen geschmückt, die über den schimmernden Spiegel
> Gießen balsamischen Duft; ganz wie es Agastya verheißen.
> Drüben die Godâvarî strömt hin an ragenden Bäumen,
> Schattig, blüthenbekränzt, von Schwänen und Gänsen bevölkert,
> Die in unendlichem Schwarm erglänzen von Ufer zu Ufer,
> Während zum Dickicht heraus Gazellen in zahllosen Rudeln
> Nahen dem lieblichen Strom, und von den Bergen erklinget
> Fröhlich die Stimme des Pfaus. Ein Meer von Blüthen umwallet
> Felsen und Grotten und Thäler und Höh'n, und gleich Elefanten,
> Denen die mächtige Stirn mit bunten Strichen man zierte,
> Funkeln die Häupter der Berge in goldnen und silbernen Adern.
> Baum erhebt sich an Baum, und Schlinggewächse verknüpfen
> Stamm und Gezweige zum Kranz mit farbenschillernden Kelchen.

Eine ganze Litanei von Bäumen wird nun aufgezählt, die den gewandtesten Uebersetzer in Noth bringen müßte, die aber durch die bloßen Namen schon ein überschwängliches Bild tropischen Reichthums entwickelt. Allerliebst nimmt sich mitten in dieser Pflanzenherrlichkeit die Einsiedlerhütte Râmas aus, die an Einfachheit nichts zu wünschen übrig läßt. Vier Bambusstäbe tragen das aus Kuçi-Gras, Akazienzweigen und Blättern geflochtene Dach.

---

[1] Es hat ganz den Anschein, als ob den Sagen über Agastya historische Erinnerungen zu Grunde lägen. Er ist der Typus der ersten Vorkämpfer der Arier im Süden des Vindhya. A. Holtzmann, Agastya nach den Erzählungen des Mahâbhârata. Zeitschr. d. D. M. G. XXXIV, 596.

III. Das Buch vom Walde (Aranya-Kânda).

Nicht weniger anziehend als die sommerliche Pracht des Waldes wird schon im nächsten Gesang der Winter beschrieben.

Ein duftiger Reif legt sich über die Felder. Am Flusse ist es nicht mehr gemüthlich; man muß das Feuer suchen. Jetzt ist es die Zeit, wo die ersten Sprossen des Korns und des Reis geopfert werden. Im Norden ist es dunkel. Die Sonne hat sich südwärts gewendet, zum Lande Jamas, des Todtenherrschers. Der Himâlaya, von alters her die Schatzkammer des Frostes, wird nun vollends zum Herrscher des Schnees. Des Mittags ist es noch angenehm; aber des Abends schaudern wir vor Kälte. Die Sonne ist so matt, der Wind so kalt. Weißer Reif bedeckt Gras und Bäume. Die Blätter sind welk; die Wälder haben ihren Blüthenschmuck verloren; denn der Frost hat die Blumen getödtet. Man kann nicht mehr im Freien schlafen. Die Nächte sind lang. Der Mond scheint nicht mehr hell und klar, sondern verschleiert von Nebelduft, wie ein angehauchter Spiegel. Selbst die Strahlen der Sonne vermögen sich kaum durch die dichten Nebellager durchzukämpfen: das herrliche Gestirn scheint nicht größer als der Mond. Der Elefant, der zum Trinken an den Fluß gekommen, zieht eilig den Rüssel aus den kalten Wellen zurück. Selbst die Wasservögel stehen zögernd am Uferrand und haben keine Lust, in die winterliche Fluth zu tauchen, dem Feigling gleich, der vor dem Tapfern zurückweicht.

Wie die drei so an kaltem, trübem Wintertag beisammensitzen, kommt Lakshmana wieder auf ihren Bruder Bharata zu sprechen, der als Einsiedler ebenfalls, auf den kalten Boden hingestreckt, das Ungemach der rauhen Jahreszeit zu tragen hat, und läßt dabei scharfen Tadel auf dessen Mutter, die ehrgeizige Kaikeyî, einfließen. Râma verweist ihm das, stimmt aber herzlich ein in Bharatas Lob. Dann, trotz aller Kälte, wird ein rituelles Bad in der Godâvari genommen.

Nicht zu friedlicher Beschauung ist indes Râma in den Wald berufen: es harrt seiner hier nicht so sehr die Aufgabe des Büßers als jene des Helden, der als königlicher Krieger die frommen Einsiedler gegen ihre Feinde beschirmen soll. Langsam zieht sich diese Hauptverwicklung des Epos um ihn zusammen. Wie die Nachbarschaft des Berges Citrakûta, so wird auch Janasthâna, ein Theil des Dandaka-Waldes, von Dämonen gequält. Wiederholt sind Klagen darüber an Râma gelangt. Er hat den Einsiedlern Hilfe und Rettung versprochen, in dem Abenteuer mit Virâdha gleichsam ein erstes Vorpostengefecht geliefert. Agastya hat ihn mit Vishnus eigenen Waffen ausgerüstet. Endlich schlägt die Stunde des großen Kampfes; die finstere Dämonenbrut tritt an Râma selbst heran.

Der erste Angriff ist ein sehr seltsamer. Çûrpanakhâ, die Schwester des Dämonenfürsten Râvana, ein wüstes Ungeheuer, alt, häßlich, mißgestaltet, eine gräßliche Hexe und Teufelin, verirrt sich in Râmas Einsamkeit und verliebt sich beim ersten Blick in den schönen, jugendlichen Fürsten.

Uebermüthig stolz auf ihres Bruders Macht, wirbt sie trotzig drohend um seine Liebe. Râma weist sie in ruhigem Tone an seinen noch ledigen[1] Bruder Lakshmana, dem die Riesin dann richtig ebenso rasch Herz und Hand anbietet. Da dieser aber ihren Antrag mit Spott und Hohn erwidert, wendet sie sich abermals Râma zu und stürzt dann auf Sîtâ, um diese vor seinen Augen zu verzehren. Doch Lakshmana kommt ihr zuvor und haut ihr mit seinem trefflichen Schwerte Nase und Ohren ab. So entstellt, heulend und jammernd, flieht Çûrpanakhâ zu ihrem Bruder Khara, dem Haupte der Râkshasas, welche den Dandaka-Wald beunruhigen. Er schickt alsbald 14 Râkshasas aus, um seine Schwester zu rächen. Doch Râma und Lakshmana bewältigen sie in raschem Kampfe. Khara befiehlt nun dem Dûshana, ein ganzes Heer von 14 000 Râkshasas gegen die zwei Frevler aufzubieten. In mächtigen Heerhaufen kommen diese angerückt; doch schon die ersten müssen vor Râmas Gandharva-Waffe zurückweichen; Dûshana selbst wird getödtet und seine Unterfeldherren mit 5000 Râkshasas zurückgeschlagen. Nun stellt Khara den Rest seiner Truppen unter zwölf Führern ins Feld. Râma erlegt sie alle mit seinen unerschöpflichen Pfeilen, auch den Triçiras, der den Zweikampf mit ihm versucht. Khara allein steht noch dem Unbesieglichen gegenüber. Es gelingt ihm, mit seinen Geschossen Râmas Panzer und Bogen zu zerschmettern; doch Râma greift nun zu Vishnus Bogen, der wunderbaren Waffe, mit der Agastya ihn ausgerüstet, zerschießt Kharas Streitwagen, seinen Bogen und seine Hand, und wie dieser seine Keule nach ihm wirft, sendet er ihr einen Pfeil entgegen, der sie in Stücke splittert. Noch reißt der gigantische Dämon einen Sâla-Baum aus dem Boden, um sich zu vertheidigen; allein auch der Baum hält Râmas Pfeilen nicht stand, und eines der Flammengeschoße trifft endlich des Riesen Brust. Khara bricht zusammen. Die Götter erscheinen, und während ein Blüthenregen auf Râmas Haupt herniederschwebt, preisen die Götter den Helden, der in drei kurzen Stunden 14 000 Dämonen überwältigte.

Ein einziger, Akampana, ist dem Todeslos entronnen und eilt nach Lankâ, um Râvana die völlige Niederlage der Seinigen zu melden. Dieser tobt vor Wuth und Rache. Allein Akampana mahnt ihn von offenem Kampfe ab, räth ihm dagegen, dem Râma seine Gattin zu rauben. Auch das redet ihm indes Mârîca aus, den Râma schon als Jüngling einst

---

[1] Das widerspricht der Angabe im I. Buch, wonach Lakshmana zugleich mit Râma sich in Mithilâ verheiratete, und gilt als Zeichen für dessen spätern Ursprung.

überwunden. Râvana kehrt deshalb nach seinem Herrschersitze Lankâ zurück, und erst auf die Bitten, Drohungen und Verheißungen seiner rachedürstenden Schwester Çûrpanakhâ besucht er abermals Mârîca, um mit ihm einen Racheplan zu verabreden, der dahin geht, Sîtâ mit List zu entführen. Noch weit inständiger als früher mahnt Mârîca davon ab und erzählt, wie Râma ihn einst mit einem seiner Pfeile ins Meer geschleudert habe. Auch als Râvana aufbraust, warnt er vor dem Kampf mit Râma als mit einem gefährlichen, überlegenen Gegner. Nur mit Widerstreben geht er endlich auf den Plan des Dämonenfürsten ein, besteigt mit ihm dessen Wagen und fährt mit ihm durch die Lüfte zu Râmas Einsiedelei.

Da versteckt sich Râvana vorläufig, während Mârîca, der getroffenen Verabredung gemäß, sich in eine Gazelle von wunderbarer Schönheit verwandelt, die vor der einsamen Hütte friedlich grast. Sîtâ streift eben im Freien herum, freut sich wie ein Kind an der Pracht der Blumen und sammelt sich die herrlichsten und duftigsten zum Strauße. Da erblickt sie das Thier, das bald traulich sich der Hütte nähert, bald hurtig in das Dickicht schlüpft, dann wieder in freier Lichtung grast, in muntern Sprüngen davoneilt und mit den andern Gazellen spielt, so schlank, so lieblich, so anmuthig von Wuchs und Farbe, wie sie noch nie ein solches Thier gesehen. Sie will es haben. Sie ruft Râma und Lakshmana herbei. Râma traut der Sache nicht. Er wittert eine List Mârîcas. Doch Sîtâs harmlose Kinderfreude an dem lieblichen Thier verscheucht endlich seinen Verdacht und seine Bedenken. Er zieht aus, um die Gazelle zu erjagen, läßt aber Lakshmana zum Schutze seiner Gattin zurück. Scheu flieht das schöne Thier vor ihm, das ihm aus Liebe zu Sîtâ zum köstlichen Jagdpreis geworden. Weiter, immer weiter lockt es ihn von seiner Hütte weg in die Tiefe des Waldes, so weit, daß kaum mehr ein Ruf die Hütte erreichen kann. Da läßt der hinterlistige Mârîca Râma zum Schusse kommen. Der Pfeil fliegt. Die Gazelle stürzt. Doch im selben Augenblick schon hat der täuschende Dämon die verlockende Hülle verlassen, ahmt Râmas Stimme nach und ruft Lakshmana zu Hilfe. Sîtâ, schon besorgt durch das lange Ausbleiben Râmas, geräth in tödtliche Angst um ihn. Dem Auftrag seines Bruders treu, will Lakshmana sie nicht verlassen; doch sie bringt dermaßen in ihn, daß er nicht länger widersteht, sondern in den Wald eilt, um dem, wie er meint, bedrohten Râma Hilfe zu bringen. Ganz genau so hatte es Râvana berechnet. In Gestalt eines pilgernden Einsiedlers tritt er alsbald in die Hütte ein, begrüßt die schutzlose Sîtâ mit den süßesten Schmeicheleien und wirbt um ihre Hand. Da sie ihn verächtlich von sich weist, wirft er aber die Maske ab, prunkt und spreizt sich mit seiner Abstammung, Macht, Größe, Herrlichkeit, setzt Râma herab und verspricht ihr goldene Berge. Doch all das berückt sie nicht; die Versuchung bestärkt sie nur in ihrer Treue zu Râma. Sie erwidert seine Schmeicheleien damit, daß sie ihm die ernüchterndsten Wahrheiten an den Kopf wirft: Râma verhalte sich zu ihm wie der Ocean zu einer Quelle, der Adler zu einer Krähe, Gold zu Blei, der Göttertrank zu abgestandenem Reiswasser, der Tiger zu einer Katze, der Schwan zu einer Eule, der Pfau zu einem Wasserhuhn. Wenn Râma kommen werde mit seinem Bogen und seinen Pfeilen, dann werde er, dem Tode geweiht, seine halb gewonnene Beute fahren lassen müssen, wie die Fliege, die das Opferöl am Altare benascht. Da braust Râvanas Zorn hoch empor. Er zeigt sich nun ganz und voll in seiner grauenerregenden Riesengestalt, faßt die sich Sträubende, setzt sie neben sich in seinen Wagen und fährt mit ihr durch die Lüfte davon. Auf ihren Hilferuf eilt der greise Geier Jatâyus herbei und sucht Râvana seine Beute streitig zu machen. Doch umsonst. Zwar zerstört er dem frechen Räuber seinen Wagen und bringt ihm selbst mit Schnabel und Krallen manche Wunde bei; allein zuletzt bewältigt ihn der furchtbare Dämon und läßt ihn todeswund liegen. Dann ergreift Râvana die Sîtâ wieder und schwebt mit ihr davon nach seiner Hauptstadt Lankâ. Sie läßt zunächst ihre Blumen und einen Theil ihres Schmuckes auf die Erde niederfallen; später wirft sie einigen Affen die übrigen Schmucksachen und ihr Obergewand zu. In Lankâ angelangt, bringt Râvana sie erst in sichern Gewahrsam, dann zeigt er ihr alle Herrlichkeiten seines Palastes, mit dem Versprechen, alles solle ihr gehören, wenn sie die Seine werden wolle, aber auch mit der Drohung, sie aufzufressen, wenn sie innerhalb zwölf Monaten seinem Wunsche nicht entspräche. Sie wird in der Açokagrotte untergebracht und einer Schar weiblicher Râkshasa zur Bewachung übergeben.

Herzerschütternd ist Râmas Klage, da er, zu seiner Hütte zurückgekehrt, seine geliebte Sîtâ nicht mehr findet. Er überhäuft Lakshmana mit Vorwürfen, der sich umsonst zu vertheidigen sucht. Sie durchirren nun den Wald, um die Verschwundene zu suchen, und treffen den sterbenden Geier Jatâyus, der ihnen eben noch berichten kann, wie alles gekommen, und dann seinen Geist aufgibt.

Die Ueberlistung Râmas, der Raub der Sîtâ und Râmas Klage gehören zu den schönsten Stellen der ganzen Dichtung. So einfach auch die Verwicklung, so wirkt sie doch spannend. Sîtâ mit ihrer kindlichen Herzensgüte, mädchenhaften Neugier, ihrem launenhaften Begehren nach der schönen

Gazelle, ihrer mimosenartigen Aengstlichkeit, ihrer überschwänglichen Liebe zu Râma und in ihrer heldenhaften, todesmuthigen Treue und Anhänglichkeit gegen ihren Gemahl ist eine überaus schöne, anziehende Frauengestalt, nicht weniger anmuthig als Sakuntalâ, wohl noch einfacher und idealer gezeichnet als Damayantî und Sâvitrî im Mahâbhârata. Nirgends ist die Naturschilderung so lieblich in die Handlung verwoben, deren schlichte, edle Motive im Gegensatz zu dämonischer Bosheit, Verlogenheit und Niedertracht aufs schönste zur Geltung kommen. Das Wunderbare ist nicht allzu grell aufgetragen: es wirkt wie in einem artigen Märchen. Die Reden aber sind mit recht natürlichem Pathos durchgeführt, so ansprechend und poetisch wie nur irgendwelche der homerischen Helden. Fast die ganze Stufenleiter der menschlichen Affecte kommt dabei zur Entfaltung, und Râvana ist ein ganz interessantes Dämonium.

Für den Inder mußte auch die weitere Entwicklung des Gedichts große Anziehungskraft besitzen. Das Seltsame und Wunderbare wächst aber zu stark über die rein menschlichen Motive hinaus, als daß der Abendländer mit wirklichem Genuß in den breit ausgesponnenen Abenteuern verweilen könnte, wenn sie auch nach indischer Art fein ausgedacht, kunstvoll gruppirt und in poetischer Weise geschildert sind.

Auf der Suche nach der entführten Sîtâ wenden sich die beiden Brüder südwärts und treffen in einer Höhle die Riesin Ayomukhî, welche um Lakshmana freit, aber von diesem der Nase und der Ohren beraubt wird. Dann stoßen sie auf das kopflose Ungeheuer Kabandha, das sie alle beide verschlingen will, dem sie aber beide Arme abhauen und das dann durch sie von altem Fluch erlöst wird. Der aus dem Leichenfeuer verklärt aufsteigende Râkshasa räth dem Râma, sich mit dem Affenfürsten Sugrîva zu verbinden, und gibt ihm auch den Weg zu diesem an. Darauf wandern sie weiter nach dem Berge Rishyamûka am Pampâ-See.

IV. Das Buch Kishkindhâ (Kishkindhâ-Kânda).

Kishkindhâ ist der Name der befestigten Stadt, in welcher der Affenherrscher Bâlin und nach ihm dessen Bruder Sugrîva thront. Das ganze Buch trägt mit Recht diesen Namen, weil Kishkindhâ den Mittelpunkt des Schauplatzes bildet und die Handlung sich hauptsächlich um die Bundesgenossenschaft dreht, welche Râma nach dem ihm zu theil gewordenen Rathe des Kabandha mit dem Affenkönig Sugrîva gegen Râvana einzugehen sucht, um Sîtâ zu befreien und die Herrschaft der Dämonen zu stürzen.

Bei der ersten Begegnung mit Râma und Lakshmana zieht sich der Affenfürst Sugrîva scheu zurück; aber Hanûmat, der Oberfeldherr seiner Truppen, mahnt ihn zu ruhiger Besonnenheit. Er wird deshalb zu weiterer Erkundigung an die zwei Fremdlinge ausgesandt und spricht so trefflich und ohne jeden grammatischen Fehler, daß Râma über seine Bildung hoch entzückt ist und nicht daran zweifelt, daß er den Rigveda, den Yajurveda und den Sâmaveda völlig auswendig wisse und die tiefste philologische Kenntniß besitze. Von dem Zweck ihres Kommens unterrichtet, führt er sie zu Sugrîva auf den Berg Malaya, und da wird dann alsbald über ein Schutz- und Trutzbündniß unterhandelt. Sugrîva ist augenblicklich durch seinen ältern Bruder Bâlin von Thron und Herrschaft verdrängt: derselbe hat ihm auch seine Gattin Rumâ entrissen. Die Aehnlichkeit der Lage flößt beiden, Râma wie Sugrîva, lebhaftes Mitgefühl ein. Râma verpflichtet sich, erst Sugrîva wieder zum Besitze seines Thrones und seiner Gattin zu verhelfen; Sugrîva will dann dasselbe für seinen Retter leisten. Das ist aber nicht so einfach; denn Bâlin ist ein Held von ungeheurer Stärke. Fast das halbe Buch geht darüber hin, bis Bâlin überwunden und feierlich bestattet ist. Râma erlegt ihn selbst, aber nicht in offenem Kampf, sondern aus einem Hinterhalt, weil Bâlin als Weiberräuber nicht besser sei als ein Thier und keinen ehrenvollern Tod verdiene. Mit dem Tod ist jedoch seine Schuld gesühnt, und lange Klagen und eine feierliche Bestattung ehren sein Gedächtniß. Sugrîva zieht in die Stadt ein und wird feierlich, nach allen Regeln des brâhmanischen Rituals, zum König geweiht. Anstatt nun aber auch sein Versprechen zu lösen, gibt er sich ganz und gar einem wollüstigen Sinnenleben hin und läßt Râma dem schmerzlichen Verluste seiner Gattin trauernd nachbrüten, ohne nur einen Finger für ihn zu rühren. Obwohl seine Fassung bewahrend, empfindet Râma das schwer; Lakshmana aber zürnt über Sugrîvas Untreue und Herzlosigkeit und geht nach Kishkindhâ, um ihn endlich aus feiger Unthätigkeit aufzurütteln. Durch Hanûmat werden die Affen von allen Ecken und Enden der Welt herbeigerufen und in vier große Heerhaufen vertheilt nach allen vier Himmelsrichtungen ausgesandt, um den Aufenthalt Sîtâs auszuspähen. Von Norden, Osten und Westen kommen die Ausgesandten unberrichteter Dinge zurück. Hanûmat mit Angada, dem Sohne Bâlins, und Târa wenden sich dem Süden zu. Sie geben sich alle nur erdenkliche Mühe, bestehen allerlei Abenteuer, besonders in der Bärenhöhle, wo sie tief im Erdschoß die herrlichsten Paläste, Wälder aus lauterem Gold und feenhafte Schätze treffen; doch von der verlorenen Sîtâ finden sie nirgends eine Spur. Verzweifelnd raften sie auf den Vindhya-Bergen, unfern dem Meeresstrand. Die Frist, die Lakshmana gesetzt, ist verstrichen. Angada denkt schon daran, sich selbst das Leben zu nehmen, und weinend umringen ihn seine Genossen, zu ähnlichem Entschluß bereit. Da findet sich der Geier Sampâti bei ihnen ein, ein Bruder des treuen alten Jatâyus, der bei Sîtâs Vertheidigung sein Leben gelassen. Von ihm vernehmen sie, daß Râvana die Sîtâ durch die Lüfte nach Lankâ, 100 Yojanas jenseits des Oceans, getragen; das hat er mit eigenen Augen gesehen. Dort schmachtet sie jetzt in seiner Gefangenschaft. Nachdem er ihnen dann seine eigenen Lebensschicksale berichtet, wie er (gleich Ikarus) zur Sonne habe auffliegen wollen, aber mit versengten Fittichen auf das Vindhya-Gebirge niedergestürzt sei, da steigen die Affen zum Meeresstrande herab und überlegen, wie sie nach Lankâ kommen könnten. Keiner getraut sich, 100 Yojana zu springen. Angada möchte es versuchen, aber der Bärenkönig Jâmbavat mahnt ihn davon ab. Derselbe Jâmbavat aber fordert Hanûmat auf, den Sprung zu wagen, und dieser steigt denn auch zum Berg Mahendra hinauf und rüstet sich zu der entscheidenden That.

V. Das schöne Buch (Sundara-Kânda).

Der Berg Mahendra bebt bis in seine innersten Tiefen hinein, und die ganze Natur geräth in Aufruhr, da Hanûmat zum Sprunge ausholt. Sâgara läßt einen Berg, Maináka, aus dem Meere emporwachsen, um ihm einen Ruhepunkt zu bieten; doch Hanûmat wirft ihn um. Surasâ, die Mutter der Schlangen, stellt sich ihm mit weitgeöffnetem Rachen entgegen; da läßt er seine Gestalt ins Ungeheure wachsen, und wie auch Surasâ ihren Rachen wachsen läßt, macht er sich plötzlich so klein wie ein Däumling und huscht zu ihrem Schlunde hinein und hinaus. Ebenso thut Simhikâ ihren Rachen wider ihn auf und läßt ihn wachsen wie er wächst; abermal nimmt er winzige Gestalt an, bringt in sie hinein und tödtet sie in ihrem Innersten. So erreicht er den Berg Trikûta und sieht das ebenfalls auf einem Berge stehende Lankâ vor sich. Die Stadt scheint ihm unüberwindlich. Nach Sonnenuntergang bringt er indes in Gestalt einer Bremse ein und überwindet die Stadtgottheit, ein gewaltiges Riesenweib, das ihm den Eintritt wehrt.

Beim Scheine des Mondes sieht sich Hanûmat nun die Stadt an mit ihren Wällen und Gräben, Zinnen und Thürmen, reichgeschmückten Straßen und prunkenden Häusern, Gärten und Plätzen, Tempeln und Palästen. Er bringt in Râvanas Palast ein, schaut den Wunderwagen

Pushpaka, die stolzen Galerien und Säle, das Serail des schlummernden Königs und diesen selbst mit all seinen Weibern — ein üppiges Bild orientalischer Pracht. Doch Sîtâ ist nicht zu finden. Hanûmat verzweifelt beinahe an seiner Aufgabe und denkt schon daran, sich umzubringen. Da bemerkt er den Açoka-Hain, springt hinein, zerstört einige Bäume und findet endlich in einem Gartenhaus die in namenlosem Herzeleid dahinschmachtende Sîtâ. Die Nacht geht inzwischen ihrem Ende zu, und Râvana hat die königliche Laune, in Begleitung seiner Frauen die Gefangene aufzusuchen und um ihre Huld zu werben. Sîtâ verharrt aber in ihrer unverbrüchlichen Treue und weist ihn ebenso muthig zurück wie einst im Walde von Pancavatî. Der zürnende Râkshasa-Fürst gibt ihr noch zwei Monate Bedenkzeit und zieht grollend von dannen.

Bei Anbruch des Morgens beginnt Hanûmat eben in einem Baume Râmas Geschichte zu erzählen. Sîtâ wird aufmerksam, fürchtet aber eine List Râvanas. Hanûmat zerstreut indes ihre Besorgniß, indem er ihr genau alle Schicksale Râmas berichtet und ihr den für sie bestimmten Ring ihres Gatten übergibt. Groß ist da ihre Freude nach so viel Jammer und hoffnungsloser Noth. Dennoch will sie das Anerbieten Hanûmats nicht annehmen, sie auf seinem Rücken über das Meer zu Râma zu tragen. Niemand darf sie berühren als Râma allein. Zum sichern Zeichen, daß er sie wirklich getroffen, erzählt sie Hanûmat einen Vorfall, der nur ihr und Râma bekannt: wie Râma sie nämlich einst im Wald von Citrakûta gegen eine Krähe beschützt habe. So solle er nun kommen und sie befreien, aber bald. Es sei nur noch ein Monat Zeit. Dann übergibt sie dem Boten ein Juwel und nimmt von ihm Abschied.

Bevor Hanûmat seine Botschaft ausrichtet, will er aber doch — als Krieger und Feldherr — ein wenig erforschen, wie es denn mit den kriegerischen Streitkräften in Lankâ steht, zerstört darum den Açoka-Hain und setzt damit die Râkshasinnen in den größten Schrecken. Râvana schickt 80 000 Diener gegen ihn aus, aber Hanûmat macht sie alle mit einer Keule nieder, reißt ein Tempelgebäude ein, setzt den innern Tempel in Feuer und erschlägt die Wächter mit einer Säule. Râvana entsendet nun wider ihn den Jambûmâlin, dann sieben Ministersöhne mit ganzen Heerscharen, dann vier seiner trefflichsten Heerführer, endlich Aksha, einen seiner eigenen Söhne; Hanûmat tödtet sie alle, den einen mit einer Keule, den andern mit einem Baumstamm, wieder andere mit Felsstücken.

Erst Indrajit, einem andern Sohne Râvanas, glückt es, den furchtbaren Hanûmat zu bezwingen und gefangen vor Râvana zu führen. Ganz unerschrocken bekennt er sich als Botschafter Râmas, fordert die Herausgabe Sîtâs und droht mit dem Aergsten, wenn man seine Forderung nicht erfülle. Râvana will ihn dafür tödten lassen, aber sein Bruder Vibhîshana, der sich immer günstig für Sîtâ gezeigt, spricht entschieden dagegen und überzeugt Râvana, daß ein Gesandter nicht getödtet werden dürfe. Aber ganz auf Rache will Râvana doch nicht verzichten: er meint, das Empfindlichste für den Affen wäre sein Schwanz, und befiehlt deshalb, Hanûmats Schwanz mit Tuchlappen zu umwickeln und diese mit Oel zu begießen und anzuzünden. Das geschieht. Allein die Absicht wird gründlich vereitelt. Sîtâ betet zum Feuergott Agni, daß er ihren Retter nicht versenge, und so leidet Hanûmat nicht den mindesten Schmerz. Hanûmat aber läßt wieder seine Zauberkraft walten, macht sich erst ungeheuer groß und darauf winzig klein, sprengt so seine Fesseln und hüpft dann vor den Augen der erstaunten Râkshasa von Haus zu Haus, von Palast zu Palast und steckt mit seinem brennenden Schweife die ganze Stadt Lankâ in Brand; nur für Sîtâ ist gesorgt, daß sie keinen Schaden leidet.

Vom Berg Arishta aus, der alsbald in die Unterwelt versinkt, fliegt Hanûmat dann über den Ocean zum Mahendra zurück und erzählt den übrigen Affen seine Schicksale und Thaten. Diese überlassen sich in freudigem Uebermuth der tollsten Ausgelassenheit. Auf dem Prasravana-Berg trifft Hanûmat den noch immer trauernden Râma und richtet ihm die Botschaft Sîtâs aus.

VI. Das Buch vom Kampfe (Yuddha-Kânda).

Von jetzt an entwickelt sich die Dichtung zum eigentlichen Schlachtenepos und nähert sich dadurch dem Mahâbhârata und den kriegerischen Epen anderer Völker. Bei allen Aehnlichkeiten und Berührungspunkten, die sich daraus ergeben, bleibt indes das Grundgepräge ein durchaus verschiedenes. In dem gewaltigen Kampf der Kuru- und Pându-Söhne leuchtet deutlich die Erinnerung an einen alten Nationalkampf durch. Trotz aller wunderbaren Eigenschaften und Fähigkeiten sind die Helden Menschen, und zwar arische Inder; fast jeder hat seine scharf umrissene, individuelle Physiognomie. Hier aber sind die zwei kämpfenden Parteien einerseits dämonische Riesen, denen nach dem Belieben des Dichters jede Art von Zauberei zu Gebote steht; andererseits Affen, die mit übermenschlichen Kräften ausgerüstet erscheinen, unter Führung eines Königssohnes, der unter seiner menschlichen Hülle die Macht eines Gottes birgt. Der ganze Kampf ist dadurch — weit mehr als im Mahâbhârata — in das Gebiet des Wunderbaren versetzt, spielt mit unberechenbaren Factoren, verliert darüber die fesselndsten menschlichen Züge und gewährt nur das Interesse eines seltsamen Phantasiestückes. Der romantische, anziehende Hauptfaden, der sich an das Los Sîtâs knüpft, ist indes spannend festgehalten, und in dem bunten Wirrwarr des großen Affenkrieges herrscht immerhin nicht bloß Methode, sondern eine gewisse künstlerische Anlage und Ausführung.

Nachdem Râma den treuen Hanûmat tiefgerührt umarmt, wird Kriegsrath gehalten. Râma ist dabei ziemlich kleinmüthig gestimmt; er sieht kein Mittel, wie er mit seinen Scharen über den Ocean kommen und seine geliebte Sîtâ befreien soll. Sugrîva dagegen ist ganz guten Muths: er räth, einfach eine Brücke nach Lankâ zu schlagen. Noch hoffnungsfroher ist Hanûmat: nach seiner Meinung wären die Führer des Affenheeres allein mächtig genug, Lankâ zu nehmen und Râvana zu überwinden. Hierdurch ermuthigt, entschließt sich Râma zum Kampfe, gibt Befehl zum Aufbruch und trifft die nöthigen Anordnungen zum Marsche. Zu Hunderttausenden, ja Millionen strömen auf das gegebene Signal die Affen aus Wald und Feld, Bergen und Felsen zusammen, reihen sich in wunderbarer Schnelligkeit zum Zuge und marschiren über die Sahya- und Malaya-Berge zum Meeresstrande. Da lagern sich die zahllosen Scharen, während Râma, ein echter Poet und Melancholiker, wieder um seine Sîtâ klagt. Das Meer ist prächtig beschrieben.

Wir werden nun nach Lankâ versetzt, wo Râvana mit seinen Dämonenfürsten ebenfalls Kriegsrath hält. Doch der gute Rath ist hier theuer. Râvanas Bruder, Vibhîshana, empfiehlt wie früher, Sîtâ gutwillig zurückzugeben und Frieden zu machen. Kumbhakarna, eben aus sechsmonatlichem Schlaf erwacht, ist unwirsch darüber, daß Râvana über eine Sache berathe, die er doch längst beschlossen. Mahâpârçva räth dem Râvana, gegen Sîtâ Gewalt anzuwenden, was diesen zu dem Bekenntniß nöthigt, er könne das nicht, ohne sich wegen eines über ihn ergangenen Fluches sofortigem Tode auszusetzen. Vibhîshana erneuert seinen Vorschlag zum Frieden. Indrajit, Râvanas Sohn, schilt ihn deshalb einen Feigling. Vibhîshana erklärt Indrajit für einen unreifen Jungen, der nicht zur Berathung zugelassen werden dürfe. Da sich auch Râvana in den Wortstreit mischt und seinen Bruder mit den schnödesten Vorwürfen überhäuft, entweicht dieser mit vier andern Râkshasa durch die Lüfte zu Râma, bei welchem er nach einigen Bedenken als Schutzflehender Aufnahme findet.

Râma steht noch immer vor der ungelösten Frage, wie man über das Meer kommen soll. Vibhîshana räth ihm, Sâgara, den Meeresgott

VI. Das Buch vom Kampfe (Yubbha-Kânda). 47

selbst, durch religiöse Ceremonien zur Hilfe zu nöthigen. Darauf geht Râma ein, allein ohne jeden Erfolg. Nach dreitägigem Warten schießt er endlich Pfeile ab ins Meer, das darüber in mächtige Wallung geräth, und als er vollends das Brahmâ-Geschoß zur Hand nimmt, säumt Sâgara nicht länger, sondern erscheint und sagt seine Hilfe zu. Nala, der Sohn des Viçvakarman, stellt sich als Baumeister ein; die Affen schleppen Bäume, Felsen, ja ganze Berge herbei. In fünf Tagen ist die Brücke vollendet und das Heer kann vor Lankâ ziehen.

Von beiden Seiten untersuchen die Feldherren den Kampfplatz, senden Späher aus, treffen ihre Vorbereitungen zu Vertheidigung und Angriff. Gleich im Anfang versucht Râvana die Sîtâ zu täuschen, indem er Râmas abgeschlagenes Haupt und seinen Bogen durch Hexerei hervorzaubern läßt und ihr vorzeigt. Doch Saramâ enthüllt ihr den Betrug. Von verschiedenen Seiten wird Râvana abermals vom Kampfe abgemahnt; allein das versetzt ihn nur in desto größere Wuth. Wie er seine ganze Stadt von dem Heere Râmas umzingelt sieht, läßt er einen allgemeinen Ausfall machen, der sich bis tief in die Nacht hinein fortsetzt. Die Haupthelden zeichnen sich in Einzelkämpfen aus. Im ganzen ist das Waffenglück auf seiten Râmas. Doch Indrajit, von Angada zurückgeschlagen, macht sich unsichtbar, lähmt Râma mittelst Pfeilzauber und überschüttet ihn, selbst ungesehen, mit einem Hagel von Pfeilen. Aus vielen Wunden blutend, stürzen Râma und Lakshmana hin und werden als todt betrauert. Triumphirend führt Râvana auf seinem Wagen Sîtâ herab, um ihr die, wie er meint, Todten zu zeigen. Sie wird aber alsbald von einer mitleidigen Râkshasin, Trijatâ, getröstet, und wie diese sagt, so ist es. Es war nur ein Scheintod. Bald kehren beide zum Leben zurück, und Garuda, der Vogel Vishnus, eilt herbei und heilt sie vollständig von ihren Wunden, worüber das ganze Heer in unendlichen Jubelsturm ausbricht.

Es folgen nun Einzelkämpfe und Schlachten der verschiedensten Art, mit wechselndem Glück, die sich wenigstens zum Theil gut aneinanderfügen und mit lebhafter Mannigfaltigkeit erzählt sind. Ein allgemeiner Kampf, in welchem Râvana frühere Scharten auszuwetzen sucht, fällt ungünstig für ihn aus. Prahasta, einer seiner besten Führer, unterliegt und die Râkshasa werden in die Stadt zurückgetrieben. Râvana führt sie nun selbst von neuem ins Feld, und es gelingt ihm, im Zweikampfe Lakshmana mit einer Lanze zu treffen. Doch auch er wird von einem Faustschlage betäubt, und alsbald stürzt sich Râma auf ihn und jagt ihn entwaffnet nach Lankâ zurück.

Jetzt wird der Riese Kumbhakarna geweckt, ein etwas komischer Held, der in seiner massiven Körperfülle an den Bhîma im Mahâbhârata erinnert. Er nahm ehedem eine solche Menge Nahrung zu sich, daß den Göttern bange ward, er möchte zuletzt von der ganzen Welt nichts übrig lassen. Prajâpati belegte ihn deshalb mit einem Fluche, daß er je sechs Monate schlafen und nur einen Tag wachen solle. Aus dem Schlafe aufgetrommelt, ist er erst recht übel gelaunt und schilt Râvana, daß er guten Rath verachtet habe. Dann aber verspricht er ihm Hilfe und flößt schon durch sein Auftreten dem Affenheer Angst und Schrecken ein. Er erlegt ihrer viele, schlägt die übrigen in die Flucht, und nachdem Sugrîva ihm hinterlistig Ohren und Nase abgeschnitten und darauf entwichen ist, schlingt er massenweise die Affen herunter, bis sich ihm Lakshmana entgegenstellt und Râma ihn tödtet.

Damit hat Râvana eine seiner Hauptstützen verloren. Auch in den nun folgenden Kämpfen und Scharmützeln hat er wenig Glück. Der Reihe nach fallen seine Söhne Narântaka, Devântaka und Atikâya und seine Brüder Yuddhonmatta und Matta. Wohl haben auch die Gegner viele Verluste. Auch Râma und Lakshmana werden abermals verwundet. Aber auf Jâmbavats Aufforderung fliegt Hanûmat zum Berge Kailâsa, um die vier Heilkräuter zu holen, und da sich diese verstecken, bringt er den ganzen Berg mit, und schon von dem bloßen Duft der Kräuter genesen alle Verwundeten. Noch in der Nacht stecken die Affen Lankâ in Brand, und bald verzehrt ein ungeheures Flammenmeer die Paläste und Herrlichkeiten der Königsstadt. Râvana sendet seine besten Helden hinaus, um die Brandstifter zu züchtigen; aber obgleich sie Wunder der Tapferkeit verrichten, erliegt der eine nach dem andern in gewaltigem Zweikampf.

Alle Hoffnung ruht nun auf Indrajit, der mit seiner Tarnkappe schon bis jetzt dem Affenheer die empfindlichsten Verluste zugefügt. Er bereitet sich durch ein besonderes Opfer vor und sucht die Gegner zunächst dadurch einzuschüchtern, daß er ein Scheinbild Sîtâs auf einem Wagen herbeizaubert und sie vor Lakshmanas Augen mißhandelt und köpft. Bibhîshana entlarvt aber die Hexerei und mahnt die Verbündeten, rechtzeitig Indrajit anzugreifen, bevor er sich durch ein neues Opfer unbesieglich machen kann. Es kommt zum Zweikampf zwischen Lakshmana und Indrajit, welche beide mit göttlichen Waffen streiten. Doch diejenigen Lakshmanas sind mächtiger; Indrajit fällt und die Râkshasa fliehen entmuthigt von dannen. Râvana trauert und wehklagt um den tapfersten und gewandtesten seiner Söhne. Nur mit Mühe hält ihn Supârçva ab, in seinem wilden

VI. Das Buch vom Kampfe (Yubbha-Kânba). 49

Racheburste Sîtâ hinzumorden. Unter dem Klagegeheul der Weiber feuert der Dämonenfürst die Seinigen nochmals zum Widerstande an. Trotz aller Verluste steht ihm auch jetzt noch ein zahlloses Heer zu Gebot und dasselbe leistet Wunder der Tapferkeit. Nachdem es aber ebenfalls seinen Führer verloren, stellt sich endlich Râvana selbst zum Entscheidungskampf.

Es handelt sich um die Sache der Götter selbst. Himmel und Erde bieten deshalb alles auf, diesen Kampf so wunderbar wie möglich zu machen. Indra schickt dem Râma seinen eigenen Wagen und seinen Wagenlenker Mâtali; doch Râvana beschießt den Götterwagen so fürchterlich, daß den Göttern selbst darob bangt. Aber Râma wird nicht bang, sondern grimmiger und kampflustiger. Die Pfeile fliegen dicht wie Hagelschloßen. Râvanas Wagenlenker dreht zur Flucht, und Râvana hat Mühe, ihn wieder in den Kampf zu bringen. Der Rishi Agastya erscheint und überträgt Râma einen Hymnus an die Sonne. Sobald Râma denselben abgebetet, stellen sich die wunderbarsten Vorzeichen ein: glückliche für Râma, unglückliche für Râvana. Im dichtesten Pfeilhagel bleibt Râma unverletzt und schießt dem Râvana ein Haupt ums andere ab. Allein kaum fällt eines, so wächst ein anderes nach. Die Sonne geht darüber unter. Der Kampf rast bis tief in die Nacht hinein. Endlich, auf Mâtalis Rath, greift Râma zu dem furchtbaren Brahmâ-Geschoß und trifft damit Râvana mitten ins Herz. Die noch übrigen Râkshasa fliehen. Unter endlosem Jubel begrüßen die Affen und die Götter den glorreichen Sieger.

Um Vibhîshana über den Tod seines Bruders zu trösten, läßt Râma demselben edelmüthig eine großartige Leichenfeier halten, bei der Mandodarî und die übrigen Frauen Râvanas ihrer Trauer vollen Lauf laßen können. Dann ziehen sich die Götter wieder in den Himmel zurück; Vibhîshana wird zum König von Lankâ gekrönt, und Râma sendet Hanûmat ab, um Sîtâ zu holen.

Sîtâ weilt noch im Açoka-Hain als Gefangene, von Dämonen bewacht. Freudestrahlend empfängt sie den Boten, der ihre Rettung angebahnt; noch seliger vernimmt sie die Botschaft, die er jetzt bringt. Er will sofort die Râkshasinnen niedermachen, die sie bewachten; aber sie erlaubt es nicht. Nur eines begehrt sie: so bald wie möglich Râma zu schauen. Nachdem sie gebadet und sich mit dem schönsten königlichen Schmucke angethan, wird sie denn auch durch Vibhîshana vor dem noch versammelten Heere ihrem Gatten feierlich zugeführt. Allein statt ihr freudetrunken nach so langer Trennung um den Hals zu fallen, gibt ihr Râma nur einen hochtrabenden Bericht über die von ihm verrichteten Heldenthaten und verstößt sie dann für immer von sich, weil ein ewiger Schandfleck auf ihr ruhe: die Schmach, von Râvana entführt und in seinen Harem aufgenommen worden zu sein. Mit ruhiger Würde und Gelassenheit betheuert sie ihre Reinheit und unverbrüchliche Treue, läßt dann einen Scheiterhaufen anzünden und stürzt sich hinein, während ein herzzerreißender Schrei sich der Brust aller Anwesenden entringt. Da erscheinen vom Himmel her die Patriarchen der Vorzeit, die Scharen der Himmlischen, die großen Götter Yama, Indra und Brahmâ selbst. Und die Götter fassen Râma bei seinen langen Armen und sprechen zu ihm:

„Wie kannst du, der Schöpfer des ganzen Alls, der erhabenste der Weisen, der Allburchbringer, es gering achten, daß Sîtâ sich ins Feuer stürzt? Weißt du nicht, daß du der Höchste in der Schar der Götter bist? Du warst früher der Vasu Ritabhâman und der Prajâpati der Vasus. Du bist der uranfängliche Schöpfer der drei Welten, der nur von sich abhängige Herr, der achte Rudra der Rudras und der fünfte der Sâdhyas. Die Açvins sind deine Ohren, Mond und Sonne deine Augen. Du, der Bedränger deiner Feinde, wirst erschaut im Anfang und Ende der geschaffenen Dinge. Und doch mißkennst du Sîtâ wie ein gewöhnlicher Mensch."

So angeredet von diesen Hütern der Welt, sprach Râma, der Herr der Welt, das Haupt der die Gerechtigkeit Stützenden, also zu den erhabensten Göttern:

„Ich betrachte mich als einen Menschen, Râma, den Sohn des Daçaratha. Sage mir, göttliches Wesen, wer ich bin und von wo ich stamme."

Brahmâ, das Haupt der Kenner des Veda, antwortete dem Kâkutstha (Râma), also sprechend:

„Höre mein wahrhaftiges Wort, o Wesen von ureigener Macht. Du bist der Gott, der glorreiche Herr, Nârâyana, bewaffnet mit dem Discus. Du bist der Eber mit einem Rüssel, der Besieger deiner Feinde, der vergangenen und zukünftigen, der wahre, unvergängliche Brahmâ, in der Mitte und am Ende. Du bist die höchste Gerechtigkeit der Welten, Vishvaksena, der Vierarmige, der Bogenträger, Sâranga, Hrishîkeça (der Herr der Sinne), Purusha (der Männliche), der höchste der Purushas, der unüberwindliche, schwerttragende Vishnu, und Krishna von mächtiger Gewalt, der Feldherr, der Führer, der Wahrhaftige. Du bist Verstand, du bist Geduld und Zügelung der Sinne. Du bist die Quelle des Seins und die Ursache der Zerstörung, Upendra (der junge Indra) und Madhusûdana. Du bist Mahendra (der ältere Indra), erfüllend das Amt Indras, aus dessen Nabel ein Lotus entsproßt, der Beendiger der Schlachten. Die großen göttlichen Rishis nennen dich die Zuflucht, den Hort der Hilfeflehenden. Du bist der Tausendhörnige, aus dem Veda bestehend, der Hundertköpfige, der Mächtige. Du bist der uranfängliche Gestalter der Dreiwelt, der nur von sich abhängige Herrscher und die Zuflucht der Siddhas und Sâdhyas, o du uranfänglich Geborener! Du bist das Opfer, du bist das Vashatkâra und das Omkâra, höher als das Höchste. Menschen wissen nicht, wer du bist, die Quelle des Seins oder der Zerstörer. Du wirst erschaut in allen Geschöpfen, in Brâhmanen und in Kühen, in allen Regionen, in den Bergen und Flüssen, tausendfüßig, glorreich, hundertköpfig, tausendbäugig. Du trägst die Geschöpfe und die Erde mit ihren Bergen; du wirst erschaut, Râma, an den Enden der Erde, in den Wassern, eine mächtige Schlange, welche die drei Welten trägt, Götter, Gandharven und Dânavas. Ich bin dein Herz, Râma, die Göttin Saras-

VI. Das Buch vom Kampfe (Yubbha-Kânda).

vatî ist deine Zunge. Die Götter sind durch Brahmâ zu Haaren an deinen Gliedern gemacht. Nacht heißt das Schließen deiner Augen, Tag ihr Oeffnen. Die Vedas sind deine Gedanken. Dieses Weltall besteht nicht ohne dich. Die ganze Welt ist dein Leib; die Erde ist deine Festigkeit. Agni ist dein Zorn, Soma deine Freude, o du, dessen Zeichen das Çrivatsa ist. Du hast einst die Dreiwelt mit drei Schritten durchschritten, und Mahendra ward zum König gemacht, nachdem du den schrecklichen Bali gefesselt. Sîtâ ist Lakshmî und du bist Vishnu, der göttliche Krishna, der Herr der Geschöpfe. Um Râvana zu tödten, hast du die Gestalt eines Menschen angenommen; deshalb, o Bester der Tugendhaften, hast du die von uns dir übertragene Aufgabe erfüllt. O Râma, Râvana ist von dir getödtet worden; da du nun in Freude bist, gehe ein in den Himmel. O glorreicher Râma! deine Macht und dein Geist sind ohne Grenzen. Sich zu dir zu wenden und zu dir zu beten, ist nie ohne Frucht. Deine Anbeter werden nie unerhört bleiben. Deine Anbeter, welche deine Huld gewinnen, der du der erste und beste der Menschen bist, werden ihr Verlangen in dieser Welt wie in der nächsten erfüllt sehen. Wer dieses Gebet hersagt, gegründet auf die Veden oder zuerst gesprochen von den Weisen, und die alte und göttliche Erzählung des Râma, wird nie besiegt werden." [1]

Darauf erhebt sich aus den Flammen Agni, der Gott des Feuers, und bringt Râma seine Sîtâ wieder, schöner als je, herrlich bekränzt, in wundervollem Schmucke, und bezeugt ihre unversehrte Reinheit und Treue. Freudig umarmt sie Râma jetzt und gesteht, daß er nie eigentlich an ihr gezweifelt, daß es aber dieser schweren Probe bedurft habe, um auch künftiger Verleumdung auf immer den Mund zu schließen. Nachdem auch Gott Çiva und der König Daçaratha sich gezeigt, jener, um Râma zu preisen und zur Heimkehr aufzufordern, dieser, um ihm zur freudigen Wendung seines Schicksals Glück zu wünschen, erfleht Râma von Gott Indra die Gunst, daß alle in dem großen Kampf gefallenen Affen das Leben zurückerhalten, worauf dann die Götter nach ihren himmlischen Sitzen entschweben. Nach reichlicher Beschenkung des Affenheeres besteigt Râma mit

---

[1] Diese Stelle, in welcher Râma feierlich mit Vishnu identificirt wird, gilt als spätere Interpolation. Vgl. *Muir* l. c. IV, 178—782. Griffith V, 342—345. Ch. Schöbel dagegen meint: „Aussi serait-il impossible d'ôter du Râmâyana l'esprit religieux, qui le caractérise spécialement par l'idée toujours présente en lui de l'avatâra, de la descente réelle quoique mystique de Vishnu en Râma, sans le dénaturer ou détruire, bien que W. Schlegel, au dire de Lassen, en jugeât autrement. En éliminer l'élément essentiellement idéaliste et mystique de la religion de Vishnu serait dépouiller le héros qu'il chante du caractère qui le grandit à la taille de la divinité au point qu'on lui donne même le titre de dieu" (Le Râmâyana p. 11, vgl. p. 161). H. Jacobi schränkt das folgendermaßen ein: „Die Vergöttlichung Râmas, seine Identificirung mit Vishnu ist im ersten und im letzten Buche eine Thatsache, die dem Dichter immer vor Augen steht. In den fünf ersten Büchern aber ist diese Idee, von wenigen eingeschobenen Stellen abgesehen, noch nicht nachweisbar; im Gegentheil ist Râma dort immer durchaus Mensch" (Das Râmâyana S. 65).

Sîtâ den Wagen Puſhpaka und fährt nach Ayodhyâ zurück. Unterwegs zeigt er ihr alle die Plätze, wo er um ſie getrauert und ihre Befreiung vorbereitet hat. Hanûmat wird als Bote zu Bharata vorausgeſchickt, ſo daß die Stadt Ayodhyâ ſich gebührend auf die Heimkehr ihres ſieggekrönten Herrſchers vorbereiten kann. Bharata und Çatrughna, die verwittwete Königin, die Brâhmanen, Hof und Volk ziehen feſtlich Râma entgegen. Bharata übergibt ihm Thron und Reich, und unter unendlichem Jubel wird Râma zum König geweiht.

VII. Das letzte Buch (Uttara-Kânda).

Mit Râmas Königsweihe iſt die Haupthandlung des Epos zu einem Abſchluß gelangt. Râvana iſt überwunden, Sîtâ befreit; der Wunſch des Königs Daçaratha und des Volkes von Ayodhyâ wie die höhern Abſichten der Götter ſind erfüllt. Wenn uns Abendländer indes jene Theile der Dichtung mehr anſprechen, in welchen rein menſchliche Motive und Ueberreſte oder Anklänge geſchichtlicher Sage zum Ausdruck kommen, und wenn wir demgemäß in ihnen den Abſchluß ſuchen und finden, dürfen wir nicht vergeſſen, daß den Inder dagegen der mythiſche, wunderbare und für ihn religiöſe Gehalt der Dichtung ebenſoſehr, wenn nicht mehr feſſelte. Wir dürfen uns deshalb nicht wundern, wenn das Werk ſich noch weiterſpinnt und wenn dieſes ſiebente Buch, das uns als nachträglich aufgeflicktes Anhängſel erſcheint, in Indien mit zu der von Bâlmîki verfaßten Dichtung gerechnet wurde und ganz deſſelben Anſehens genoß wie die vorausgehenden Bücher. Es zerfällt in zwei Abſchnitte, von welchen der erſte in die Vorgeſchichte des Epos zurückgreift und hauptſächlich die Abſtammung und das ganze Vorleben Râvanas und ſeines Anhanges ſchildert, der zweite dagegen das menſchliche Leben Râmas weiterführt bis zu ſeiner Aufnahme in den Himmel.

Die Anknüpfungsweiſe iſt eine nicht eben ſehr poetiſche. Von allen Ländern ſtrömen die Riſhis herbei, um Râma zu ſeinem Siege zu gratuliren. Sie werden dann nach allen Regeln der Etikette angemeldet und empfangen. Agaſtya, der Prophet des Südens, führt das Wort und ergeht ſich auf eine Frage Râmas über Indrajit in einer weit ausholenden Genealogie des Râvana und ſeiner ganzen Familie, anfangend mit Pulaſtya, dem Sohne des Prajâpati. An ſich wäre die Sache nicht ſo verwickelt. Pulaſtya hat zum Sohne den Viçravas, einen der vier Welthüter, und dieſer hat zum Sohne den Râvana, und von väterlicher Seite hätte auch dieſer ein ehrenwerther Riſhi werden können. Allein ſeine Mutter Kaikaſî ſtammt aus

VII. Das letzte Buch (Uttara-Kânda).

einem Râkshasa-Geschlecht, dessen Stammbaum ein wirres Schlinggewächs der wunderlichsten Namen und Geschicke bildet. Ihre Stammväter waren Praheti und Heti, bei der Erschaffung des Wassers zu dessen Beschützern bestimmt. Aber in ihrem Geschlecht entwickelte sich früh eine unbändige Kampflust gegen Götter und Dämonen. Mâlyavat, Mâli und Sumâli, letzterer Râvanas Großvater, treiben schon ein solches Unwesen, daß die großen Götter gegen sie zu Felde rücken müssen. Seine Tochter Kaikasî stört Viçravas in frommer Buße und wird deshalb zwar von ihm zur Gemahlin angenommen, aber zugleich mit dem Fluche belegt, schreckliche Kinder zu gebären.

So wird sie denn Mutter des schrecklichsten Wütherichs Râvana, des gefräßigen Ungeheuers Kumbhakarna und der ungestalten Riesin Çûrpanakhâ; nur ihr letztes Kind Vibhîshana artet dem gerechten Vater nach. Râvanas Gewaltthaten und Kämpfe werden nun eingehend geschildert. Unverschämt und ungesättigt raubt er Menschen, Dämonen und Göttern ihre Frauen und Mädchen, er bekämpft irdische Könige, er erhebt seine Waffen wider Indra und Vishnu, er bringt selbst in die Behausungen Yamas, des Todtenkönigs, ein. Der letztere Abschnitt ist sehr merkwürdig, weil er das Todtenreich nach indischer Vorstellung beschreibt und so ein Seitenstück zu Homer, Virgil und Dante liefert. Durch die übrigen Kämpfe werden noch viele andere Mythen herbeigezogen. Schließlich geräth Râvana in die Gefangenschaft des Königs Arjuna Kârttavîrya, der ihn nur auf Dazwischenkunft Pulastyas freigibt. Râvana schließt dann Freundschaft mit dem Affen-Usurpator Bâlin in Kishkindhâ, und dieser Umstand veranlaßt den Dichter, auch die Geburt und die Schicksale Hanûmats noch eingehender zu erzählen.

Jetzt erst wird von neuem an den Schluß des sechsten Buches angeknüpft. Nach vollzogener Königsweihe verabschiedet Râma seine Gäste von nah und fern, behält Sugrîva, Hanûmat, Vibhîshana und die übrigen Kampfesgenossen jedoch noch zwei Monate bei sich. Das Bedeutsamste und zugleich das Seltsamste ist, wie sich das Schicksal Sîtâs weiter entwickelt. Râma lebt mit ihr in glücklichster Ehe beisammen. Bald soll sie Mutter werden. Da erheben sich im Volke jene ungünstigen Gerüchte, welchen Râma durch die Feuerprobe vor allem Volke hatte zuvorkommen wollen. Er benutzt den Wunsch Sîtâs, eine Wallfahrt zum Ganges zu machen, um sich ihrer auf gute Weise zu entledigen. Sie ahnt noch nichts. Erst am Ganges erklärt ihr Lakshmana, daß Râma sie verstoßen habe und daß sie nicht zurückkehren dürfe. So wird sie eine Art Genoveva. Doch nehmen sich die Frauen der Einsiedler ihrer an, und sie fällt nicht gerade der äußersten Verlassenheit anheim. Bald wird sie Mutter von Zwillingen, welchen der Einsiedler-Dichter Bâlmîki die Namen Kuça und Lava gibt. Dieselben wachsen zu schönen, blühenden Knaben auf. Bâlmîki lehrt sie das Râmâyana und erzieht sie so in den Erinnerungen ihres Vaters, den sie selbst noch nie geschaut.

Râma selbst fällt die Trennung von Sîtâ sehr schwer. Er tröstet sich inzwischen damit, daß er den Seinigen die verschiedensten Brâhmanen-Geschichten, Mythen und Märchen erzählt, besonders über seinen Ahnherrn Nimi, Ikshvâkus zwölften Sohn, und über den Ursprung Agasthyas und Vasishthas. Dann sendet er seinen Halbbruder Çatrughna aus, um die Einsiedler zu beschützen, die von dem gottlosen Lavana, Madhus Sohn, wieder einmal bedrängt werden. Dieser kommt dabei zur Hütte Bâlmîkis und hört daselbst das Râmâyana, über das er wie seine Krieger in Entzücken gerathen. Nach vielen andern Zwischenfällen und episodischen Geschichten beschließt Râma endlich, das große Pferdeopfer darzubringen.

Zu dieser Feier findet sich auch Bâlmîki ein mit seinen Pfleglingen Kuça und Lava. Auf dem Opferplatze, erst vor Râma und den Fürsten, dann vor dem versammelten Volke, singen sie das Râmâyana. Râma ist entzückt und will sie reichlich beschenken; aber sie nehmen keinen Lohn an, sondern weisen alle Sängerehre auf ihren Lehrer Bâlmîki zurück. Nun erst erfährt Râma, daß die beiden Jünglinge seine und Sîtâs Söhne sind. Er sendet nun nach Bâlmîki und begehrt, daß Sîtâ sich vor dem versammelten Volke durch einen feierlichen Eid von jeglichem Verdachte reinige.

Sîtâ erscheint denn auch, in Purpur gekleidet, trotz aller Leiden noch schön und liebenswerth. Doch der Traum der Liebe ist für sie zerronnen; diese zweite Prüfung ihrer Ehre ist ihr zu viel. Einen raschen Blick über die Versammlung werfend, faltet sie ihre Hände, neigt ihr Antlitz und spricht mit schluchzender Stimme: „So wahr, als ich, selbst in Gedanken, nie einen andern geliebt als Râma, möge Mâdhavî, die Göttin der Erde, mir eine Zufluchtsstätte gewähren!" Und kaum hat sie den Eid geschworen — sieh, o Wunder! plötzlich öffnet sich die Erde, ein göttlicher Thron von wunderbarer Schönheit steigt aus der Kluft empor. Strahlende Drachen tragen ihn auf ihrem Haupte und auf ihm thront die Königin der Erde. „Sei mir willkommen!" ruft sie Sîtâ zu und hebt sie mit ihrem Arme auf den Thron an ihre Seite. Und während die Königin mit ihrem Throne langsam in die Unterwelt versinkt, schwebt ein Regen von Blumen auf ihr Haupt hernieder.

VII. Das letzte Buch (Uttara-Kânda).

Vergeblich beschwört Râma die Göttin, ihm Sîtâ zurückzugeben. Brahmâ vertröstet ihn mit dem Wiedersehen in einer bessern Welt und mahnt ihn, sich einstweilen an den übrigen Gesängen des Râmâyana zu trösten. Zunächst sterben Râmas Mutter und die andern Königswittwen und werden wieder mit ihrem Gemahl Daçaratha vereint. Dann wird für die zwei Söhne Lakshmanas gesorgt, von dem jeder sein Reich erhält. Endlich stellt sich in Brahmâs Auftrag der Gott der Zeit, Kâla, auch bei Râma ein, um ihn in den Himmel einzuladen. Lakshmana, der ihr Gespräch unterbricht, muß dafür sterben. Da Bharata um keinen Preis die Herrschaft übernehmen will, geht die Thronnachfolge an Kuça und Lava über. Vibhîshana bleibt König in Lankâ, auch Hanûmat soll weiter leben; dagegen schließen sich die Brüder Bharata und Çatrughna sowie Sugrîva mit seinen Affen dem scheidenden Râma an, welcher nun seinen feierlichen Auszug hält. Das heilige Feuer wird ihm vorgetragen; Götter wandeln ihm zur Seite; seinen Brüdern und Bundesgenossen schließt sich das ganze Volk von Ayodhyâ an, sogar die Thiere. Am Fluß Sarayû empfängt Brahmâ mit sämtlichen Göttern den feierlichen Zug. Râma nimmt als Vishnu göttliche Gestalt an und erhält für sein sämtliches Gefolge Aufnahme in den Himmel.

So endigt das Râmâyana jetzt ähnlich wie das Mahâbhârata mit einem ernsten, religiösen Grundaccord. Der muthmaßlich ursprüngliche Schluß, welcher sich begnügte, Râma mit Sîtâ wieder zusammenzuführen und beide fröhlich ihren Triumph über die grimmen Dämonen zu Hause in Ayodhyâ feiern zu lassen, scheint der allgemeinen Volksanschauung nicht entsprochen zu haben. Zu tief wurzelte die Ueberzeugung, daß das irdische Leben ein volles Genügen nicht zu bieten vermag, daß auch des größten Helden hienieden stets neue Prüfungen und Leiden harren, bis er völlig auszieht aus dem Lande der Vergänglichkeit. Erst nach dem Verzicht auf alles Irdische jenseits der Schwelle des Todes strahlt den Pându-Söhnen der Glanz der Verklärung; erst nach dem Auszug aus aller Erdenherrlichkeit wird Râma, der König und Dämonenbesieger, zum weltbeherrschenden Gott von unendlicher Macht. Das Göttliche hat ewigen Bestand, das Menschliche nur so weit, als es sich mit dem Göttlichen verbindet.

Durch diesen ernsten Grundzug ragt die Weltanschauung der Inder und mit ihr auch die indische Epik über die griechische hinaus, welche ihre Götter spielend in das irdische Leben und Treiben der Menschen verwickelt, ohne der Menschheit nach dem Tode über ein bloßes Schattendasein hinauszuhelfen. Leider bleibt aber dieser ernste, tiefe Zug nicht ungetrübt. Die

Gottheit ist nicht als reiner, unendlich vollkommener Geist gedacht, sondern als ein Geist und Materie zugleich in tausendfachen Gestalten umfassendes Wesen, das alle Wandlungen des Alls an sich selbst erfährt, von dem das Dämonische wie das Göttliche ausgeht, das sich in zahllosen Göttern selbst widerspricht und befehdet und das die Räthsel der Menschheit nur noch tiefer verwirrt, nicht löst. Wie die Götterwelt, so gestaltet sich deshalb auch der Himmel dieser Mythologie zu einem widerspruchsvollen Chaos, in welchem mystische Beschauung und zügellose Sinnlichkeit beisammen wohnen, das Erhabenste und das Niedrigste sich verschmilzt, die Vielgötterei zur abenteuerlichsten Phantasmagorie sich ausgestaltet. Hierdurch sinkt die indische Epik dann wieder weit unter die griechische hinab, in welcher wenigstens das Menschliche zu schönem, harmonischem Ausdruck gelangt.

3. Ursprung und Abfassungszeit des Râmâyana.

Dem träumerischen, speculativen Volke der Inder fehlte fast jeder Sinn für Geschichte. Neben einer ungeheuern poetischen, philosophischen, grammatischen und religiösen Literatur ist nur ein einziges Werk vorhanden, das wie ein Geschichtswerk aussieht: „Râjatarangini", die Geschichte der Könige von Kaschmir, erst aus dem 12. christlichen Jahrhundert, dazu noch in Versen, mehr Dichtung als Wahrheit. So ist die Entwicklung des Râmâyana, wie jene des Mahâbhârata und der Veden in ein fast unergründliches Dunkel gehüllt. Aeußere Momente bieten kaum einen Anhaltspunkt, auch nur annähernd die Zeit der Abfassung zu datiren; innere Momente aber, wie Sprache, Stil, Metrum, Inhalt, Erwähnung dieser und jener Persönlichkeiten, culturgeschichtliche Färbung u. s. w. führten ihrer Natur nach zu den verschiedenartigsten Vermuthungen und Ansichten.

Zwei Dinge legt das Gedicht selbst mit höchster Wahrscheinlichkeit, man kann fast sagen Gewißheit, nahe. Erstlich kündet es sich als das Werk eines Dichters an, und diese Ankündigung wird durch den Charakter der Dichtung in hohem Grade bestätigt. Durch das Ganze läuft ein einheitlicher, klarer Plan; die Hauptcharaktere sind mit Bestimmtheit, ohne innern Widerspruch, festgehalten; die Episoden überwuchern die Haupthandlung nicht, sondern sind organisch in dieselbe eingegliedert; in Ton, Geist, Sprache und Metrum zeigt sich eine Harmonie, welche ein Zusammenwirken mehrerer Verfasser im höchsten Grade unwahrscheinlich macht. Die indischen Gelehrten haben die Dichtung denn auch allezeit nicht nur für ein einheitliches Kunstgedicht, ein Kâvya, gehalten, sondern für das beste, das bedeutsamste, das erste, das Musterbild aller übrigen: Adikâvya.

Einer völlig einheitlichen Verfasserschaft scheinen nun die Verschiedenheiten entgegenzustehen, welche die drei vorhandenen Textrecensionen unter sich aufweisen, sowie manche Stellen, die sich nicht glatt in den Text einfügen, mit der Gesamtanlage wenig oder gar nicht harmoniren oder sich in Stil und Sprache als fremdartige Bestandtheile bekunden. Das erklärt sich nun aus dem zweiten Moment, welches die Dichtung selbst ausdrücklich darlegt.

3. Ursprung und Abfassungszeit des Râmâyana.

Bâlmîki, so erzählt sie selbst in sehr poetischer Weise, erzog sich in den Söhnen Râmas, Kuça und Lava, Rhapsoden, welche durch mündlichen Vortrag das Werk den kommenden Geschlechtern überliefern sollten. Diese Ueberlieferung durch Rhapsoden (sie wurden später Kuçîlava genannt) erklärt vollkommen genügend die Verschiedenheiten, welche sich in den drei erhaltenen Fassungen des Textes zeigen, die breitere oder künstlichere Behandlung einzelner Stellen, die Abweichungen des Ausdrucks, die Umstellungen einzelner Theile, Zusätze und Hinzufügungen, alles aber so geartet, daß jeder Unbefangene trotz dieser Verschiedenheiten die Einheit der Dichtung anerkennen muß. Bis ins einzelnste aber zu bestimmen, was an der Dichtung von Bâlmîki, was von den spätern Rhapsoden herrührt, das ist eine Aufgabe, welche die philologische Kritik voraussichtlich noch lange Zeit beschäftigen dürfte[1].

Daß die ersten Rhapsoden die Söhne des Helden und der Dichter Bâlmîki selbst ein Zeitgenosse des Helden und deshalb auch der ältesten Rishis gewesen sein sollen, ist natürlich poetische Erfindung. Daß der Dichter aber wirklich Bâlmîki geheißen, daran zu zweifeln haben wir kaum einen triftigen Grund. Die lange Ueberlieferung nennt ihn so, und keine andere steht ihr entgegen. Wann hat aber dieser Bâlmîki gelebt? Wann ist das Râmâyana entstanden? Da stehen wir vor Fragen, über

---

[1] In einer für weitere Kreise bestimmten Schrift ist es nicht möglich, näher auf diese Frage einzugehen; wir müssen uns begnügen, auf die gründlichen und scharfsinnigen Untersuchungen H. Jacobis (Das Râmâyana, S. 1—60) zu verweisen. Hauptergebnisse derselben sind: daß verschiedene Recensionen der Dichtung, die mit den heutigen stimmen, wahrscheinlich schon im 8. und 9. Jahrhundert n. Chr. vorhanden waren; daß sich in den metrischen und grammatischen Eigenthümlichkeiten der Dichtung zwar keine sichern allgemeinen Kriterien für den Unterschied der ältern und spätern Bestandtheile ergeben, daß sich aber anderweitig zahlreiche größere und kleinere Stellen als muthmaßlich spätere Einschiebsel nachweisen lassen. Im Anschluß an Ad. Holtzmann sen. (Ueber den griechischen Ursprung des indischen Thierkreises [Karlsruhe 1841] S. 86 ff.) nimmt Jacobi an, daß nur der Kern der fünf mittlern Bücher (II—VI) von Bâlmîki herrührt, das I. und VII. Buch (Bâla-Kânda und Uttara-Kânda), sowie viele Bruchstücke der übrigen fünf Bücher das Werk späterer Rhapsoden sind, und unternimmt einen höchst interessanten Versuch, den ursprünglichen Anfang zu reconstruiren. Für die philologisch-kritische Beurtheilung des Râmâyana sind diese Untersuchungen von hohem Werthe; die allgemeine literarische Bedeutung desselben wird indes davon wenig berührt. Charakter und Entwicklung des brâhmanischen Geistes zeigen sich im Bâla-Kânda und Uttara-Kânda weit klarer und vollständiger als in den unbestrittensten echten Theilen. Nicht ein von rhapsodischen Schlacken gereinigtes Ur-Râmâyana, sondern das Râmâyana, wie es heute noch vorliegt, hat bereits vor Kâlidâsas Zeit und bis herab auf unsere Tage als nationales Epos das indische Geistesleben beherrscht.

welche die Urtheile der competentesten Fachgelehrten noch auseinandergehen und über welche wir uns ein eigenes nicht anzumaßen wagen. Wir begnügen uns deshalb, nur ganz kurz das hervorzuheben, was für jeden faßbar und verständlich ist.

A. W. v. Schlegel sprach die Ueberzeugung aus, das Râmâyana sei wenigstens schon im 7. Jahrhundert vor Alexander dem Großen (also etwa im 11. v. Chr.) entstanden. Diese Ueberzeugung stützte sich einerseits auf den Umstand, daß die Sitte der Wittwenverbrennung sich zur Zeit des großen Macedoniers bereits über die Grenzen Indiens hinaus festgesetzt habe, während das Râmâyana sie noch nicht kenne, anderseits auf den alterthümlichen, patriarchalen Charakter der Dichtung überhaupt [1].

Gorresio, der Herausgeber des Bengalitextes, glaubte als Abfassungszeit ungefähr das 12. Jahrhundert v. Chr. bezeichnen zu können. „Ich meine nicht," fügt er indessen einschränkend hinzu, „daß das Epos damals in jener Form ins Leben trat, wie wir es jetzt besitzen; ich glaube und habe auch anderwärts die Ansicht ausgedrückt, daß das Gedicht im Laufe seiner rhapsodistischen und mündlichen Verbreitung viele Ueberlieferungen, Sagen und alte Mythen als Episoden in sich aufgenommen hat.... Aber was das Epos im strengern Sinn betrifft, welches den Kampf Râmas wider die Râkshasa feiert, glaube ich genügend gezeigt zu haben, daß man es ungefähr in das 12. Jahrhundert v. Chr. setzen muß." [2]

Talboys Wheeler, der sich in seiner „Geschichte von Indien" die schwierige Aufgabe stellte, die zwei großen Epen historisch zu verwerthen, suchte für den Kampf zwischen Râma und Râvana eine geschichtliche Erklärung und glaubte sie in der Annahme zu finden, daß das Râmâyana einen verkappten Angriff des Brâhmanismus auf die Buddhisten Ceylons bezwecke [3]. Da nun die Einführung des Buddhismus in Ceylon durch Mahendra wahrscheinlich erst um 250 v. Chr. oder etwa zwischen 307 und 267 v. Chr. stattfand, so könnte das Râmâyana erst lange nach der Zeit Alexanders d. Gr. entstanden sein.

Sir Monier Williams [4] stellt sich in der Bestimmung der Abfassungszeit etwas zurückhaltender, indem er die Frage nach rückwärts offen läßt und seine Meinungsäußerung dahin beschränkt, daß die erste Bearbeitung des Râmâyana (wie auch jene des Mahâbhârata) nicht später als im 5. Jahrhundert v. Chr. stattgefunden habe. Er stützt seine Ansicht auf folgende fünf Gründe:

1. Im Râmâyana geschieht noch keine Erwähnung der Wittwenverbrennung (Sati), im Mahâbhârata kommt solche nur vereinzelt vor, während Megasthenes (bei Dio Chrysostomus) sie um etwa 308 als einen allgemeinen Gebrauch (östlich bis Maghaba herrschend) bezeichnet. 2. Des Buddhismus geschieht keine Erwähnung (nur in einem einzigen Vers, der als späteres Einschiebsel nachgewiesen ist). 3. In den zwei Epen ist die Sprache noch völlig rein, während zur Zeit des Königs Açoka (259—222) bereits die Volkssprachen (Prâkrits) überwogen. 4. Zur Zeit, wo die beiden Epen abgefaßt wurden, war die Halbinsel Dekhan noch nicht unter die Herrschaft der Arya gelangt. 5. Die zwei Epen müssen schon zur Zeit des Megasthenes

---

[1] A. W. v. Schlegel, Zeitschr. f. d. Kunde d. Morgenlandes III, 379.
[2] *Gorresio*, Râmâyana X, Prefaz. Vgl. *Griffith*, The Râmâyana V, 347 ff.
[3] *Talboys Wheeler*, History of India, Vol. II. London 1869.
[4] *Monier Williams*, Indian Wisdom (3ᵈ ed., London 1876), p. 315. 316.

bestanden haben, da dieser meldet, daß von den Indern die homerische Poesie in ihrer Sprache gesungen werde: die Leiden des Priamos, die Klagen der Hekuba und Andromache, die Tapferkeit des Achilleus und Hektor.

In Bezug auf diese erste Bearbeitung der Râma-Sage glaubt Monier Williams, daß darin das alt-arische Heldenthum der Kshatriyas noch unberührt von den Buddhideen, dem Waldleben, den Lehren und Riten der Brâhmanen zur Darstellung gelangt sei. Er nennt deshalb diese erste Bearbeitung „vorbrâhmanisch" und nimmt neben derselben dann eine „brâhmanische" an, welche er dem 5. Jahrhundert v. Chr. zuweist. In dieser zweiten Bearbeitung, meint er, wäre dann die unabhängige Heldenrolle der Kshatriya zurückgedrängt und dem Brâhmanenthum untergeordnet worden. Einer dritten Bearbeitung erst in christlicher Zeit schreibt er dann die Uttara-Kânda und verschiedene Zusätze in andern Theilen zu. Während das Mahâbhârata durch die zwei spätern Bearbeitungen sich zum unabsehbaren Koloß entwickelte, blieb aber dem Râmâyana der ursprüngliche Umfang, die Einheit des Stoffes, der Verwicklung und der Gesamtanlage ziemlich gewahrt und damit auch im wesentlichen die Autorschaft Vâlmîkis.

Albrecht Weber[1] wurde durch eine (Colombo 1866) von d'Alwis veröffentlichte buddhistische Bearbeitung der Râma-Sage (in Form einer sogen. Jâtaka) veranlaßt, mit Zuziehung der Ansicht Talboys Wheelers die ganze Frage einer eingehenden Untersuchung zu unterziehen, und hat derselben eine eigene akademische Abhandlung gewidmet. Seine Ergebnisse faßt er folgendermaßen zusammen: 1. Die ältesten einheimischen Zeugnisse für das Bestehen eines Râmâyana datiren erst etwa aus dem 3. oder 4. Jahrhundert n. Chr. 2. Bei dem jetzigen Umfang des Werkes (ca. 24 000 Çloka) und bei der großen Verschiedenheit der zahlreichen Recensionen desselben ist ein Urtheil über den ursprünglichen Textbestand zwar nicht mit irgendwelcher Sicherheit abzugeben. In dem gegenwärtigen Textbestand aber liegen unbedingte Spuren des bereits eingetretenen festen Bestehens griechischen Einflusses auf Indien vor. 3. Da die älteste Gestalt der im Râmâyana behandelten Geschichte, wie sie uns in der buddhistischen Legende vorliegt, von der Entführung der Sîtâ durch Râvana und der Belagerung von Lankâ noch nichts weiß, so ist es möglich, daß in der Hinzufügung dieser beiden Momente durch Vâlmîki der Einfluß des Bekanntwerdens des homerischen Sagenkreises in Indien zu erkennen ist, wie ja noch andere Stoffe desselben ihre Aufnahme in die buddhische Legende gefunden haben. 4. Es ist ungewiß, ob die vishnuitische Tendenz, welche das Râmâyana gegenwärtig und den literarischen Zeugnissen nach bereits seit langer Zeit durchzieht, demselben ursprünglich angehört hat; jedenfalls ist dieselbe getragen von dem Bestreben, volksthümliche Stoffe und Gestalten im Interesse der brâhmanischen Theologie dem Buddhismus gegenüber zu verwerthen. 5. Es ist die Möglichkeit nicht in Abrede zu stellen, daß Wheeler recht hat, wenn er den Kampf mit den Râkshasa in Ceylon auf antibuddhistische Tendenzen des Verfassers bezieht. 6. Es ist ungewiß, inwieweit die im Dasaratha-Jâtaka enthaltene älteste Form der Geschichte des Râma und der Sîtâ einen historischen Kern hat, oder ob etwa auch bei ihr schon die bei Vâlmîki jedenfalls damit in Verbindung gebrachte volksthümliche Verehrung eines den Ackerbau schützenden, durch zeitweises Exil (den Winter etwa?) in seiner Thätigkeit gehemmt gedachten Genius, Namens Râma, sowie der unter dem Namen Sîtâ vergöttlichten Ackerfurche mit zu Grunde liegt. 7. Die milde Sanftmuth, welche

---

[1] Ueber das Râmâyana von A. Weber. Aus d. Abh. d. kgl. Akademie der Wissensch. zu Berlin (Berlin 1870), S. 58. 59.

Râmas Charakterzug bei Bâlmîki ausmacht, ist in dieser Form eine Erbschaft aus der buddhistischen Legende. Möglich, daß sich im Laufe der Zeit auch christliche Elemente daran angeschlossen haben (Çabarî, Çambûka ꝛc.). 8. Bâlmîki scheint einer Schule des Yajurveda, dessen Sagen er mit seiner Darstellung verflochten hat (Angarâga, Janaka, Açvapati), angehört zu haben resp. etwa aus der Gegend von Ayodhyâ gebürtig gewesen zu sein.

A. Webers Ansichten fanden mehrfachen Widerspruch. So vorsichtig er sich auch über den „griechischen Einfluß" geäußert hatte, so wurde er doch in Indien dahin verstanden, als ob er Bâlmîki zu einem Nachahmer Homers hätte machen wollen, und der Gelehrte Kâçinath Trimbak Telang in Bombay, unterstützt von Professor Ramkrishna Gopal Bhandârkar ebendaselbst, erhob nicht nur entschiedene Einsprache dagegen [1], sondern bekämpfte auch Webers einzelne Beweisgründe in so streng wissenschaftlicher Weise, daß er wenigstens in einzelnen Punkten sich dessen Anerkennung gewann [2]. Doch vergingen inzwischen wieder 23 Jahre, bis ein anderer deutscher Gelehrter die ganze Frage abermals einläßlich erörterte.

Hermann Jacobi [3] stimmt in einem bedeutsamen Hauptpunkte mit A. Weber überein, daß er nämlich den eigentlichen Kern der Râma-Sage nicht in einem historischen Ereigniß sucht, sondern in einem allegorischen Naturmythus und diesen dann näher zu bestimmen unternimmt; dagegen verwirft er den buddhistischen wie den griechischen Einfluß und mißt dem Râmâyana sogar ein höheres Alter zu als dem Mahâbhârata, wenigstens was die künstlerische Fassung des Sagenstoffes betrifft.

Gegen den „griechischen Einfluß" spricht schon der Umstand, daß die Aehnlichkeit der beiden Dichtungen sich auf wenige Motive beschränkt (Spannen eines Bogens, Raub einer Frau, Brand einer Stadt), die allgemein menschlichen, nicht specifisch nationalen Charakters sind und sich bei verschiedenen Völkern wiederfinden, während in allen Einzelumständen die größte Verschiedenheit zu Tage tritt. Daß Râma Pfeile ins Meer schießt und eine Brücke baut, um sich den Zugang zur Feste Lankâ zu ertrotzen, ist an sich schon ein genügender Hinweis, daß der Dichter des Râmâyana nichts von den Schiffen der Achäer und von den Fahrten des Odysseus wußte. Die zwei Stellen, an welchen die Yavana (Griechen) erwähnt werden, sowie eine andere, worin die griechischen Zodiakalbilder vorkommen, sind als spätere Einschiebsel zu betrachten [4].

Was aber den „buddhistischen Einfluß" anbetrifft, so ist es durchaus unwahrscheinlich, daß das Râmâyana aus dem Daçaratha-Jâtaka als ursprünglichem Keime hervorgewachsen ist. Denn eine genaue Vergleichung der einzelnen Züge und Umstände zeigt, daß die Erzählung im Râmâyana viel einfacher, klarer, logischer und psychologischer, darum auch alterthümlicher, das Jâtaka dagegen eine tendenziöse und künstliche Verballhornung derselben ist. Der Erzähler des Jâtaka selbst beruft sich auf die „Weisen der Vorzeit" (Porânakapandità) als seine Quellen, und dafür, daß er nicht nur den Anfang, sondern auch die spätern Theile des Râmâyana gekannt, bürgt nicht nur die Schlußveränderung (Verheiratung Râmas statt Wiedervereinigung mit Sîtâ), sondern auch ein aus dem Râmâyana entlehnter Vers. Die einzige Stelle im Râmâyana, wo von Buddha die Rede ist, wurde schon von A. W. v. Schlegel

---

[1] Was the Râmâyana copied from Homer? Bombay 1873.
[2] The Indian Antiquary II (Bombay 1872), 209.
[3] Das Râmâyana S. 60—189.   [4] Ebend. S. 94 ff.

3. Ursprung und Abfassungszeit des Râmâyana.

als späteres Einschiebsel bezeichnet und ist vermuthlich ein solches. Wheelers Ansicht über die antibuddhistische Tendenz des Râmâyana leidet an großer Unwahrscheinlichkeit, da es doch Bâlmîki, dem in Nordindien lebenden Dichter, kaum in den Sinn kommen konnte, die fernen Buddhisten in Ceylon zu bekämpfen, und hätte er das auch wirklich gewollt, wie konnte er die Râkshasa, in denen er sie verkörperte, selbst brahmanische Opfer darbringen und sich durch Buße Unverwundbarkeit und Sieg ertrotzen lassen?[1]

Für das Vorhandensein des Râmâyana in vorbuddhistischer Zeit führt Jacobi sehr gewichtige geographische Daten an, die durch zwei astronomische noch Verstärkung erhalten. Die Stellung des Râmâyana zum Mahâbhârata aber faßt er in folgende Sätze zusammen[2]:
1. Das Râmâyana ist älter als der größte Theil des Mahâbhârata in der uns vorliegenden Gestalt. 2. Es war, wenn nicht das erste, so doch ein alle Vorläufer in dieser Richtung weit überragendes und in den Schatten stellendes einheitliches und kunstvolles Epos. 3. Die von Bâlmîki zur Vollendung gebrachte dichterische Technik in Darstellung, Sprache und Metrik wurde mustergiltig für die epische Dichtung der folgenden Zeit. 4. Die epischen Gesänge, welche die Sagen des Mahâbhârata zum Gegenstand hatten, wurden nach den Anforderungen des durch Bâlmîki aufgebrachten höhern Kunststils umgedichtet. 5. Dies geschah im Lande der Pancâla, welche die Panduinge verehrten und dem Stammlande des Râmâyana, den Kosala, benachbart waren.

Da die Entstehungszeit der Veden und ihrer einzelnen Bestandtheile noch heute nicht feststeht[3], die Geschichte des Buddhismus ebenfalls noch viel Räthselhaftes darbietet, so wäre es sicher voreilig, die Untersuchung über den Ursprung des Râmâyana jetzt schon für abgeschlossen zu halten[4]. Weitere Erforschung des schon vorhandenen Materials und die Erschließung neuen Materials kann ebensowohl die Frage noch mehr verwickeln als vielleicht auch aufhellen und annähernd entscheiden. Vorläufig aber bietet H. Jacobis Monographie das Gediegenste und Verläßlichste über diesen Gegenstand, den wir in dem uns gezogenen Rahmen nicht weiter verfolgen können.

---

[1] Ebend. S. 85 ff.   [2] Ebend. S. 83. 84.

[3] Nach Max Müller (Essays I, 11) fällt die Hymnendichtung des Rigveda zwischen 1500—1200 vor Chr.; nach Whitney (Orient. and Ling. Studies p. 21 ff.) zwischen 2000 und 1500; nach Romesh Chunder Dutt (A History of Civilization in ancient India. Calcutta 1889—1890) zwischen 2000—1400 (letzte Redaction des Rigveda 1400—1200); nach Bal Gangadhar Tilak (A Summary of the principal Facts and Arguments in the Orion or Researches into the Antiquity of the Vedas. Poona 1892) auf Grund astronomischer Momente zwischen 4000—2500 vor Chr.

[4] „Wir brauchen ein gut Theil mehr wissenschaftlicher Arbeit und ein gut Theil weniger wissenschaftlicher Theorien über das Mahâbhârata und das Râmâyana, ehe uns ein klares Licht über die Quellen, die Entstehung und die Schlußredaction dieser indischen epischen Cyklen aufgehen wird." Max Müller, Indien in seiner weltgesch. Bedeutung, übers. von Cappeller (Leipzig 1884), S. 308.

Alberunis Angaben.

Außerhalb Indiens scheint das Râmâyana bis in sehr späte Zeit ganz unbekannt geblieben zu sein. Der Bericht des Megasthenes (um 300 vor Chr.) besagt nichts weiter, als daß es zu seiner Zeit in Indien epische Gedichte gab, die ihm nach Form und Inhalt den homerischen ähnlich zu sein schienen, während seine Bemerkungen über den Cult des Dionysos in den Bergen und des Herakles in den Ebenen auf eine bereits vorhandene Ausbildung und Scheidung des Çiva- und Vishnu-Cultus gedeutet werden können. Die chinesischen Pilger Fa-Hian und Hiuen-Thsang, welche, der erstere um 400 n. Chr., der andere 629—645, Indien durchwanderten, berichten uns wohl viel über die damalige Blüthe des Buddhismus und dessen Verhältniß zu dem noch immer mächtigen Brâhmanismus, aber nichts über indische Poesie. Erst im 11. Jahrhundert berichtet uns ein ausländischer Schriftsteller über das Vorhandensein eines Râmâyana. Es ist der mohammedanische Astronom Alberuni (Abû Raihân) aus Khiwa, der in staunenswerthem Umfang arabisch-persische, griechische und indische Bildung in sich vereinigte, auch mit den Lehren des Judenthums und Christenthums nicht ganz unbekannt war[1]. Als hoher Beamter des Fürsten von Khiwa fiel er 1017 in die Gewalt des Sultans Mahmûd von Ghazna und wurde als Gefangener nach Afghanistan gebracht, wo er ein höchst merkwürdiges Buch über das damalige Indien verfaßte. In demselben werden zahlreiche indische Schriften erwähnt und theilweise näher besprochen, die vier Veden treffend charakterisirt, die Purânas nach zwei verschiedenen Listen aufgeführt. Von den 18 Büchern des Mahâbhârata theilt er eine zwar kurze, aber sehr charakteristische Inhaltsangabe mit, welche deutlich erkennen läßt, daß das riesige Gedicht schon damals in seinem heutigen Umfang vorhanden war. Er kennt auch dessen Fortsetzung, das Harivamça, und äußert für die jedenfalls sehr späte Episode, die Bhagavad-Gîtâ, große Begeisterung. Obwohl er bei dieser Uebersicht der ältesten indischen Literatur des Râmâyana nicht gedenkt, erwähnt er es später ausdrücklich in der geographischen Beschreibung Indiens.

„Setubandha", so erzählt er[2], „bedeutet ‚Brücke über den Ocean'. Es ist der Damm des Râma, des Sohnes des Daçaratha, welchen er vom Festland aus nach dem Schlosse Lanka baute. Gegenwärtig besteht er aus vereinzelten Bergen, zwischen denen der Ocean dahinfließt. Sechzehn Farsakh (Parasange) von Setubandha gegen Osten ist Rishkind, das Gebirge der Affen. Jeden Tag kommt der König der Affen mit seinen Schaaren aus dem Dickicht und läßt sich mit ihnen auf besondern Sitzen

---

[1] Alberuni's India. An English Edition with Notes and Indices by Dr. *Edw. Sachau* I (London 1888), 125—184.

[2] Ibid. I, ch. 18, p. 209. 210.

nieder, die für sie zurechtgestellt werden. Die Bewohner dieser Gegend bereiten für sie gekochten Reis und bringen ihnen denselben auf Blättern. Wenn sie ihn gegessen haben, kehren sie in das Dickicht zurück; aber im Falle sie vernachlässigt werden, wäre das der Ruin des Landes, da sie nicht nur sehr zahlreich, sondern auch wild und kampflustig sind. Gemäß dem Volksglauben sind sie ein Menschenstamm, der in Affen verwandelt wurde um der Hilfe willen, die sie Râma leisteten, als dieser die Dämonen bekämpfte; man glaubt, er habe ihnen diese Dörfer als Legat vermacht. Wenn ein Mensch ihnen begegnet und ihnen das Gedicht von Râma hersagt und die Zauberformeln Râmas ausspricht, so werden sie ihm ruhig zuhorchen; sie werden sogar den, der sich verirrt hat, auf den rechten Weg weisen und ihm Speise und Trank geben. Jedenfalls steht die Sache so nach dem Volksglauben. Ist etwas Wahres daran, so muß die Wirkung durch die Melodie verursacht werden; etwas Aehnliches habe ich schon mit Bezug auf die Gazellenjagd erwähnt."

Noch einmal kommt Alberuni auf das Râmâyana zurück[1], wo er die astronomischen Vorstellungen der Inder entwickelt, anschließend an den arabischen Ausdruck „Himmelskuppel" als Ausgangspunkt der Meridiane:

„Doch die Hindus nennen diesen Punkt nie mit einem Ausdruck, der in unserer Sprache mit ‚Kuppel' übersetzt werden müßte; sie sagen nur, daß Lankâ zwischen den zwei Enden der unbewohnbaren Welt und ohne Breite ist. Hier verschanzte sich Râvana, der Dämon, als er das Weib Râmas, des Sohnes des Daçaratha, entführt hatte. . . .

Folgendes ist der Plan der labyrinthischen Festung:

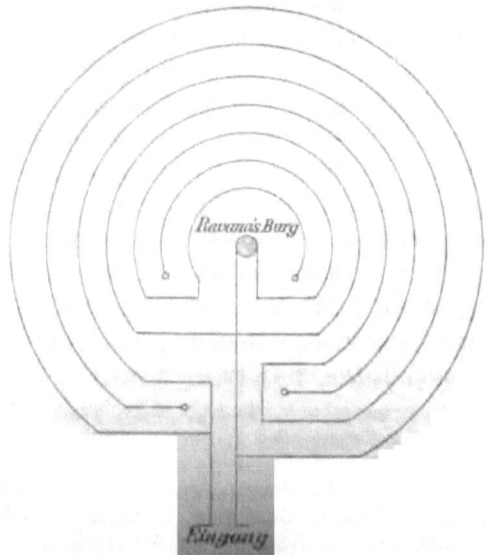

Râma griff Râvana an, nachdem er den Ocean auf einem Damm von 100 Yojana Länge überschritten, den er von einem Berg aus errichtet hatte, an

[1] Alberuni l. c. I.

einem Platz, Setubandha genannt, d. h. Brücke über den Ocean, östlich von Ceylon. Er focht mit ihm und tödtete ihn, und sein Bruder tödtete den Bruder Râvanas, wie das in der Geschichte von Râma und Râmâyana beschrieben ist. Darauf brach er den Damm an zehn verschiedenen Stellen durch Pfeilschüsse.

Nach den Hindus ist Lankâ die Festung der Dämonen. Es ist 30 Yojana über der Erde, d. h. 80 Farsakh. Seine Länge von Ost nach West beträgt 100 Yojana; seine Breite von Nord nach Süd ist dieselbe wie die Höhe (d. h. 80).

Wegen Lankâ und der Insel Babadâmukha betrachten die Hindus den Süden als von übler Vorbedeutung. Bei keinem Werk der Frömmigkeit wenden sie sich oder gehen sie südwärts. Der Süden erscheint nur in Verbindung mit bösen Handlungen....

Kein Seefahrer, welcher den Ocean rund um den Platz durchfahren, an welchen man Lankâ verlegt, und nach dieser Richtung gereist ist, hat je eine Beschreibung davon gegeben, welche den Ueberlieferungen der Hindus entspricht oder ihnen gleicht. Thatsächlich gibt es keine Ueberlieferung, welche uns die Sache möglicher erscheinen lässt (als sie sich nach den Berichten der Hindus darstellt).

Aus diesen Nachrichten ergibt sich, dass das Râmâyana im Anfang des 11. Jahrhunderts (etwa um 1030) längst durch ganz Indien von Afghanistan bis nach Ceylon verbreitet war, dass es sich in Südindien der höchsten Volksthümlichkeit erfreute und Verse daraus als abergläubische Zauberformeln zur Verwendung kamen. Die ursprünglich poetisch-mythologischen Fabeleien des grossen Affenkrieges hatten bereits zum abergläubischen Affencult geführt, und die Erinnerung an Râma's Thaten hatte sich an bestimmten Punkten (Setubandha, Kishkindhâ) festgesetzt, welche mit religiöser Verehrung betrachtet wurden. Die Volksüberlieferung verlegte Lankâ immer noch nach Ceylon, obwohl die Berichte der Seefahrer es ziemlich klar machten, dass Lankâ nicht eine wirkliche Stadt, sondern eine Zauberinsel der Phantasie war.

4. Poetischer Werth des Râmâyana.

Obwohl das Mahâbhârata in seiner Hauptverwicklung viele Analogien und Vergleichspunkte zur Ilias und zum Nibelungenliede darbietet, ist es mit Episoden und frembartigen Bestandtheilen doch so überwuchert, daß es als Ganzes eine derartige Zusammenstellung kaum verträgt. „Eine solche Vergleichung", so meint Lassen[1], „kann dagegen das Râmâyana für sich in Anspruch nehmen, welches durch die Einheit seiner Anlage und deren Ausführung nach einem bestimmten Plane sich als ein mit bewußtem poetischem Zwecke verfaßtes Gedicht erweist und den Namen eines Kâvya verdient."

Von manchen Fehlern des Mahâbhârata ist allerdings auch das Râmâyana nicht frei. Was den Abendländer vor allem abstößt, ist die Maßlosigkeit der Phantasie, welche sich nicht mit dem Einfachen, Schönen, Harmonischen begnügt, sondern so oft zum Seltsamen, Grotesken, Ungeheuerlichen, ja geradezu Häßlichen und Verzerrten hinneigt. Soweit es sich dabei nur um überwuchernde Fülle und Phantastik handelt, mag das mit der Natur des Landes zusammenhängen, in welchem diese Dichtungen entstanden sind, wo die gewaltigsten Ströme und Gebirge der Erde, die Herrlichkeiten der Alpenwelt und der Reichthum tropischer Zonen, abenteuerliche Wildniß und reizende Landschaften in wundersamer Mischung zusammentreffen. Die häßlichen Göttergestalten aber mit drei, vier und zehn Köpfen, Löwenköpfen, Affenköpfen, Elefantenköpfen, Eberköpfen, mit vier, acht und mehr Armen und Beinen lassen sich auf derartige Anregung nicht zurückführen: hier spielt neben einer zügellosen Phantasie auch ein vom richtigen Pfad abirrender Verstand, der die schlichte, klare Auffassung der Natur verloren hat und mit spitzfindigem Grübeln allegorisirend und symbolisirend das Schöne und Wahre in seiner einfachsten Gestalt nicht mehr erfaßt. In jedem, der noch an der christlichen Offenbarung festhält, werden die indischen Götterfratzen in der Poesie wie in der Kunst nothwendig auch den Eindruck des Dämonischen hervorrufen. Es ist nicht bloß der Menschen-

---

[1] Indische Alterthumskunde II (1. Aufl.), 499.

geist, der sich hier in pantheistische Träumereien verirrt hat, finstere Mächte haben ihn noch weiter von dem Göttlichen abgezogen und die Religion zum Fratzenbilde verunstaltet. Im Râmâyana drängt sich übrigens das Groteske und Häßliche bei weitem nicht so oft vor, wie in der spätern indischen Kunst.

Ein harmloserer Fehler ist die oft unerträgliche Breite, mit welcher die indische Dichtung Reden und Thaten ihrer Helden auszuspinnen liebt. Zum Theile mag das den Rhapsoden zur Last fallen, durch welche die Epen sich mündlich fortpflanzten — viele Stellen lassen das deutlich erkennen —, zum Theile ist das aber im indischen Charakter selbst begründet. Mit Bezug auf einen französischen Kritiker, welcher Homer für geschwätzig erklärt hatte, sagt A. W. v. Schlegel:

„Das homerische Epos ist maßvoll und nüchtern zu nennen gegenüber der Fülle von Beiwörtern und Lobsprüchen, in deren Häufung die indischen Dichter sich ergehen. Es begreift sich leicht, wie Rhapsoden ohne jede eigene Erfindungsgabe ihr Spiel damit treiben mochten, diesen an sich schon überquellenden Redeschmuck noch mehr zu häufen, zumal in einer Sprache von solchem Reichthum, solcher Formenfülle und allseitigen Biegsamkeit, wie es das Sanskrit ist. Die Wiederholungen, welche jetzt dem Leser beschwerlich fallen, mochten übrigens vielleicht die Zuhörer nicht in gleichem Maße stören; ja diese mochten ganz darüber hinweggetäuscht werden, indem ihnen die übertriebenen und oft bombastischen, aber wohlklingenden und künstlich verschlungenen Worte mit allem Reize schöner und abwechselnder Modulation vorgetragen wurden." [1]

„Ungeachtet dieser und anderer Fehler", sagt Monier Williams[2], „wie der allzu großen Breite gibt es im ganzen Umfang der Sanskritliteratur kein schöneres Gedicht als das Râmâyana. Die klassische Reinheit, Klarheit und Einfachheit seines Stiles, die feinern Züge echt poetischen Gefühls, an denen es überreich ist, die fesselnden Beschreibungen heroischer Thaten und großartiger Naturscenen, die tiefe Vertrautheit, welche es mit den innern Kämpfen und den feinsten Regungen des Menschenherzens an den Tag legt, berechtigen es zu einem Platz unter den schönsten poetischen Compositionen der Weltliteratur. Es gleicht einem weiten, herrlichen Garten, da und dort wild überwuchernd, aber reich an Früchten und Blumen, von immerfrischen Bächen bewässert und selbst im wirrsten Dickicht von wonnigen Pfaden durchschnitten. Der Charakter Râmas ist edel gezeichnet. Er ist in seiner Selbstlosigkeit nur zu beständig, um ganz menschlich zu sein. Wir müssen thatsächlich vor

---

[1] Râmâyana I, Praef. xx.
[2] Indian Epic Poetry (London, Williams & Norgate, 1868) p. 12.

Augen behalten, daß er halb Gott ist. Obwohl indes gelegentlich seine übermenschliche Natur blitzartig aufleuchtet, wirkt das nicht störend oder verwirrend. Wenigstens in den frühern Theilen der Dichtung erscheint er im allgemeinen nur als ein heroischer, edelgesinnter, frommer und tugendreicher Mann, dessen Tapferkeit, selbstlosen Edelmuth, kindlichen Gehorsam, zarte Gattentreue, Bruderliebe und Freiheit von jedweden rachsüchtigen Gesinnungen wir bewundern und hochschätzen können. Wo er der grimmen Tücke der zweiten Frau seines Vaters zum Opfer fällt, hegt er kein Gefühl der Kränkung. Da sein Vater sich dazu entschließt, ihn zu verbannen, entschlüpft kein Murren seinen Lippen. In edeln Worten legt er seinen Entschluß dar, sich lieber selbst zu opfern, als seinem Vater zu gestatten, das einmal gegebene Wort zu brechen. Was Sîtâ betrifft, so ist sie ein Musterbild aller häuslichen Tugenden."

Dieses Frauenbild ist, wenn nicht das schönste der altindischen Literatur, so doch sicher eines der schönsten, so zart und mädchenhaft anmuthig wie Çakuntalâ, so voll inniger, hingebender Zärtlichkeit wie Damayantî, so voll heldenmüthiger Selbstlosigkeit wie Sâvitrî. Als schüchterne Braut am Hofe von Mithilâ, als fromme Beterin am Vorabend der bereits festgesetzten Krönung ihres jugendlichen Gatten, als muthige Genossin seiner Verbannung, als unbesieglich treue Gattin, allen Lockungen und Drohungen unzugänglich, ausharrend in der schmerzlichsten Gefangenschaft, durch den Verdacht Râmas nicht beleidigt, sondern alsbald zur härtesten Probe bereit, nach kurzem Glück zum zweitenmal verstoßen und noch nicht wankend in ihrer treuen Anhänglichkeit, in einer abermaligen Kette von Prüfung und Entsagung zu einem bessern Lose herangereift, als es die Erde bieten kann, ist Sîtâ eine echt weibliche Idealgestalt, die man getrost mit den edelsten Frauengestalten der hellenischen Poesie vergleichen darf [1]. Sie wirkt um so mehr, als sich ihre einzelnen Züge ungesucht und natürlich im Verlauf der Handlung entwickeln, im Contrast mit andern Figuren immer lebhafter und schöner hervorheben und in reicher Abwechslung zu den anziehendsten Lichtpartien des Ganzen gestalten.

---

[1] „M. Gorresio remarque avec raison que l'enlèvement d'une femme sera aussi la cause de la guerre de Troie chantée par Homère; mais Sita ne ressemble point à Hélène: cette Hélène est une Andromaque. La fille de Léda est le type de la beauté physique et de la faiblesse morale; Sita est l'idéal de la tendresse conjugale et du dévouement." *J. J. Ampère*, Le Râmâyana. Revue des Deux Mondes III (1847), 775.

Der reinen Gattenliebe und Gattentreue, wie sie in Râma und Sîtâ geschildert sind, tritt schon am Hofe Daçarathas die Polygamie mit ihren verhängnißvollen, unvermeidlichen Folgen gegenüber. Gerade hieraus geht die erste Verwicklung hervor, welche zur Verbannung Râmas führt und damit seine weitern Prüfungen veranlaßt. Kausalyâ, Râmas Mutter, die erste Königin, ist eine ebenso treue Gattin als Mutter, fromm und würdig, ihrem Rang gewachsen; aber sie steht eben nicht allein, sie theilt ihre Stellung mit Sumitrâ und Kaikeyî, und obwohl bis dahin ein gewisser Friede bestanden und Kaikeyî selbst die Erhebung Râmas zuerst edelmüthig und mit Freude begrüßt, vermag diese doch der Versuchung zur Eifersucht und zum Ehrgeiz nicht zu widerstehen, und ihre elende Serailsintrigue zerstört das Glück des Königs und seiner Familie und schließlich ihr eigenes. Noch trauriger, entwürdigter erscheint das Los des Weibes aber an dem Hofe zu Lankâ, dessen Herrscher Râvana, ganz aus Stolz, Wollust und Grausamkeit zusammengesetzt, als richtiger Typus eines orientalischen Tyrannen gelten mag. Die Schilderung seines Harems ist übrigens so anständig gehalten, als es eben der Stoff ermöglicht, und wenn man von einigen obscönen Mythengeschichten im ersten und letzten Buche absieht, besitzt Bâlmîkis Râmâyana einen Grad sittlicher Reinheit, wie man ihn auf dem Boden heidnischer Anschauungen selten trifft und der sehr vortheilhaft gegen die spätere indische Poesie absticht.

In dem alten König Daçaratha spiegelt sich die Vaterliebe, in dem wackern Lakhsmana die treueste Bruderliebe in ergreifendster Weise. Das Festhalten am einmal gegebenen Wort, auch wo es die größten Opfer gilt, verleiht Daçaratha einen gewissen Adel; allein daß er sich mit jenem blinden Versprechen einem Weibe gegenüber gebunden, zeichnet eben wieder den Sklaven der Polygamie, der sein eigener Herr nicht mehr ist. Trotz aller Fürstenpracht, welche ihn und König Janaka von Mithilâ umgibt, stehen die alten Rishi und die Brâhmanen, besonders Vasishtha und Viçvâmitra (allerdings in Stellen, welche als spätere Zusätze betrachtet werden), bedeutsamer und imposanter da, specifisch indische Gestalten, priesterliche Helden, in welchen alle höhern Ueberlieferungen und Bestrebungen des Volkes sich verkörpern.

Es ist auffallend, daß fast in allen Werken, welche über das alte Indien handeln, die Brâhmanen am schlechtesten wegkommen, als ob durch sie die Thatkraft des Volkes im Keime gelähmt, aller Entwicklungstrieb geknickt, alle Geistesentfaltung und selbst die Literatur unrettbar verdorben worden wäre. Und doch in ihren Händen ruhten die Veden; vorwiegend aus ihrem Kreise ist die indische Theosophie und Philosophie, Cultur und Ritus, Recht, Gesetzgebung und Rechtswissenschaft, Poesie und wissenschaftliche Forschung hervorgegangen. So übertrieben und oft wahnwitzig ihr Bußleben geschildert werden mag — den Grundzug ihres Charakters bildet ein höheres ethisches Streben, eine vielseitige geistige Bildung und ein religiöser Ernst, der eigentlich Achtung erwecken sollte. Was wäre aus Indien geworden, wenn anstatt jener Asceten und Gelehrten prachtliebende und vergnügungssüchtige Sultane, ungefähr im Stile Daçarathas oder Râvanas mit ihren zahllosen Kebsweibern, die ausschließliche Führung des geistigen und politischen Lebens an sich gerissen hätten? Es hätte wohl nicht besser gestanden, wahrscheinlich noch viel schlechter.

Seine Schattenseiten hatte der Brâhmanismus sicher auch. Sie wurzeln aber zum Theil schon in den religiösen Anschauungen, wie sie sich offenbar nicht bloß durch die Thätigkeit der Brâhmanen, sondern aus dem Volksgeist überhaupt entwickelten. Aus dem Râmâyana selbst ersehen wir, daß die unlautersten Mythen, ursprünglich vielleicht naiv gemeint, später jedenfalls anstößig und verfänglich, von Geschlecht zu Geschlecht weiter überliefert wurden, daß man sich das Leben der größten Büßer nicht frei von gelegentlichen galanten Abenteuern dachte, daß bei aller erhabenen Theosophie die Vorstellungen von Himmel und Götterwelt einen stark wollüstigen Beigeschmack besaßen. Bei den Griechen hat sich das etwas ästhetischer entwickelt, bei den Indern etwas grotesker; aber im einen wie im andern Falle hat sich die Menschheit das Zeugniß ausgestellt, daß sie aus eigener Kraft, ohne höhern Beistand, das in ihr wurzelnde Böse nicht zu besiegen vermag.

Ein kaum zu beseitigender Stein des Anstoßes liegt für den Abendländer in den Affen und in den Râkshasa. Wer darüber hinwegkommen will, dem bleibt nichts übrig als es zu machen wie Gorresio, der nicht von Affen redet, sondern nur von „Vanara", was allerdings „Affe" bedeutet, aber für ein fremdes Ohr so gut wie der Name einer unbekannten Völkerschaft klingt[1]. In der That sind die Affen und die Râkshasa im allgemeinen wie zwei menschliche Völkerschaften geschildert: die eine auf einer niedrigern Culturstufe stehend, aber gutmüthig, klug, muthig, durch Zahl und Masse zu großen Unternehmungen geeignet; die andere den arischen Indern an materieller Cultur ungefähr gleichstehend, durch Schlauheit und Zauberkraft überlegen, aber durch und durch böse, räuberisch, grausam,

---

[1] Griffith (Râmâyana IV, 7. 415) ist seinem Beispiel gefolgt.

ein titanisches Banditengeschlecht von ursprünglich göttlich-königlicher Abstammung. Nimmt man dazu noch einige märchenhafte Ausstattung mit in den Kauf, wie man sich ja auch bei Shakespeare einen Caliban, einen Ariel, einen Puck, Feen und Hexen gefallen läßt, so wird man sich auch mit der märchenartigen Welt des indischen Epos einigermaßen versöhnen. Der ehrgeizige Thronräuber Bâlin, der in der Noth verzagte, im Glück übermüthige und pflichtvergessene König Sugrîva, der als Kundschafter, Unterhändler, Brückenbauer, Kriegsführer unermüdliche, sinnige, schlaue, gewandte Hanûmat, sind durchaus interessante und poetisch ebenso gut durchgeführte Gestalten als jene des Sommernachtstraumes. Das Affenheer selbst leistet vor Lankâ alle Dienste einer richtigen Heldenarmee, und seine brutalen Ausschweifungen im Madhuwalde entsprechen ganz dem übermüthigen Siegesrausch eines tollen Bauernheeres. Eigentlich abstoßend wird die gesamte Erfindung erst dadurch, daß ihr seitens des Volkes unzweifelhaft ein wirklicher Affencultus zu Grunde lag, der sich später noch weiter entwickelte.

Als Dämonen sind die Râkshasa natürlich eine Caricatur des Menschlichen und theilweise des Göttlichen. Daher begegnen uns hier männliche und weibliche Unholde aller Art, die greuliche Menschenfresserin Tâḍakâ, die häßliche Megäre Çûrpanakhâ, der kopflose Kabhanda, der unersättliche Fresser Kumbhakarna und wie die Ungeheuer alle heißen. Die Schilderung ist im ganzen mitunter phantastischer, aber nicht abstoßender als einzelne Teufelsfratzen und Schilderungen Dantes. Der Dämonenfürst Râvana selbst ist fast durchweg als ein gewaltthätiger menschlicher Tyrann gezeichnet, Lankâ wie eine von Menschenhänden gebaute Stadt und Festung: erst wo menschliche Kräfte nicht mehr ausreichen, wird das Wunderbare zu Hilfe gerufen, allerdings häufig genug und dann mit einer Phantastik, die über alles Glaubliche hinauswuchert.

Weder Ayodhyâ noch Mithilâ noch Lankâ sind mit concreter, individueller Anschaulichkeit genau nach der Natur gezeichnet. Die Beschreibung erwächst nur aus allgemeinen Zügen, welche den Eindruck der Größe, der Pracht, der Schönheit, königlicher Herrlichkeit hervorrufen sollen[1]. Kein Maler könnte danach ein Bild entwerfen, aber der Inder begehrte das auch nicht. Wenn die Stadt nur groß, fest und prächtig geschmückt ist,

---

[1] „Toutes les forêts se ressemblent; il y a pour toutes un lieu commun descriptif qui se reproduit avec peu de variations. La peinture de la ville d'Ayodia est très frappante, et, comme je l'ai fait remarquer, donne l'idée d'une civilisation assez avancée; mais rien n'y est particularisé, rien n'y fait connaître la situation et l'aspect d'Ayodia." *J. J. Ampère* l. c. III, 779.

mit Palästen, Tempeln, reichgezierten Häusern, Teichen und Baumgruppen versehen, von mächtigen Wällen und Gräben beschirmt, dann ist es genug. Damit ist ein glänzender Schauplatz gegeben, auf dem sich prunkhafte Ceremonien oder gewaltige Kämpfe abspielen können. Aehnlich ist es mit der Schilderung der Kleider, des Schmuckes, der Waffen. Alles glitzert und blitzt, funkelt wie Sonne und Mond; aber deutliche Linien, bestimmte Farben erhält das geblendete Auge nicht. Etwas anschaulicher ist die Beschreibung der Sitten und Gebräuche, der täglichen Opfer und Gebete, der grössern Opferfeierlichkeiten, besonders des Pferdeopfers, der Verlobung und Hochzeit, der Vorbereitungen zur Königsweihe und der Königsweihe selbst, der Leichenverbrennung, der Todtenklage und des Sühnebades zu Ehren der Todten. Auch da wiegt indes das religiöse und rituelle, nicht das malerische Element vor. Reich und hochpoetisch entfaltet sich dagegen das letztere in der Schilderung des Waldlebens und der Natur selbst[1]. In dieser Naturschilderung, die sich ungezwungen dem epischen Verlauf der Handlung eingliedert und von tiefreligiösem Lyrismus durchweht ist, liegt eine eigenartige Schönheit, die sich weder bei den Griechen noch bei den Römern wiederfindet. Hier treffen wir ein stammverwandtes Element, das mächtig in der Lyrik der spätern germanischen Stämme widerklingt: eine aus religiösem Grunde hervorgewachsene poetische Liebe und Andacht zur Natur, die als sympathische Theilnehmerin an den Freuden und Leiden der Menschen gedacht ist. Vögel und Vierfüßer, Blumen und Kräuter, Bäume und Felsen, Luft, Himmel und Gestirne gerathen in Aufruhr, wenn etwas Böses naht: alle Wesen jubeln auf, wenn die den Göttern lieben Menschenkinder einen mächtigen Sieg erfochten; in stiller Natureinsamkeit theilen sich die Götter am liebsten den von ihnen Bevorzugten mit; die Lotosblume schmückt die Liebenden, der Kokila singt ihnen das Brautlied; heiliges Gras und schlichte Waldblumen zieren den Altar, und das stille Opfer im Walde entscheidet über das Schicksal der Throne und Reiche.

In anziehendster Weise wechseln die friedlichen, naturbeschaulichen Scenen mit den lebhaftern, erregungsvollen Schilderungen des grossen Kampfes, auf dem die Hauptverwicklung des Epos beruht und der sich im VI. Buch, dem Yuddha-Kânda, zum breiten Schlachtengemälde entwickelt. Wenn in diesen kriegerischen Partien, noch mehr als in den andern, Wiederholungen,

---

[1] H. Jacobi vermuthet, dass die meisten dieser Schilderungen nicht dem ursprünglichen Gedicht angehören. Doch hält auch er Vâlmîki für den Pfadfinder, welcher in Bezug auf die Anwendung des poetischen Schmuckes (Alankâra) der spätern Kunstpoesie die ersten Anregungen und Muster gegeben. Râmâyana S. 123. 124.

lästige Ausführlichkeit, Uebertreibungen, Widersprüche die Darstellung verunstalten, so mag das hauptsächlich dem Einfluß der Rhapsoden zuzuschreiben sein, welche, je nach dem Beifall, den sie fanden, manche Stellen oder Motive wieder und wieder brachten, andere weiter ausnützten und breiter schlugen, selbsterfundene Episoden einflochten oder bereits Gegebenes mit leichter Variation auf andere Personen übertrugen. Auf sehr triftigen Gründen ruht die Vermuthung H. Jacobis, daß die Zerstörung des Açokahaines durch Hanûmat, seine Gefangennahme und Verurtheilung sowie der Brand von Lankâ nicht zum ursprünglichen Gedicht gehört habe, sondern von irgend einem fahrenden Sänger ein auf die Lachlust des Publikums berechnetes Einschiebsel sei. Der ganze Passus fügt sich nicht glatt in den Text, führt Widersprüche herbei und stimmt nicht zum weitern Gange der Erzählung[1]. Nach einer ebenso wahrscheinlichen Conjectur Jacobis war das VI. Buch ursprünglich viel kürzer und umfaßte der ganze Kampf bis zum Tode Indrajits nur drei Tage. Am ersten gelingt es Indrajit, nach allgemeiner Schlacht, Râma und Lakshmana durch Pfeilzauber kampfunfähig zu machen; am zweiten werden die Râkshasa zurückgeschlagen, wird Kumbhakarna geweckt und nach Wundern von Tapferkeit endlich getödtet; am dritten greift wieder hauptsächlich Indrajit in den Kampf ein, erliegt aber schließlich Râmas Waffen[2]. Volle Gewißheit bieten jedoch diese Conjecturen nicht. Die indischen Commentatoren hegen kein Bedenken, den Kampf um Lankâ statt drei Tage einen halben Monat dauern zu lassen, und da der indische Geschmack in Bezug auf Breite, Wiederholung und selbst Widerspruch mehr verträgt als der eines an klassischer Literatur geschulten Abendländers, so bleibt es denkbar, daß schon Vâlmîki das Schlachtgemälde auf breiterer Grundlage entwickelte.

An Frische, Kraft und Anschaulichkeit stehen die Schlachtenbilder des Râmâyana wohl nicht nur hinter denjenigen der Ilias, des Schah-Nameh und des Nibelungenliedes zurück, sondern theilweise auch hinter denjenigen des Mahâbhârata. Sie scheinen nicht aus persönlicher Anschauung oder lebendiger Erinnerung wirklicher Kämpfe geschöpft, sondern poetische Phantasiestücke zu sein, in denen zwar Tapferkeit, Waffengewandtheit, Muth, Kraft und List eine große Rolle spielen, aber der schließliche Entscheid stets auf wunderbaren Kräften und in wunderbaren Waffen ruht. Andere Dichtungen bilden indes immer einen fremdartigen und nicht absolut berechtigten Maßstab. Sobald man sich in die Dichtung selbst hineinlebt,

---

[1] Jacobi a. a. O. S. 81—87. [2] Ebend. S. 42 ff.

wird man finden, daß auch diese Kampfesschilderungen sich harmonisch und echt künstlerisch in dieselbe eingliedern oder besser gesagt aus derselben herauswachsen. Es braucht nicht alles auf der Welt nach altklassischem Muster abgerundet oder modern realistisch entworfen zu sein. Auch das Wunderbare, Märchenhafte und Romantische hat seine poetische Berechtigung. Was den Kämpfen des Râmâyana an festen, klaren Umrissen, urwüchsiger Kraft, kriegerischem Geiste gebricht, das ersetzen sie einigermaßen durch die Mannigfaltigkeit der Situationen, die Eigenartigkeit der Erfindung und den Reiz des Wunderbaren, das mit dem Stoffe selbst gegeben ist.

Wie die Dichtung vorliegt, d. h. mit all den Episoden, welche vielleicht später hinzugekommen sein mögen, schließt sie so viele alte Sagen und Mythen in sich, daß sie ein überaus reichhaltiges Spiegelbild des gesamten indischen Denkens und Lebens bietet. Wir treffen da kosmogonische Mythen, die augenscheinlich mit uralter Personification und Verehrung der Gestirne und der Naturkräfte zusammenhängen; Göttersagen, die sich später noch phantastischer aus jenen Ansätzen entwickelten; Erinnerungen an die vedische Zeit, deren berühmteste Sänger als handelnde Personen in das Epos hineingezogen sind; Königsreihen, die bis auf unmittelbare Göttersöhne zurückreichen; dann wieder Sagen, welche die Brâhmanen und ihre Kämpfe mit den Kshatriyas verherrlichen; endlich Sagen, welche den Königshöfen von Ayodhyâ und Mithilâ angehören. All das ist nicht eigentlich in die Haupthandlung verwoben, sondern nur als Reden Râmas oder als Berichte an ihn derselben angehängt. Das Kunstwerk leidet darunter; aber andererseits erhält die Dichtung dadurch etwas von dem Charakter eines Volksepos.

Ganz im allerstrengsten Sinne kann man überhaupt das Râmâyana nicht als Kunstepos einem Volksepos gegenüberstellen. Sein Held, Râma, ist nicht einer fremden Sage entlehnt wie etwa Wolframs Parzival, oder von Vâlmîki erdichtet: er ist Volksheld, vermuthlich aus bestimmter Localsage, jedenfalls aus dem ureigensten Geiste des Indervolkes hervorgewachsen, so echt indisch wie die Helden des Mahâbhârata. Gleichzeitig ist das Râmâyana aber auch wirkliche Kunstdichtung, indem ein hochbegabter Dichter die volksthümliche Sage nach einheitlichem Plane, in demselben Geist und Ton künstlerisch gestaltet hat. In Bezug auf die epische Sprache wie auf das Metrum, die Anwendung des poetischen Schmuckes ward es zum Muster und Vorbild der weitern epischen Kunstdichtung, während der in ihm gegebene Stoff in der Volksdichtung wie in der Kunstdichtung zahllose neue Schößlinge trieb.

5. Das Râmâyana im Mahâbhârata (Râmopâkhyâna) und in den Purânas.

An der Spitze der Literatur, welche mit dem Râmâyana zusammenhängt, finden wir das Mahâbhârata. Soweit die Forschung das vielverschlungene Dickicht seines Inhaltes bereits gelichtet hat, scheint es, daß es ursprünglich wie das Râmâyana aus alten Heldensagen Nordindiens hervorging. Seinen Grundstock bildet der Kampf zweier Königshäuser und Volksstämme: der Kuru und Pându. Als eigentliche Helden wurden darin augenscheinlich erst die Kuru gefeiert. Höhere persönliche Tapferkeit, Edelmuth, Rittersinn ist auf ihrer Seite. Im Laufe der Zeit wurde indes die Sage umgestaltet mit der deutlichen Absicht, die Pându-Söhne zu verherrlichen. Krishna, ihr Bundesgenosse, ursprünglich ein Volksheld von ziemlich bukolischer Färbung, trat dabei mächtig in den Vordergrund und ward schließlich zu einer Herabkunft Vishnus selbst gestaltet. Die Heldenlieder, an Festen feierlich vorgetragen, wurden dann mit den Mythen dieser Feste und Opferceremonien verknüpft, und da diese wieder mit der ganzen übrigen Mythologie, mit der Abfolge der Götter, der Könige und der verschiedenen Stämme und Kasten zusammenhingen, so lag es nahe, auch diese in die Dichtung hineinzuweben. Eine Menge kleiner Sagen, Geschichten, Fabeln, Sprüche, je für sich eigentlich eine besondere Dichtung bildend, traten so in den Rahmen des ältern Epos hinein und wurden lose, oft nur als gelegentlicher Gesprächsstoff der Handelnden damit verbunden. Unter dem Einfluß der Brâhmanen aber, in deren Kreis die Dichtung sich weiterbildete, erhielten nicht nur die Patriarchen ihrer Kaste eine überall in den Gang der Handlung eingreifende Rolle: das ganze alte Heldenthum wurde ihren Ideen und Einrichtungen untergeordnet, und das Epos bekam eine ausgesprochen didaktische Färbung. Auf Schritt und Tritt wurden die religiösen Vorschriften und Gebräuche geschildert, das Opferritual in glänzenden Beschreibungen bis ins einzelnste entfaltet, Rechtsverhältnisse und Rechtsfälle bei Gelegenheit sorgfältig erörtert, ein vollständiger Rechts- und Sittencodex in die Dichtung hineingearbeitet. Schließlich ward auch das

5. Das Râmâyana im Mahâbhârata und in den Purânas.

großartigſte philoſophiſche Gedicht Indiens, die Bhagavad-Gîtâ, mitten in die Kämpfe der ſagenhaften Vorzeit hineingeſetzt, wo es ſich etwa ausnimmt, wie ſich die pantheiſtiſchen Monologe Fauſts im Nibelungenliede ausnehmen würden.

Nicht nur viele Dichter, ſondern viele Geſchlechter haben in weit auseinanderliegenden Zeiträumen an dem Mahâbhârata herumgeformt, ältere Stücke umgemodelt, neue hinzugefügt, Form und Inhalt dann wieder einheitlich zu geſtalten geſucht. Aber das Werk war zu groß und weitſchweifig, als daß ein einzelner Geiſt es vollſtändig hätte umſchmelzen können. Bei allen Umbauten und Anbauten ſind Reſte des Frühern und ſelbſt des Aelteſten und Urſprünglichen ſtehen geblieben, ſelten ganz deutlich erkennbar, ſeltſam mit dem Neuern verquickt und verſchmolzen, widerſpruchsvoll verſchoben oder theilweiſe verdeckt — nur von einer Einheit zuſammengehalten: dem phantaſtiſch weiter träumenden und doch hinwieder an die alte Ueberlieferung feſtgebannten Volksgeiſt. So iſt das Mahâbhârata zu einem Werke geworden, das ganz einzig daſteht: zugleich das Nibelungenlied und die Divina Commedia der Inder, ein Vorrathshaus, in welchem Mythologie und Philoſophie, Rechtslehre und Moral, Heldenſage und Liebesroman, die höchſte Theoſophie und die einfachſte Thierfabel, Zaubermärchen und lehrhafte Sprüche in bunteſtem Wechſel verſammelt ſind[1].

In einer ſolchen Encyklopädie durfte ein ſo wichtiger Sagenſtoff wie der des Râmâyana nicht fehlen. In der That wird denn auch Râma im Mahâbhârata des öftern erwähnt[2], während die Helden des Mahâbhârata im Râmâyana keine Erwähnung finden; eine Stelle des Râmâyana wird ausdrücklich citirt[3]; endlich iſt ein gedrängter Abriß der ganzen Dichtung in das Mahâbhârata eingeflochten. Er ſteht im dritten Buche (Vanaparvan), worin das zwölfjährige Waldleben der fünf Pându-Söhne geſchildert wird. Es iſt voll von Berührungspunkten mit dem Waldleben des Raghu-Sohnes und legt den Gedanken nahe, daß ein ſpäterer Dichter an der Hand der Râma-Sage dieſes ganze Waldleben in die ältere Kuru-Pându-Sage hineingetragen hat. Wie Sîtâ durch Râvana, ſo wird hier Draupadî, die ge-

---

[1] In fact, while the Râmâyana generally represents one-sided and exclusive Brâhmanism, the Mahâbhârata reflects the multilateral character of Hinduism. *Monier Williams*, Indian Epic Poetry p. 41.

[2] Vanap. 11177. 11197—11219; Dronap. 2324—2246; Çantip. 944—955; Harivança (Fortſ. b. MBh.) 2324—2359. 8672—8674. 16 282. Vgl. Weber, Ueber das Râmây., S. 38—42. Laſſen, Ind. Alterth. II (1. Aufl.), 715—718.

[3] Dronap. 6019—6020, aus dem Râmây. VI, 81, 28. Vgl. Jacobi a. a. O. S. 70. 71.

meinsame Gattin der Pându-Söhne, durch den Sindhu-Fürsten Jayadratha entführt. Sehr bald wird sie zwar durch die tapfern Recken zurückerobert; aber auch nach ihrer Befreiung nimmt sich der gerechte Yudhishthira den Raub noch sehr zu Herzen und ergeht sich vor dem Rishi Mârkandeya in tieftraurigen Klagen über sein Los. Um ihn zu trösten, erzählt ihm Mârkandeya nun kurz das ganze Râmâyana.

Die Erzählung — Râmopâkhyâna genannt — umfaßt 730 Verse (Vanaparva, V. 15 872—16 602), so daß also durchschnittlich auf ein Sarga (Gesang) des Râmâyana ungefähr ein Vers kommt. Doch ist die Vertheilung des Stoffes keine so gleichmäßige. Nach kurzer Erwähnung Daçarathas, seiner drei Frauen und vier Söhne wird hier gleich die Genealogie des Dämons Râvana und seiner Geschwister (V. 15 881—15 928) ausführlicher gegeben, mit mancherlei Einzelheiten, welche im Râmâyana erst in der Uttara-Kânda zur Sprache gelangen. Dabei kommen verschiedene Abweichungen vor. So wird z. B. die Langschläferei des Kumbhakarna hier auf physische Ursachen (die Eigenschaft der Dunkelheit, tamas), im Uttara-Kânda dagegen auf einen Fluch Brahmâs zurückgeführt. Die Herabkunft Vishnus ist nur ganz kurz berührt, etwas ausführlicher die Schaffung des Affenheeres und ebenso die Verfügung Brahmâs, daß eine Gandharvî (Dundubhî mit Namen) als bucklige Zofe Manthârâ geboren werden soll, um die Verbannung Râmas herbeizuführen (V. 15 954 ff. V. 15 960 ff.). Ueberhaupt sind die ersten zwei Bücher des Râmâyana in einen ziemlich trockenen und frostigen Abriß zusammengedrängt. Der Sinn wird manchmal erst völlig verständlich, wenn man das Râmâyana selbst zu Hülfe nimmt. Auch der Affenkrieg zwischen Vâlin und Sugrîva sowie Râmas Suche nach der entführten Sîtâ ist sehr kärglich behandelt. Dagegen ist die Entführung Sîtâs, der Besuch Hanûmats und dessen Abenteuer in Lankâ, endlich der ganze Kampf um Lankâ, offenbar die eigentlichen Lieblingsstellen der Inder, ziemlich einläßlich und stellenweise recht poetisch erzählt. Die Schilderung des Kampfes um Lankâ wird durch die Kürzung entschieden klarer und faßlicher. Die Befestigung der fabelhaften Dämonenstadt ist folgendermaßen beschrieben:

„Nachdem er sein Heer in den Wäldern vertheilt, die Ueberfluß an Nahrung und Wasser, Früchten und Wurzeln boten, begann Kakutsthas Sprößling (d. h. Râma) sorgfältig über dasselbe zu wachen. Râvana seinerseits pflanzte in seiner Stadt viele Kriegsmaschinen auf, nach den Regeln der Kriegskunst gebaut. Und seine Stadt, von Natur uneinnehmbar wegen ihrer starken Wälle und Thore, hatte ihre sieben Gräben, die waren tief und bis an den Rand mit Wasser gefüllt, reich an Fischen und Haifischen und Alligatoren, noch uneinnehmbarer gemacht mittels spitziger

Pallisaden von Khadira-Holz. Und die Wälle, aus Steinen aufgehäuft, waren uneinnehmbar gemacht durch Wurfmaschinen. Und die Krieger, welche die Wälle bewachten, waren bewaffnet mit thönernen Gefäßen, gefüllt mit giftigen Schlangen und mit Harzpulver verschiedener Art. Und sie waren auch bewaffnet mit Keulen und Feuerbränden und Pfeilen und Lanzen und Schwertern und Streitäxten. Und sie hatten auch Çataghnis (Maschinen, die zu Hunderten tödteten, also eine Art Kanonen oder Mitrailleusen) und gewaltige Keulen in Wachs getränkt. Und an allen Thoren der Stadt waren bewegliche und feste Posten aufgepflanzt, bemannt mit zahlreichen Fußgängern und beschirmt von zahllosen Elefanten und Pferden."

Es folgt nun die letzte Aufforderung an Râvana, Sîtâ herauszugeben, und da derselben nicht entsprochen wird, die Kriegserklärung durch Angada, den Sohn des Affenfürsten Bâlin.

„Der Sprößling Raghus befahl dann, die Wälle Lankâs niederzureißen durch einen vereinten Sturmangriff aller dieser mit Windesschnelle begabten Affen. Dann erbrach Lakshmana, der mit Bibhîshana und mit dem Bärenkönig an der Spitze marschirte, das Südthor der Stadt, das fast uneinnehmbar war. Râma griff alsdann Lankâ an mit zehnmalhunderttausend Millionen Affen, alle im Kampfe sehr gewandt und mit röthlicher Farbe begabt wie die jungen Kamele. Und manche zehn Millionen dieser grauen Bären, mit langen Armen und Beinen und ungeheuern Tatzen und allgemein aufrecht gehend auf ihren breiten Hüften, wurden ebenso gedrängt, den Sturm zu unterstützen. Und die Affen sprangen auf und sprangen nieder und sprangen in die Kreuz und in die Quer, und die helle Sonnenscheibe wurde infolgedessen überschattet und die Sonne selbst unsichtbar vor dem Staub, den sie aufwirbelten. Und die Bürger von Lankâ sahen, wie ihre ganze Stadt eine gelbbraune Farbe annahm, bedeckt von Affen, gelb wie Reishülsen und graulich wie Çirîsha-Blumen und roth wie die aufgehende Sonne und weiß wie Flachs oder Hanf. Und die Râkshasa staunten mit ihren Weibern und Alten bei diesem Anblick. Und die Affenkrieger begannen die von kostbaren Steinen gebauten Pfeiler und die Söller und Giebel der Paläste herabzureißen. Und sie brachen die Hebel der Wurf- und Kriegsmaschinen in Stücke und warfen diese nach allen Seiten herum. Und sie rissen die Kriegsgeschütze (Çataghnis) fort mit den Wurfscheiben, Kolben und Steinen und warfen sie in die Stadt mit großer Kraft und lautem Getöse. Und so von den Affen angegriffen, flohen die Râkshasa, die zur Bewachung an dem Wall aufgestellt waren, zu Hunderten und Tausenden in eiliger Flucht davon.

„Dann kamen Hunderte und Tausende von Râkshasa, von schrecklichem Aussehen und fähig, jede beliebige Form anzunehmen, heraus auf das Gebot des Königs. Und einen wahren Schauer von Pfeilen ergießend und die Bewohner des Waldes vertreibend, entfalteten diese Krieger große Tapferkeit und besetzten die Wälle. Und bald nöthigten diese Nachtwandler, aussehend wie ungeheure Fleischmassen und von schrecklichem Angesicht, die Affen, von den Wällen zu weichen. Und verstümmelt von den feindlichen Lanzen, fielen zahlreiche Affenführer von den Wällen nieder und zerschmetterten im Falle Säulen und Thore; auch zahlreiche Râkshasa fielen, um nicht wieder aufzustehen. Und die Affen und die tapfern Râkshasa, welche anfingen die Feinde aufzufressen, rangen und packten einander am Haar und verstümmelten und zerrissen einander mit ihren Nägeln und Zähnen. Und die Affen und die Râkshasa brüllten und schrieen fürchterlich, und während viele von beiden Seiten erschlagen wurden und fielen, um nicht wieder aufzustehen, gab keine Partei den Kampf auf. Und Râma fuhr die ganze Zeit fort, einen dichten Schauer von Pfeilen auszuschütten, gleich den Wolken selbst. Und die Pfeile, die er schoß, umhüllten ganz Lankā und tödteten eine große Zahl von Rākshasa. Und auch der Sohn Sumitrās, dieser mächtige Bogenschütz, unermüdlich im Kampfe, rief einzelne Rākshasa an den Wällen mit Namen auf und tödtete sie mit seinen Schäften. Und das Affenheer zog sich, mit Erfolg gekrönt, auf Rāmas Befehl zurück, nachdem es die Befestigungen Lankās niedergerissen und es dem Belagerungsheer möglich gemacht, auf alle Gegenstände in der Stadt zu zielen."

Der weitere Kampf entwickelt sich in vier deutlich geschiedenen Episoden. In der ersten wird, nach mehreren Einzelkämpfen, ein allgemeiner Ausfall der Rākshasa von den Affen siegreich zurückgeschlagen, wobei zwei der tapfersten Dämonenführer, Prahasta und Dhūmrāksha, fallen. In der zweiten wird Kumbhakarna vom Schlummer aufgerüttelt, verrichtet Wunder der Tapferkeit, wird aber von Lakshmana mit einem Pfeil getödtet. In der dritten spielt Indrajit die Hauptrolle: es gelingt ihm, Rāma und Lakshmana niederzustrecken und mit einem Netz von Pfeilen zu umspinnen; aber mit Hilfe der Affen werden beide wieder kampffähig gemacht, und Lakshmana schießt mit drei Pfeilen dem Indrajit beide Arme und den Kopf weg. In der vierten endlich überwindet Rāma den Dämonenfürsten Rāvana. Des Wunderbaren und Unglaublichen bleibt auch hier genug, doch kein solcher Urwald wie im Rāmāyana.

So bringt z. B. Hanūmat hier nicht ein ganzes Gebirge herbei, um die unter Indrajits Pfeilen niedergesunkenen Helden Rāma und Lakshmana wieder zu beleben, sondern die Rettung vollzieht sich durch Anwendung der Heilpflanze Viçalyā, die heute noch in einigen Gegenden Bengalens gezogen wird [1]:

„Als er die beiden Brüder Rāma und Lakshmana auf den Boden hingestreckt sah, da fesselte sie der Sohn Rāvanas in einem Netz seiner Pfeile, die er als Gunstgeschenke erhalten hatte. Und von Indrajit mittels dieses Pfeilnetzes auf das Schlachtfeld gebannt, glichen diese heldenmüthigen Tiger unter den Männern einem Paar Habichte in einen Käfig gesperrt. Und beschauend diese Helden hingestreckt auf den Boden und von Hunderten von Pfeilen durchbohrt, standen Sugrīva mit all den Affen und umgaben sie ihn von allen Seiten. Und der König der Affen stand da, begleitet von Sushena und Mainda und Dvibida und Kumuda und Angada und Hanūmat und Nīla und Tāra und Nala. Und Bibhīshana, der glücklich auf einem andern Theil des Schlachtfeldes gekämpft, kam zu diesem Platze und weckte die Helden von ihrer Starrheit auf, sie belebend mit der Waffe, genannt Prajñā. Dann zog Sugrīva bald die Pfeile aus ihren Leibern. Und mittels der sehr wirksamen Heilpflanze Viçalyā, angewandt mit himmlischen Mantras (Sprüchen), erlangten diese menschlichen Helden bald wieder ihr Bewußtsein. Und nachdem die Pfeile aus ihren Leibern gezogen waren, erhoben sich diese mächtigen Krieger in einem

---

[1] The Mahābhārata, transl. into English Prose by *Protap Chandra Roy* Part XXII (Calcutta 1886), p. 351, note 2.

5. Das Râmâyana im Mahâbhârata und in den Purânas.

Augenblick aus ihrem liegenden Zustand, von Schmerzen und Mattigkeit völlig befreit."

Sicher beachtenswerth ist es, daß Sîtâ hier keine Feuerprobe durchzumachen hat, sondern bloß in einer Art Reinigungseid die vier Elemente anruft und dann auf das Zeugniß der Götter hin von Râma wieder in Gnaden aufgenommen wird.

Wir müssen hier der sogen. Purânas erwähnen, der „alten Schriften", wie das Wort besagt, einer Anzahl von versificirten Religionsschriften, die im ganzen etwa 1 600 000 Verse enthalten, ein noch viel schrecklicheres Labyrinth als das Mahâbhârata. In der Form, wie sie uns vorliegen, scheinen sie zwar erst in der Zeit vom 8.—16. Jahrhundert abgefaßt zu sein; aber die Sagen, welche sie behandeln, reichen in eine viel höhere Zeit hinauf und berühren sich vielfach mit jenen des Râmâyana und des Mahâbhârata [1]. Sie bilden deshalb ein Zwischenglied zwischen diesen Dichtungen und der spätern Literatur.

Wie die zwei Epen die indische Heldensage umfassen, so behandeln die Purânas die Schicksale und Thaten der brâhmanischen Götter, die Entstehung des Weltalls, dessen Untergänge und Wiedergeburten, die Abstammung und Herabkünfte der verschiedenen Gottheiten, ihre Liebesabenteuer und Heldenthaten, den Ursprung der Menschheit und die verschiedenen Welt- und Menschheitsalter, die Anfänge des menschlichen Königthums und die ältesten Königsgenealogien der Sonnen- und der Monddynastie. Ovids Metamorphosen und die Sagen des griechischen Olymps sind ein Kinderspiel gegen das Chaos der seltsamsten Phantasien, mit denen der träumerische Geist der Inder die Götter der Veden umsponnen, ihre Zahl ins Unendliche vermehrt und ihre Schicksale ins Unglaubliche und Unmögliche umgestaltet hat.

Es gibt 18 solcher Purânas [2]. Nur eines, das Brahmâ-Purâna, ist diesem mehr abstracten Gott gewidmet. Es ist eines der spätern. Dann gibt es ein Vâyu-Purâna (das ursprünglich 48 000 Verse zählte), ein Mârkandeya-Purâna, ein Agni-Purâna, ein Bhavishya-Purâna, ein Brahmâvaivarta-Purâna, ein Linga-Purâna (hauptsächlich dem Gotte Çiva ge-

---

[1] Höchst übertriebene Ansichten über den Werth der Purânas äußerte auf dem achten Orientalistencongreß (Stockholm) Maninal S. Dvivedi (Actes du VIIIᵉ Congrès Intern. des Oriental. tenu en 1889 à Stockholm II [Leide 1892] 201—216).

[2] Alberuni (ed. Sachau I, 130. 131) gibt zwei voneinander abweichende Listen derselben: die erste nach männlicher Mittheilung von Indern, die andere dem Vishnu-Purâna entnommen; zehn Titel stimmen aber völlig.

widmet), ein Skanda-Purâna, ein Brâhmana-Purâna. Schon in diesen findet Vishnu vielfache Erwähnung; in den übrigen ist er die Hauptperson, besonders natürlich in jenem, das ausdrücklich seinen Namen trägt: in dem Vishnu-Purâna, welches vielleicht das berühmteste von allen war. Das Varâha-Purâna behandelt seine Herabkunft als Eber, das Kûrma-Purâna seine Herabkunft als Schildkröte, das Matsya-Purâna seine Herabkunft als Fisch, das Vâmana-Purâna seine Herabkunft als Zwerg. Das Garuda-Purâna ist seinem Reitthier, dem Vogel Garuda, gewidmet. Auch das Padma-Purâna, das Nâraba-Purâna und das Çri-Bhâgavata-Purâna laufen hauptsächlich auf Vishnu-Verehrung hinaus.

Dabei tritt mehr die Herabkunft Vishnus als Krishna hervor wie im Mahâbhârata. Doch gibt das Agni-Purâna in sieben Kapiteln einen kurzen Abriß des gesamten Râmâyana, das siebente Buch mit eingeschlossen[1]. Auch Padma-Purâna (das Purâna vom goldenen Lotus) und Skanda-Purâna beschäftigen sich mit Râmas Geschichte. Das Vishnu-Purâna faßt dieselbe (4. Buch, 4. Kap.) folgendermaßen zusammen:

Der Sohn Khatvângas war Dîrghabâhu, sein Sohn war Raghu, sein Sohn war Aja, sein Sohn war Daçaratha. Der Gott des Lotus, aus dem der Lotus hervorging, vervierfachte sich zum Schutze der Welt in den vier Söhnen des Daçaratha, welche Râma, Lakshmana, Bharata und Çatrughna hießen.

Râma begleitete noch als Knabe Viçvâmitra, um dessen Opfer zu beschützen, und tödtete Tâbakâ. Er tödtete hernach Mârîca, ihn mit seinen unwiderstehlichen Pfeilen durchbohrend; Subâhu und andere fielen unter seinen Streichen. Er entsühnte Ahalyâ von ihren Sünden, indem er bloß den Blick auf sie richtete. In dem Palaste Janakas brach er mit Leichtigkeit den Bogen Çivas, und er empfing als Preis seiner Heldenthaten die Hand Sîtâs, der Königstochter. Er demüthigte den Stolz des Paraçurâma, welcher mit seinen Triumphen über das Geschlecht der Haihayas prahlte, und mit dem Gemetzel, das er wiederholt unter dem Stamme der Kshatriyas angerichtet. Unterwürfig gegen das Gebot seines Vaters und ohne Klage um den Verlust seiner Königswürde, zog er in den Wald, begleitet von seinem Bruder Lakshmana und seiner Gattin; er bekämpfte und tödtete Virâbha, Kharabûshana und andere Râkshasa, den Riesen Kabandha, der keinen Kopf hatte, und den Affenkönig Bâli (Bâlin). Nachdem er eine Brücke über das Meer gebaut, vernichtete er das ganze Volk der Râkshasa, eroberte wieder seine Braut Sîtâ, die Râvana, der zehnköpfige König der Râkshasa, entführt hatte, und kehrte mit ihr nach Ayobhyâ zurück, nachdem sie durch die Feuerprobe von der Makel befreit war, welche sie sich durch ihre Gefangenschaft zugezogen, und nachdem sie durch die versammelten Götter geehrt worden, welche von ihrer Tugend Zeugniß ablegten.

Bharata eroberte das Land der Gandharven, nachdem er ihrer eine große Zahl vernichtet hatte, und Çatrughna tödtete den Lavana, das Haupt der Râkshasa, und nahm dann Besitz von dessen Hauptstadt Mathurâ.

---

[1] A. Weber, Ueber das Râmây. S. 53 ff. *Monier Williams*, Indian Wisdom p. 367—370.

5. Das Râmâyana im Mahâbhârata (Râmopâkhyâna) u. in den Purânas.

Nachdem sie so durch ihre unvergleichliche Tapferkeit und durch ihre Macht die ganze Welt den bösen Geistern entrissen hatten, stiegen Râma, Lakshmana, Bharata und Çatrughna wieder zum Himmel auf, und es folgten ihnen die Bewohner von Kosalâ, welche sich mit Eifer diesen verkörperten Theilen des allerhöchsten Vishnu gewidmet hatten [1].

Das Padma-Purâna beschäftigt sich einläßlicher mit Râma und dessen Thaten. Mehrere Kapitel handeln von dem Pferdeopfer Râmas, bei welchem sich herausstellt, daß das vermeintliche Pferd ein Brâhmane ist, der durch einen Fluch des Einsiedlers Durvâsa in diese Gestalt verwandelt worden ist. Das Zusammentreffen mit Râma löst den Fluch, und der Langgeprüfte steigt als Lichtgeist in den Himmel empor. Das sind indes Erfindungen, die erst einer spätern Zeit angehören, und verschiedene Einzelheiten weisen darauf hin, daß der Verfasser des Purâna schon den Raghuvamça des Kâlidâsa gekannt hat.

Eine völlig mystische Bearbeitung erfährt die Râma-Sage in dem Brahmânda-Purâna, welches unter ihren verschiedenartigen Bestandtheilen ein Râmâyana-mahâtmya und ein Adhyâtma-Râmâyana enthält. Zwei Kapitel darin gelten für ganz besonders heilig: 1. Râma-Hridaya, worin Râmas (göttliche) Natur erklärt wird, und 2. Râma-Gîtâ, eine quietistische Aufforderung, alle äußern Werke aufzugeben, um nur Râma zu betrachten und sich so mit dem höchsten Wesen zu vereinen.

---

[1] *Pauthier et Brunet*, Les Livres Sacrés II (Paris 1858), 320.

6. Die Râma-Sage als buddhistische Erzählung.
(Daśaratha-Jâtaka.)

Manche Züge des Râmâyana lassen deutlich erkennen, wie natürlich sich aus dem brâhmanischen System heraus der Buddhismus entwickelte. Könige, Königssöhne, Fürsten, Räthe und hohe Frauen verlassen den Glanz der Welt, um in der Abgeschiedenheit des Waldes bald einsam bald in Gemeinschaft mit mehreren zu büßen und frommer Beschauung zu leben. Dabei waltet einerseits ein speculativer, mystischer Zug, das Göttliche mehr und mehr im eigenen Innern zu suchen und in der Vereinigung mit ihm Freude und Genüge zu finden; andererseits eine gewisse pessimistische Richtung, die in allem Aeußern, Sinnfälligen nur Schein, Trug, Enttäuschung, ein stetes Hinderniß des innern und höhern Lebens findet. Der Auszug Râmas selbst hat eine gewisse Verwandtschaft mit der Flucht des Königssohnes Siddhârtha aus Kapilavastu, der, von der Nichtigkeit alles Irdischen durchdrungen, Thron und Reich im Stiche läßt, um künftig als Bettler zu leben und durch beschauliche Ascese Lust und Schmerz für immer zu bändigen. Wie nahe lag es da, auch noch die Veden, die zahllosen Gebräuche, das vielverschlungene Ceremoniell, die bunten, von menschlicher Leidenschaft durchwehten Götterfabeln, Indras Himmel und Brahmâs Himmel und die ganze Phantasiewelt der Epen aufzugeben und ausschließlich in beschaulicher Mystik die Lösung aller Räthsel und die Befreiung von aller Erdennoth zu suchen?[1] Das hat denn auch der Çakya-Sohn Siddhârtha, bekannter als Gautama oder Buddha (der Erleuchtete), im 6., vielleicht erst im 5. oder 4. Jahrhundert v. Chr. gethan, und seine Lehre hat sich mit außerordentlicher Raschheit von den Abhängen des Himâlaya — aus der nächsten Nachbarschaft von Ayodhyâ — über einen großen Theil Indiens bis nach Ceylon hin verbreitet.

---

[1] Vgl. Herm. Oldenberg, Buddha (Berlin 1881) S. 63 ff. „Die spätere Zeit führt die Königsgeschlechter des östlichen Hindustan auf Ikshvâku zurück; auch das Geschlecht, dem Buddha angehörte, betrachtete sich bekanntlich als ein Ikshvâkuiden-Geschlecht." Ebend. S. 410.

6. Die Râma-Sage als buddhistische Erzählung.

Auf die Literatur konnte diese Lehre im allgemeinen nicht sehr günstig wirken. Sie zerschnitt alle lebendigen Fäden des Zusammenhangs mit der bisherigen Ueberlieferung, aus der die Poesie ihre Stoffe, Anschauungen und Bilder geschöpft[1]. Der Werth der Poesie selbst mußte in den Augen desjenigen sehr verblassen, der nur in quietistischer Beschaulichkeit das höchste Ziel des Lebens sah. War sie doch als Spiegelbild des irdischen Lebens noch eitler, noch trügerischer als das Leben selbst, das dem Buddhisten nur als Schein und Trug, Schmerz und Noth galt[2]. Als Ersatz für die zerstörte Götterwelt bot die neue Lehre nur abstracte Begriffe, Tugendlehren und das seltsame Wahngebilde der Seelenwanderung, die wieder auf eine falsche Vorstellung von Schuld, Buße und Läuterung zurückging und eine einfach schöne Naturbetrachtung völlig unmöglich machte. Wie an die Stelle des Opfers die Predigt trat, und zwar eine ewig spintisirende und moralisirende, sehr eintönige Predigt[3], so trat an die Stelle des religiösen Hymnus eine einförmige, ewig in „Nichts"-Gefühlen schwelgende Didaktik, an die Stelle des Epos das prosaische Predigtexempel, das sogen. Jâtaka.

Durch den letztern Literaturzweig sicherten sich die Buddhisten die Möglichkeit, alle Spruchweisheit, alle Gleichnisse, Parabeln, Thierfabeln, Märchen, Sagen und Mythen früherer Zeit für ihre Zwecke zu verwerthen, d. h. mit diesen ältern Producten der Volksphantasie das Volk anzulocken und dann ihre moralischen Unterweisungen daran zu knüpfen. Gemeiniglich wurden ein paar alte Verse als Thema genommen, und wenn nöthig, noch etwas im Sinne des Buddhismus zugestutzt. Diese Verse enthielten nach Art eines Motto die Hauptpointe irgend einer Fabel oder eines Histörchens. Dieses wurde aber nicht um seiner selbst willen erzählt, sondern um „Erleuchtung" daran zu knüpfen, und um diese ja zu sichern, mußte der Çakya-Muni von Kapilavastu selbst das Histörchen erzählt haben.

---

[1] Ueber die geistige Unfruchtbarkeit der buddhistischen Lehre überhaupt vgl. den Aufsatz „Der Buddhismus", Hist.-polit. Blätter CXIII (1894), 625—640. 719—729.

[2] Die Betheiligung an Spiel und Schauspiel war nicht nur den Bhikshus, sondern auch den in der Welt lebenden Buddhisten untersagt. Siehe Subhâdra Bickshu, Buddhistischer Katechismus (Braunschweig 1888) S. 88. *Léon Feer*, Professions interdites par le Bouddhisme. Actes du VIII⁰ Congrès Intern. des Oriental. tenu en 1889 à Stockholm II (Leide 1892), 66. 67.

[3] Von Buddhas Reden selbst sagt Oldenberg (a. a. O. S. 184): „Die Perioden dieser Reden in ihrem bewegungslosen, starren Einerlei, auf das kein Licht und kein Schatten fällt, sind ein getreues Abbild der Welt, wie sie dem Auge jener Mönchsgemeinde sich darstellte, der grauen Welt des Entstehens und Vergehens, die wie ein Uhrwerk in immer gleichem Gange sich abrollt und hinter der die unbewegten Abgründe des Nirvâna ruhen."

Alle diese Histörchen sind nach derselben Schablone gearbeitet. Alle fangen mit dem „Meister" oder dem „Erhabenen", Gautama Buddha, an, der das Geschichtchen erzählt, und mit dem Vihâra (dem buddhistischen Kloster), dem Städtchen oder Dorfe, wo er es vortrug. Dann folgen die Umstände, unter denen er es erzählte, um einen bestimmten Menschen aufzuklären oder eine bestimmte Tugend nach genau abgegrenztem Grade einzuprägen. Darauf kommt endlich die Geschichte, länger oder kürzer, mit dem Vers-Motto an passender Stelle — und anknüpfend daran die entsprechende Moral. In welcher Zeit das Histörchen immer spielen mag, vermöge der Seelenwanderung weiß der Buddha alles ganz haarklein; denn — das ist der regelmäßige Schluß — vermöge der Seelenwanderung hat er selbst in einer frühern Existenz eine Hauptrolle dabei gespielt und weiß ganz genau, als was für Menschen oder Thiere die damals Mithandelnden jetzt noch weiter existiren. Deshalb heißen diese frommen Histörchen Jâtakas, d. h. Geburts-geschichten, weil sie Züge aus frühern Geburten desselben Buddha ent-halten. Sie wurden später gesammelt und bilden ein eigenes Buch in den heiligen Schriften der Buddhisten.

Auf diese Weise ist auch das große Kunstepos der Inder, das Râmâ-yana, zum buddhistischen Jâtaka herabgesunken und hat sich als solches in Pâli-Sprache auf der Insel Ceylon wiedergefunden. Es spricht dies ebensosehr für die Volksthümlichkeit und weite Verbreitung, welche die Râma-Dichtung schon in früher Zeit gehabt haben muß, als für die un-günstige Einwirkung, welche der Buddhismus auf die gesamte indische Geistesbildung ausübte.

Das gewaltige Heldengedicht, das in seiner bunten Bilderpracht ganz Indien vom Himâlaya bis Ceylon, ja Erde, Hölle und Himmel umspannt, in seinem ergreifenden Lyrismus alle Accorde menschlichen Fühlens anschlägt, in seinem begeisterten Schwung die schönsten natürlichen Tugenden poetisch verherrlicht, schmort in dem „Dasaratha-Jâtaka" der Buddhisten zu einem barocken Moral-Exempelchen zusammen, um einem mit Recht trauernden Sohn die vielgefeierte buddhistische Schmerzlosigkeit einzurichtern. Die Geschichte ist nicht lang. Sie lautet folgendermaßen[1]:

„Kommt, Lakkhana und Sîtâ!" Das erzählte der Meister, während er in Jetavana lebte, mit Bezug auf einen Hauswirt, dessen Vater gestorben war. Denn als sein Vater gestorben war, wurde er von der Trauer überwältigt, ließ

---

[1] The Dasaratha Jâtaka, being the Buddhist Story of King Râma. The original Pâli Text with a Translation and Notes by *V. Fausböll.* Kopen-hagen, Hagerup (London, Trübner) 1871.

6. Die Râma-Sage als buddhistische Erzählung.

alle Arbeit fahren und ward ein Sklave seiner Trauer. Um die Zeit der Morgendämmerung überschaute der Meister die Welt, und da er das Glück des Hauswirts sah im Besitze der Früchte des Zustandes eines Sotâpanna[1], ging er des folgenden Tages in Sâvatthi herum, und nachdem er sein Mahl genommen, sandte er die Bhikkus[2] hinweg, nahm nur einen Samana[3] als Begleiter mit und ging zu dem Hause des Hauswirts. Mit milder Stimme näherte er sich diesem, der nach einer Verbeugung vor dem Meister sich niedergesetzt hatte, und sagte: „Trauerst du, o Upâsaka?"[4] Und als er die Antwort erhielt: „Ja, Herr, Trauer um meinen Vater drückt mich nieder," erwiderte er: „O Upâsaka! Die Weisen der Vorzeit kannten gründlich die acht Wirklichkeiten des Lebens, und wenn deshalb der Vater starb, trauerten sie nicht im mindesten," und von ihm aufgefordert, erzählte er ihm eine Geschichte:

In alten Zeiten lebte zu Bârânasi[5] ein großer König, Dasaratha mit Namen, der, nachdem er ein rucloses Leben aufgegeben, mit Gerechtigkeit regierte. Seine königliche Gemahlin, die Hauptfrau unter 16 000 Weibern, gebar ihm zwei Söhne und eine Tochter. Der ältere Sohn war der weise Râma mit Namen, der zweite der Prinz Lakkhana, die Tochter die Prinzessin Sîtâ mit Namen. Hernach starb die Königin. Als sie todt war, überließ sich der König lange Zeit der Macht der Trauer, ward aber endlich durch seine Minister zur Vernunft gebracht, und nachdem er die nöthigen Leichenceremonien vorgenommen, setzte er eine andere an die Stelle der Königin. Sie wurde dem König lieb und theuer. Nachdem sie hernach empfangen und die bei der Empfängniß üblichen Ceremonien vollbracht hatte, gebar sie einen Sohn. Man nannte ihn Prinz Bharata. Aus Liebe zu diesem Sohn sagte der König: „Meine Liebe, ich gewähre dir eine Gunst, nimm sie an." Sie nahm sie an, ließ sie aber unbestimmt bis zur Zeit, wo der Prinz ungefähr 7 oder 8 Jahre alt war, ging dann zum König und sagte: „Herr, eine Gunst ward durch dich meinem Sohne zugesagt; gewähre sie ihm nun." — „Nimm sie, meine Liebe." — „Herr, gib das Königreich meinem Sohne." Der König schlug mit seinen Fingern zornig nach ihr und tadelte sie: „Unglücklich Verworfene! Meine zwei Söhne strahlen wie Feuermassen, und du verlangst, ich solle das Königreich deinem Sohne geben, nachdem ich sie beide getödtet habe." Sie erschrak und begab sich in die innern Gemächer, aber an den folgenden Tagen kam sie immer und immer wieder und bat den König um das Königreich. Der König gewährte ihr jedoch diese Gunst nicht, sondern dachte: „Weiber sind, wie bekannt, undankbar und verrätherisch; diese da wird durch Schreiben von falschen Briefen oder mit Hilfe elender Bestechung meine Söhne dem Tode überliefern." Und so ließ er seine Söhne kommen, erzählte ihnen die Sache und sagte: „Wenn ihr hier bleibt, so mögen euch Schwierigkeiten erwachsen; geht deshalb in ein benachbartes Königreich oder in den Wald und kommet zurück zur Zeit meiner Leichenverbrennung und übernehmet das väterliche Königreich." Und nachdem er so gesprochen und wiederum die Astrologen berufen und sie über die Dauer seines Lebens befragt und vernommen, daß bis zu seinem Tode noch 12 Jahre vergehen würden, sagte er: „Meine Lieben, nach Ablauf von 12 Jahren kehret zurück und erhebet den (königlichen) Sonnenschirm." Sie sagten: „Gut!" verbeugten sich vor dem Vater und stiegen weinend aus dem Palast her-

---
[1] Einer, der auf der untersten Stufe der Erleuchtung steht.
[2] Bhikku: ein buddhistischer Mönch. [3] Ein Novize.
[4] Upâsaka: der Verehrer.
[5] Benares, wo Buddha „das Rad des Gesetzes" in Bewegung setzte.

nieder. Die Prinzeffin Sîtâ sagte: „Auch ich will mit meinen lieben Brüdern fort=
gehen," verbeugte fich vor ihrem Vater und ging von bannen. Diese drei zogen
aus, begleitet von einer Menge Volkes, und nachdem fie die Menge zurückgesandt,
zogen fie allmählich in den Himavant, bauten eine Einfiedelei in einer waffer-
reichen Gegend, wo verschiedene Arten von Früchten leicht zu haben waren, wohnten
da und lebten von Früchten. Der weise Lakkhana jedoch und Sîtâ sagten zu dem
weisen Râma: „Du vertrittst uns Vaterstelle; beshalb bleibe du in der Einfiedelei,
wir wollen dir Früchte bringen und dich ernähren," und so versprachen fie das.
Von dieser Zeit blieb der weise Râma da. Die andern brachten ihm Früchte und
behüteten ihn. Während fie da wohnten, von Früchten lebend, endete der große
König Dasaratha seine Tage aus Trauer um seine Kinder im neunten Jahre (nach
ihrem Abschied). Nachdem die Königin die Leichengebräuche über ihn vollzogen
hatte, sprach fie: „Erhebet den Sonnenschirm für meinen Sohn, Prinz Bharata."
Aber die Räthe sagten: „Die Herren des Sonnenschirmes leben im Walde," und so
erlaubten fie es nicht. Der Prinz Bharata (sagte bei fich): „Ich will meinen
Bruder, den weisen Râma, aus dem Walde holen und (für ihn) den Sonnenschirm
erheben." Er nahm die fünf königlichen Abzeichen, erreichte mit einem vierfachen
Heere seine Wohnstätte, und nachdem er das Heer in kurzer Entfernung hatte lagern
laffen, trat er mit wenigen Begleitern in die Einfieblerhütte zu einer Zeit, als
eben der weise Lakkhana und Sîtâ in den Wald gegangen waren. Nachdem er fich
dem weisen Râma genähert, welcher zufrieden und ohne Begier, gleich einer goldenen
Bildsäule am Eingang der Hütte saß, und nachdem er fich vor ihm verneigt und
bei Seite stehend ihm die Nachricht vom Tode des Königs gemeldet hatte, fiel er
ihm mit seinen Begleitern zu Füßen und weinte. Der weise Râma trauerte nicht
und weinte nicht, es war nicht die mindeste Erregung in seinen Sinnen. Während
Bharata so weinend stand, kamen die zwei andern um die Abendzeit zurück und
brachten verschiedene Arten von Früchten. Da dachte der weise Râma: „Diese find
jung, fie haben nicht den unterscheidenden Verstand wie ich; wenn fie plötzlich hören:
‚euer Vater ist todt', werden fie nicht fähig sein, den Schmerz zu tragen, ihr Herz
wird brechen; ich will fie irgendwie bewegen, hinabzugehen ins Waffer, und dann
will ich ihnen diese Nachricht mittheilen." Da zeigte er ihnen einen Teich gegenüber und sagte: „Endlich seid ihr gekommen; das soll eure Buße sein: geht hinab
ins Waffer und bleibt da," und gleichzeitig sprach er die halbe Strophe aus:

(1 a.) „Kommt, Lakkhana und Sîtâ,
Geht beide hinab ins Waffer."

Auf seinen bloßen Ruf gingen fie hinab und blieben; dann gab er ihnen diese
Nachricht, indem er die andere Halbstrophe aussprach:

(1 b.) „So spricht dieser Bharata:
Der König Dasaratha ist todt."

Vernehmend die Nachricht von des Vaters Tod, wurden fie ohnmächtig. Er sagte
fie ihnen wieder, und fie wurden wieder ohnmächtig. So wurden fie zum dritten-
mal ohnmächtig. Da hoben das Begleiter fie auf, brachten fie aus dem Waffer und
stärkten fie. Da saßen fie alle gegenseitig weinend und klagend. Da dachte Prinz
Bharata: „Mein Bruder, Prinz Lakkhana, und meine Schwester, Prinzessin Sîtâ,
da fie die Nachricht von ihres Vaters Tode hörten, find nicht fähig, ihren Schmerz
zurückzuhalten, aber der weise Râma trauert nicht und klagt nicht; was mag der
Grund sein, daß er nicht trauert? Ich will ihn fragen." Und indem er ihn fragte,
sprach er die zweite Strophe aus:

247

6. Die Râma-Sage als buddhistische Erzählung.

(2.) „Durch welche Geisteskraft, o Râma,
Betrauerst du nicht zu Betrauerndes?
Du hörest, daß dein Vater todt,
Und doch bewältigt Schmerz dich nicht."

Da sagte ihnen der weise Râma den Grund, weshalb er nicht trauerte:

3. „Um Dinge, die mit aller Trauer
Der Mensch sich nicht erhalten kann,
Warum sollte der weise Mann
Um ihretwillen sich betrüben?

4. Denn beide, der Jüngling und der Greis,
Die thöricht sind und die weise geartet,
Beide, der Reiche wie der Arme,
Alle wandern entgegen dem Tod.

5. Wie herangereifte Früchte
Immer drohen herniederzufallen,
So, die sterblich geboren sind,
Immer weilen am Rand des Todes.

6. Manche sieht man am Abend nicht mehr,
Ob man des Morgens auch viele schaute;
Manche sieht man am Morgen nicht mehr,
Ob man des Abends auch viele schaute.

7. Wenn durch sein klagendes Gestöhn
Der Thor, der nur sich selber schadet,
Irgend etwas dabei gewinnt,
Laßt den Weisen dasselbe thun.

8. Doch er wird nur mager und blaß,
Schädigend sein eigen Selbst;
Und dem Todten hilft es nichts,
Alles Trauern ist umsonst.

9. Gleichwie man ein brennend Haus
Löschet mit des Wassers Hilfe,
Treibt der denkende, berathne,
Wohlbesonnene, weise Mann
Rasch von sich den ersten Kummer,
Wie der Wind die Baumwollflocke.

10. Einsam zieht der Mensch von hannen,
Einsam tritt er in dies Leben;
Doch die Freude aller Wesen
Hat zum Ziel Verbrüderung.

11. Darum quälen auch die größten Schmerzen
Nicht des Weisen und Gelehrten Herz und Geist,
Der durchschauet diese Welt sowie die nächste
Und die heil'ge Satzung hat gelernt.

12. Ich indes will geben und mich freun
Und will meine Stellung behaupten;
Die übrigen will ich beschirmen:
Solches ist des Weisen Beruf."

Und so durch diese Strophen erhellte er die Ungewißheit der Dinge. Nachdem die Versammlung diese religiöse Rede des weisen Râma vernommen, welche die Ungewißheit aller Dinge erhellte, wurde sie vom Kummer befreit. Da verneigte sich Prinz Bharata vor dem weisen Râma und sagte: „Uebernimm das Königreich von Bârânasi." — „Mein Lieber, nimm Lakkhana und die Prinzessin Sîtâ und gehe und regiere das Königreich." — „Aber du, Herr?" — „Mein Lieber, mein Vater sagte zu mir: ‚Nach Verlauf von 12 Jahren komme und regiere'; wenn ich jetzt gehe, werde ich sein Wort nicht erfüllen; aber wenn ich noch drei Jahre länger hier geweilt habe, will ich kommen." — „Wer soll während dieser Zeit regieren?" — „Regiere du." — „Wir werden das nicht." — „Gut denn; bis zu meiner Rückkehr sollen diese Schuhe regieren." So sprechend zog er seine Bastschuhe aus und gab sie Bharata. Diese drei Personen nahmen die Schuhe, verbeugten sich vor dem weisen Râma und kamen nach Bârânasi, von einer großen Volksmenge umgeben. Drei Jahre regierten die Schuhe. Die Räthe stellten die Bastschuhe auf den königlichen Sitz und beriethen den Fall. Wenn sie schlecht beriethen, stießen die Schuhe aneinander. Durch dieses Zeichen gewarnt, beriethen sie von neuem. Wenn der Fall richtig berathen, blieben die Schuhe geräuschlos beisammen stehen. Der weise Râma kam am Ende der drei Jahre aus dem Walde zurück, erreichte die Stadt Bârânasi und trat in den Park. Als die Prinzen seine Ankunft erfahren, kamen sie, umgeben von den Räthen, zu dem Park, machten Sîtâ zur Königin und weihten beide. Nachdem sie so die Königsweihe erhalten, zog Mahasatta, auf einem geschmückten Wagen stehend, mit großem Gefolge in die Stadt ein, und nachdem er in das Obergeschoß des herrlichen Palastes Suçandaka emporgestiegen, regierte er von dieser Zeit an mit Gerechtigkeit während 16 000 Jahren und kam dann in den Himmel.

„Zehntausend Jahre und sechzighundert Jahre
Der schönhalsige und langarmige Râma regierte."

Diese Strophe von dem, der allgemeine Kenntniß besaß, beleuchtet die Sache. —

Nachdem der Meister diese Belehrung gegeben, faßte er die Erzählung so zusammen: Am Schluß der Auseinandersetzung der vier Wahrheiten blieb der Hausbesitzer im Besitze der Früchte eines Sotâpanna. — Zu dieser Zeit war der große König Dasaratha der große König Subbhobana, die Mutter (Râmas) war Mahâmâyâ, Sîtâ war die Mutter des Râhula, Bharata war Ânanda, Lakkhana war Sâriputta, die Versammlung war die Versammlung Buddhas und der weise Râma war ich selbst[1]. Das Dasaratha-Jâtaka.

Die Lehre und Secte der Jainas, in ihrem Ursprung und Wesen sehr mit dem Buddhismus verwandt, hat früher als eine Abzweigung desselben gegolten. Nach neuern Forschungen scheint sie aber älter als der Buddhismus zu sein, wenn auch ihre Religionsbücher erst etwa im 5. Jahrhundert nach Christus gesammelt wurden. Nicht in diesen eigentlichen heiligen Büchern der Jainas, wohl aber in einer sehr frühen Schrift

---

[1] Râhula: die frühere Gemahlin Buddhas; Subbhobana: sein Vater; Mahâmâyâ: seine Mutter; Ânanda: sein Vetter und Schüler; Sâriputta: ein junger, von ihm bekehrter Brâhmane und Lieblingsschüler. Vgl. hierüber E. Hardy, Der Buddhismus nach ältern Pâli-Werken (Münster i. W. 1890) S. 25—87.

90 6. Die Râma-Sage als buddhistische Erzählung.

derselben, dem Anuyoga Dvârasûtra, wird bereits des Râmâyana gedacht [1]. Aus viel späterer Zeit, dem 12. Jahrhundert, ist eine eigene Bearbeitung desselben vorhanden, verfaßt von dem Jaina-Mönch Hemacandra, einem sehr vielseitigen Gelehrten und Schriftsteller, doch nicht als eigenes Werk, sondern nur als Abschnitt (Parva) einer umfangreichen Dichtung [2]. Es ist insofern sehr merkwürdig, als es zeigt, wie das Râmâyana ohne Unterschied der religiösen Bekenntnisse und Anschauungen das gesamte indische Volksleben durchdrang.

---

[1] A. Weber, Ueber das Râmâyana (Berlin 1870) S. 34. Vorlesungen (2. Aufl.) S. 316.

[2] *Hemacandra*, Jaina Râmâyanam (Parvan Trishashtiçalâka-purusha-caritam, ed. *Jagannathaçukla*). Calcutta 1876.

7. Das Râmalied der klaſſiſchen Blüthenperiode.
(Kâlidâsas Raghuvamça.)

Der Buddhismus verdrängte den Brâhmanismus nicht. Etwas über ein Jahrtauſend lebten die beiden Religionsſyſteme nebeneinander weiter, im ganzen friedlich, ohne großen Kampf und Verfolgung, wie zwei feindliche Brüder, die einander herzlich haßten „und doch einander näherſtanden als ſonſt jemand"[1], bis innerer Zwieſpalt und Hader die meiſten Buddhiſtengemeinden auflöſte und äußere Ereigniſſe ihre Ueberreſte nach Nordindien und Ceylon zurückdrängten. In dieſer langen Zeit, welche man das indiſche Mittelalter zu nennen beliebt hat, laufen denn auch zwei Literaturen nebeneinander, die buddhiſtiſche und die brâhmaniſche.

Die buddhiſtiſche Literatur hat einen weſentlich auf religiöſe Erbauung gerichteten Charakter, wenn auch weltliches Wiſſen im Verlaufe der Zeit nicht ausgeſchloſſen blieb und manches von den brâhmaniſchen Nachbarn herübergenommen wurde. Ihren Grundſtock bildeten bei den Buddhiſten von Ceylon die in Pâli-Sprache abgefaßten heiligen Schriften: Tripitaka. Die erſte, Vinaya-Pitaka, umfaßte die Disciplinar- und Ritualvorſchriften der kloſterartigen Gemeinden; die zweite, Sutta-Pitaka, längere und kürzere Erbauungsreden, meiſtens dem „Meiſter", d. h. Buddha, zugeſchrieben; die dritte, Abhidamma-Pitaka, eine Sammlung philoſophiſcher Tractate, welche die in Ritus und Reden enthaltene Lehre tiefer entwickelten. An dieſe reihen ſich die Chroniken Dipavamça und Mahâvamça und einige ſinghaleſiſche Schriften. Die heiligen Bücher der nördlichen Buddhiſten weichen in vielem von jenen der ſüdlichen ab. Die Disciplinarbücher (Vinaya) fehlen und werden durch eine Menge erbaulicher Legenden (Avadâna) erſetzt. Reichlicher iſt dagegen die Philoſophie bedacht, u. a. mit einem Abriß der Metaphyſik in 8000 Artikeln. Erzeugniſſe von poetiſchem Werth enthält dieſe ganze Literatur des buddhiſtiſchen Nordens und Südens ſehr

---

[1] So urtheilt der Mohammedaner Alberuni (India I [ed. Sachau], 21).

wenige[1]. Das Dhammapada (der Weg des Gesetzes), eine Sammlung von 423 Sprüchen, in 26 Abschnitte getheilt, ist wahrscheinlich aus vorbuddhistischen Schriften herübergenommen. Die Jātakas sind ebenfalls, soweit sie poetischen Gehalt haben, meistens aus früherer Ueberlieferung entlehnt.

Auch in der brâhmanischen Literatur nahmen Religion und Philosophie einen breiten Raum ein; allein daneben kamen Grammatik, Poetik, Rhetorik, Mathematik, Astronomie und Astrologie, Recht und Poesie zu reichlichster Entfaltung. An den Höfen der Könige gelangten die Dichter zu Gunst und Ehren. Sprüche und Erzählungen wurden in kleinern und größern Sammlungen vereint. Eine üppige Lyrik sproßte empor. Die alten Sagen erneuerten sich in einer ganzen Schar kunstmäßiger Epen. Es bildete sich ein regelrechtes Theater heran, und Bühnenstücke der verschiedensten Art wurden geschrieben und aufgeführt. „Die Inder", sagt der mohammedanische Astronom Alberuni[2] (am Beginn des 11. Jahrhunderts), „haben eine fast unabsehbare Literatur. Ich konnte sie indes mit meinem Wissen nicht umspannen." An Umfang scheint dieselbe wirklich die hellenische und römische zusammen überragt zu haben.

Die Entwicklung derselben läßt sich leider auch heute noch nicht genau verfolgen; denn über die Zeit der meisten Werke und Dichter herrscht noch immer große Ungewißheit. Pânini, der berühmteste Grammatiker, wird von angesehenen Forschern in die Zeit Alexanders d. Gr. versetzt, von andern noch um Jahrhunderte weiter zurück, wieder von andern erst in nachchristliche Zeit. Das Gesetzbuch des Manu, das einst für eines der ältesten Werke galt, wird jetzt dem 4. oder 6. Jahrhundert nach Christus zugeschrieben. Barâhamihira, der bedeutendste Astronom der Inder, soll nach angestellten Berechnungen im 6. Jahrhundert nach Christus gelebt haben, der Dichter Kâlidâsa in derselben Zeit, der Spruchdichter Bhartrihari im 7., der Dramatiker Bhavabhûti im 8. Jahrhundert. Alle annähernden Berechnungen und Vermuthungen weisen indes gemeinschaftlich darauf hin, daß die eigentliche Blüthe der klassischen Sanskritpoesie zwischen das 5. und 8. Jahrhundert n. Chr. fällt, und da eine solche Blüthe sich nicht

---

[1] „Der Buddhismus kann keine nennenswerthe Bedeutung weder in der Poesie noch in der Wissenschaft in Anspruch nehmen." *Barth*, The Religions of India (London 1882) p. 136. „Alle müssen die Thatsache anerkennen, daß der Buddhismus nachweislich auf die Dauer weder die arischen noch die dravidischen Inder hat befriedigen können." H. Kern, Der Buddhismus und seine Geschichte in Indien, übers. von H. Jacobi, II (Leipzig 1884), 550.

[2] Alberuni's India I (ed. Sachau), 159.

unvorbereitet zu entfalten pflegt, so mögen den uns bekannten Dichtern manche jetzt verschollene vorangegangen sein.

Der lebendige Wurzelstock, an dem die Poesie seit der ältern Zeit her weiterblühte, waren unzweifelhaft die zwei großen Epen und die in ihnen enthaltene Sagenwelt. Fast alle bedeutenden Dichter holten da ihre Stoffe, oder wenn sie sich neue wählten, weisen Ideen, Charakterzüge, Anklänge der verschiedensten Art auf dieselben zurück. So wird z. B. gleich im Anfang des Dramas Mricchakatikâ der rohe Prinz Sansthânaka damit lächerlich gemacht, daß er sich gelehrt stellen will und dabei beständig die Helden und Heldinnen des Râmâyana mit jenen des Mahâbhârata verwechselt[1].

Kâlidâsa, der in Europa am meisten bekannte Dichter Indiens, hat zwei seiner Dramen aus dem Mahâbhârata geschöpft: Çakuntalâ und Vikramorvaçî, wenn auch die letztere Sage noch weiter zurück auf den Rigveda weist[2]. In seinem großen lyrischen Gedichte „Der Wolkenbote" (Meghadûta) zieht sich der von seinem Herrn verbannte Yaksha auf den Râma-Berg zurück, in dieselbe Waldeinsiedelei, wo einst Râma, Sîtâ und Lakshmana als Einsiedler weilten, und sendet von da die Wolke als Boten an die ferne weilende Geliebte aus. Sein anderes großes lyrisches Gedicht „Der Kreis der Jahreszeiten" (Ritusamhâra) erinnert uns mit seinen prachtvollen Naturschilderungen an die herrlichen Bilder, welche schon das Râmâyana von Sommer, Winter und Herbst entwirft. Zum eigentlichen Râma-Dichter und Genossen Vâlmîkis ward Kâlidâsa in seinem „Geschlecht der Raghuiden", Raghuvamça[3], einem der schönsten spätern Kunstepen der Inder.

Kâlidâsa nahm die Râma-Sage nicht abgetrennt für sich, sondern verband sie mit den übrigen Sagen, welche sich auf das Geschlecht der Sonnenkönige von Ayodhyâ, der Raghuiden oder Ikshvâkuiden, beziehen[4]. Acht der-

---

[1] Vgl. den Aufsatz „Die dramatische Kunst der Inder". Stimmen aus Maria-Laach XLIII (1892), 421—435.

[2] Rigveda X, 95. Vgl. Max Müller, Essays II (Leipzig 1869), 88 ff. 90 ff. 101 ff.

[3] Sanskrit-Ausgaben: Calcutta 1832. 1880. 1884; Bombay 1869—1874 (von Shankar P. Pandit), 1880. 1886. 1891. — Sanskrit-Text mit latein. Uebersetzung von A. F. Stenzler. London 1832. — Raghuvança. In deutscher Nachbildung von Adolf Friedr. Graf v. Schack. Stuttgart 1890. Vgl. Silvio Trovanelli, Ramayana poema di Valmiki. Raghu-Vança poema di Kalidasa. Saggi Critici (Bologna, Zanichetti, 1884) p. 243—380.

[4] Die Königsreihe weicht aber völlig von derjenigen ab, welche Vasishtha im Râmâyana (I, 70) dem König Janaka vorführt; nur einige wenige Namen finden sich in beiden.

selben: Dilîpa, Raghu, Aja, Daçaratha, Râma, Kuça, Athiti und Agnibarna, werden in eigenen Gesängen verherrlicht; 19 andere dagegen sind in einen Gesang (XVIII) zusammengebrängt und erhalten mit Ausnahme des letzten, Sudarsana, je nur eine Strophe. Durch diese Aneinanderreihung erhält die Dichtung etwas Chronikartiges. Allein auch jene kürzern Lobsprüche sind wirklich poetisch gefaßt. In den übrigen Gesängen ist meist ein Hauptereigniß treffend hervorgehoben, um welches die übrigen Thatsachen sich gefällig gruppiren, und die einzelnen Stücke, überaus fein und kunstvoll ausgeführt, schließen sich um Râmas Gestalt zum einheitlichen Balladenkranz. Wie in seinen andern Dichtungen nähert sich Kâlidâsa auch hier mehr als andere indische Dichter dem abendländischen Geschmack; doch zeigt er sich stellenweise auch als echten Inder[1].

Manu, der erste Stammherr des Königshauses, ist nur mit einem Doppelvers bedacht. „Er ist der Erste, wie das mystische Wort Om an der Spitze aller heiligen Verse steht." Sein Sohn Dilîpa dagegen erhält zwei Gesänge. Persönlich eine tadellose Heldengestalt, regiert er genau nach den Satzungen Manus. Das Reich blüht. Das Volk ist glücklich. Raub und Diebstahl sind nur dem Namen nach bekannt. Nur eines fehlt zum allgemeinen Glücke: ein Kronprinz. Deshalb zieht König Dilîpa mit seiner ersten Gemahlin Sudakshinâ in den Wald, zu dem Einsiedler Vasishtha. Da stellt sich denn die Ursache der Kinderlosigkeit heraus. Der König war einmal auf der Rückkehr von einem Besuche bei Indra der heiligen Kuh Surabhi begegnet und hatte ihr aus Eilfertigkeit und Nachlässigkeit die gebührende Verehrung nicht erwiesen. Dafür traf ihn der Fluch der Kuh: „Weil du mich verachtest, deshalb wirst du keine Nachkommenschaft haben, bis du meiner Nachkommenschaft Verehrung erwiesen." Die Schuld gut zu machen, bietet sich alsbald Gelegenheit; denn aus dem Dickicht schlüpft die herrliche Kuh Nandini, eine Tochter der Surabhi. König und Königin widmen sich ganz dem Dienste der Kuh, mit einer religiösen Hingebung, welche die kindlichste Idololatrie in sich schließt. Als ein schrecklicher Löwe die Kuh bedroht, greift Dilîpa alsbald zu den Waffen, und als der Löwe sich für einen Diener Çivas ausgibt, erklärt der König sich bereit, sein eigenes Leben für dasjenige der Kuh in die Schanze zu schlagen. Der Löwe ist aber ein bloßer Spuk, um den König zu prüfen, und da dieser

---

[1] Gerade diese sehr charakteristischen Stellen, darunter Gesang II, X, XIII, XVIII, hat Graf Schack in seiner sonst formgewandten Nachbildung weggelassen, weshalb man von dem Ganzen keine völlig zutreffende Vorstellung erhält.

Die Prüfung bestanden, wird er von der himmlischen Kuh mit der reichsten Erfüllung seiner Wünsche bedacht. Das sind die ersten zwei Gesänge, von dem Dichter der Çakuntalâ mit ebensoviel Andacht und künstlerischer Feinheit ausgeführt wie das berühmte Drama selbst.

Die zwei nächsten Gesänge (III, IV) sind Raghu gewidmet, dem Prinzen, den Dilîpa durch Dazwischenkunft der Kuh Nandinî erlangt und nach dem das ganze Gedicht seinen Namen trägt; Geburt, Kindheit, Jugend sind kurz skizzirt. Kaum den Knabenjahren entwachsen, erhält Raghu die Königsweihe. Da Gott Indra die Opferfeier seines Vaters stört und ihm das Opferpferd entführt, nimmt er muthig den Kampf mit dem gewaltigen Gott auf, widersteht dessen unbesieglichen Waffen und erobert das Pferd zurück. Nachdem er erst selbst zur Regierung gelangt, beginnt ein goldenes Zeitalter. Die Göttin Lakshmî webt ihm den Königsschirm, die Göttin Sarasvatî feiert sein Lob. Die Elemente, die Gestirne, die Jahreszeiten, das Meer, die ganze Natur jauchzt ihm zu. Mit einem ungeheuren Heere zieht er aus und unterwirft sich ganz Indien, von den Gipfeln des Himavant bis zu den Bergen des Südens Malaya und Darbura, und setzt das große Opfer Visvajit ein, bei dem er alle seine Reichthümer an die Brâhmanen vertheilte.

Raghu lebt noch weiter bis in den VIII. Gesang hinein, doch die Dichtung wendet sich (Ges. V bis VIII) seinem Sohne Aja zu. Ajas Werbung um die schöne Prinzessin Indumatî, die Königstochter von Vidharba, seine glänzende Hochzeit, der frühe seltsame Tod der Neuvermählten, Ajas Trauer um sie und sein eigener vorzeitiger Tod aus Sehnsucht nach der ihm Entrissenen zeichnen in hochpoetischen Zügen der irdischen Liebe Lust und Leid.

Mit dem IX. Gesang geht Kâlidâsa zu dem eigentlichen Stoff des Râmâyana über. Durch glänzende Waffenthaten macht sich Daçaratha, des Aja Sohn, zum Beherrscher der Erde; dann verbringt er seine übrigen Tage in üppigem Genuß. Indem er aber in wildreichem Wald seiner Jagdlust fröhnt, tödtet er durch einen unglücklichen Schuß den einzigen Sohn eines greisen Einsiedlers und ladet mit dieser Schuld das traurige Los auf sich, selbst seines Sohnes beraubt, vereinsamt und trostlos zu sterben.

Der folgende (X.) Gesang erzählt die Herabkunft Vishnus auf Bitte der Götter bei dem Opfer Daçarathas. Wahrhaftig großartig, wenn auch pantheistisch gedacht, ist die Anrufung, welche die gegen Râvana Hilfe suchenden Götter an Vishnu richten:

7. Das Râmalied der klassischen Blüthenperiode.

Sei gegrüßt, des Weltalls hehrer Schöpfer,
Nährer und Zerstörer, Dreigetheilter!
Gleich des Himmels Wasser, in den Höhen
Nicht verschieden, hier verschieden schmeckend,
Zeigst unwandelbar du dich im Wechsel
Immer neuer, wandelnder Gestalten;
Unermeßlich, doch die Welten messend,
Ohne Gier, und doch Begierde spendend,
Unbesiegter Sieger, des Verschiednen
Ungeschiedner Quell, selbst eingestaltig
Und dabei doch vieler Formen fähig,
Dem Kryftall gleich, das, selbst ohne Farbe,
Aller Farben Schönheit widerstrahlet.
Wie du wohnest in des Menschen Herzen,
Bleibst du fremd ihm doch, trägst kein Verlangen
Und übst Buße doch, bist ohne Leiden
Und mitleidig, alt und nimmer alternd
Alles weißt du, selber unerfaßlich,
Alles wirkst du, in dir selbst bestehend,
Alles lenkst du, keinem unterworfen,
Einer nur, gehüllt in alle Formen.
Sieben Hymnen preisen dich, auf sieben
Meereswogen schlummerst du, es gehen
Strahlend von dir aus die sieben Flammen,
Du, der sieben Welten einz'ge Stütze.
Der vierfache Lohn des höchsten Wissens,
Die vier Weltenalter, die vier Stämme
Menschlichen Geschlechts sind dir entsprungen,
Wie dir selbst vierfacher Mund beschieden.
Alle Pfade, die zum Heile führen,
Ob in Büchern vielfach auch geschieden,
Strömen endlich doch in dir zusammen,
Wie im Ocean der Gangâ Wogen [1].

Der XI. Gesang drängt den zweiten Theil des Bâla-Kânda in 93 Doppelverse. Noch mehr schmilzt die epische Breite des Râmâyana im XII. Gesange zusammen. Was die fünf Hauptbücher des großen Epos in weitläufigster Redeseligkeit zur Darstellung bringen, wird hier zu einem Miniaturbild von 104 Strophen. Es ist ein allerliebstes, feines Summarium, überaus geeignet, die größere Dichtung rasch daran zu recapituliren. Doch diese selbst wird dadurch selbstverständlich nicht ersetzt. Eine Scene jagt die andere in hastiger Flucht. Kein Einzelmotiv kann sich dabei vollständig entwickeln. Nur der Kampf um Lankâ gewinnt auch hier wieder, indem viele ähnliche Züge wegfallen und alles zu rascher Entscheidung drängt.

---

[1] Ges. X. Str. 16—28. 27. Diese und die folgenden Proben sind vom Verfasser selbst übersetzt.

Wie die Meisterschaft des Dichters sich hier darin zeigt, daß er aus der Fülle des gebotenen Stoffes gerade das Bedeutendste, Schönste und Wirksamste herausgreift und in oft fast epigrammatischer Kürze zusammenfaßt, so gönnt er sich im folgenden (XIII.) Gesang die Freiheit, ein paar Cantos des Râmâyana mit mehr Reichthum und Fülle zu behandeln. Er nimmt die Fiction der größern Dichtung auf, zufolge der Râma nach erfolgtem Sieg über Râvana mit Sîtâ den Zauberwagen Pushpaka besteigt und durch die Lüfte nach Ayodhyâ zurückkehrt, unterwegs alle Punkte berührend, wo er seit seiner Verbannung in den Wäldern geweilt, Sîtâ gesucht und den Kampf wider Lankâ vorbereitet. Die Erzählung ist dabei Râma in den Mund gelegt, welcher Sîtâ alles zeigt und schildert und ihr begeistert aufzählt, was er aus Liebe zu ihr gelitten. Diese Gelegenheit zur Naturschilderung, getragen von zart lyrischer Stimmung und eingeflochten in eine märchenhafte Fiction, ließ sich Kâlidâsa, der glänzende Naturbeschreiber und der feinfühlige Lyriker, nicht entgehen. Der Gesang beginnt mit folgender prächtigen Schilderung des Meeres.

> Râmas Namen führend, eilte Vishnu
> Auf dem Götterwagen durch des Schalles
> Luftige Regionen; da das Weltmeer
> Er erschaute, sprach er zu der Gattin:
> „Schau das Meer, das schäumende, Videhâ,
> Das mit meiner Brücke ich zertheilte
> Bis zum Berg Malaya, das im Herbste,
> Wie des Aethers glanzdurchflossne Pfade,
> Sanft und still die holden Sterne spiegelt.
> Hier einst gruben in der Erde Tiefen
> Einen Pfad sich unsres Stammes Ahnen,
> Als vom Opferplatz das Roß des Vaters
> Ward von Kapila entführt zur Hölle.
> Aus den feuchten Tiefen schöpft die Sonne
> Nahrung, quillt des Reichthums Segensfülle,
> Wächst des Feuers Kraft, die Wogen sengend,
> Steigt empor das schönste der Gestirne.
> Unermeßlich durch zehn Weltenräume
> Dringt sein Wesen, gleich dem Wesen Vishnus,
> Sich in mancherlei Gestalten hüllend,
> Nicht nach Maß noch Aussehn zu beschreiben.
> In ihm ruht die Gottheit, Brahmâs Liebling,
> Auf dem Lotus, seinem Leib entsprossen,
> Wenn am Schlusse eines Zeitenalters
> Er, in sich zurück die Welten ziehend,
> Selig schläft der ew'gen Andacht Schlummer.
> Zu ihm fliehn als ihres Rechts Beschützer
> Die von Indras Macht beraubten Berge,

7. Das Râmalied der klassischen Blüthenperiode.

Wie bedrängte Könige sich vereinen
Um ein mächtig Haupt in ihrer Mitte.
Riesig wird sein heller Spiegel wachsen
Einst am Weltenende; jetzt verlieh ihn
Kurze Zeit der höchste Gott der Erde,
Die er aus des Oceans Nacht gezogen,
Daß mit ihm ihr Angesicht sie schmücke. — —
Schau die Wale an den thierbelebten
Mündungen der Ströme, wie sie öffnen
Weit den Rachen und ihn schlürfend schließen
Und dann spielend aus den Nasenhöhlen
Mächt'ge Strahlen in die Lüfte schleudern.
Schau die Ungeheuer, aus der Tiefe steigend,
Elefanten gleich den Schaum zertheilend,
Der gleich Fliegenwedeln eine Weile
Zierlich um die Riesenhäupter fächelt.
Von den Wellen kaum zu unterscheiden
Sind die Schlangen, die am Meeresspiegel
Kühlung suchen; ihre Häupter blitzen
Diademen gleich im Sonnenstrahle.
An Korallen, roth wie deine Lippen,
Hängen Muscheln, plötzlich von den Wogen
Dran geschleudert, und nur mühsam können
Dem Geäst sie ihren Mund entringen.
Eine Wolke steigt zum Meere nieder
Wie zum Trinken, doch es faßt und wirbelt
Sie der Sturm dahin, als ob von neuem
Sich dem Meer ein Berg entringen wollte.
Schwarze Tâli- und Tamâla-Wälder
Ragen weithin an den Rand der Salzfluth,
Welche röthlich schimmert wie ein Streifen
Rost an einem Rad von dunklem Stahle.
Blüthenstaub von der Kataka-Blume
Weht der Wind vom Lande dir ins Antlitz,
O Holdsel'ge! Weiß er, wie ich möchte
Deinen Mund mit Blumenpurpur zieren?
Sieh! im Nu trägt uns der Götterwagen
Zum Gestade, wo die Pûga-Bäume
Stehn in langen Reihen, fruchtbeladen,
Und von Perlenzier die Buchten strahlen.
Zarte Braut, mit den Gazellenaugen
Blick zurück auf die durchmess'nen Räume.
Immer herrlicher dehnt sich das Festland
Waldbekränzt, der Ocean entschwindet.
Leichtbeschwingt wie meines Herzens Sehnen
Fliegt der Wagen bald der Götter Pfade,
Bald der Wolken und der Vögel Straßen." [1]

---
[1] Ges. XIII, 1—8. 10—19.

So geht die Reise weiter. Ein sanfter Wind umfächelt mit Wohlduft die geliebte Sîtâ. Blitze, die aus den Wolken niederzucken, erschrecken sie nicht; sie spielt mit den Wolken, und die Flamme erhöht ihren Liebreiz. Jetzt schauen sie den Dandaka-Wald mit den Basthütten der Einsiedler, die Stätten, wo Sîtâ ihren Ring fallen ließ, wo die geknickten Zweige den Weg andeuteten, auf dem Râvana sie entführte. Als Erinnerung gemildert erklingt noch einmal Râmas Klage um die Geraubte in den gefühlvollsten Versen, und die ganze Natur ist mit treffenden Bildern in seine Trauer hineingezogen. Dann gelangen die Luftfahrer zum Fluß Godâvari und zum See Pancavati, wo sie so lange gemeinsam als Einsiedler gelebt. Die Sage von den fünf Apsaras und dem Einsiedler Sutikshana ist in einigen Versen artig eingeflochten. Ueberhaupt wird manches aus dem Epos hier nachgeholt, was früher übergangen. Auch den Berg Citrakûta und den lieblichen Fluß Mandâkini treffen sie wieder und die anmuthige Einsamkeit der Büßerin Anasûyâ. Zum Zusammenfluß der Yamunâ und der Gangâ kommen sie und endlich zum Heimatstrom Sarayû und zur Stadt Ayodhyâ. Da zieht ihnen Bharata mit den Brâhmanen und Bürgern entgegen. Râma verläßt seinen Wagen, um die treuen Brüder zu umarmen. Ein glänzender Einzug wird vorbereitet. Auf Râmas Befehl erhalten die Affen menschliche Leiber und reiten auf gewaltigen Elefanten daher. Râma aber besteigt wieder den Zauberwagen, und so langen sie glücklich vor Ayodhyâ an.

Den Uttara-Kânda hat Kâlidâsa in zwei Gesänge zerlegt. Der erste (XIV.) erzählt den Einzug in die Königsstadt der Kosala, das kurze Glück des siegreichen Königspaares, dann die Verstoßung Sîtâs und ihre Aufnahme bei Bâlmîki. Die Feuerprobe Sîtâs ist übergangen, um so wirksamer ist aber ihrem häuslichen Glück das schmerzliche Opfer gegenübergestellt, das Râma der öffentlichen Meinung bringen zu müssen glaubt. Die Rede, in welcher er diesen Entschluß begründet, die Abschiedsrede Sîtâs an Lakshmana und die Trostrede Bâlmîkis an die Verstoßene sind voll des tiefsten Gefühls, der ganze Gesang von jenem träumerischen Lyrismus durchhaucht, welcher Çakuntalâ auszeichnet.

Nicht weniger reich an dramatischen Effecten wie ergreifender lyrischer Stimmung ist der XV. Gesang. Noch ist ein Rest der Râkshasa zu überwinden, der gewaltthätige Lavana. Lakshmana übernimmt die Aufgabe, welche ihn abermals mit Sîtâ zusammenführt. Diese gebiert im Walde die Zwillinge Kuça und Lava. Während Lakshmana die Dämonen völlig zurückschlägt, Râma einem gestorbenen Brâhmanensohn wunderbar das Leben wiedergibt, wachsen die beiden unter Bâlmîkis Leitung zu würdigen Söhnen

ihres Vaters heran. Ihr erstes Zusammentreffen mit dem Vater, ihr
Singen des Râmâyana vor dem ihnen noch unbekannten Vater, Vâlmîkis
Aufschlüsse über sie, Sîtâs Zurückberufung und ihre Aufnahme in den
Schoß der Erde — all das folgt hier weit kürzer, Schlag auf Schlag.
Es lösen sich rasch alle Fäden, die den Helden noch auf der Erde festhalten,
und nachdem er für die Söhne seiner Brüder gesorgt, naht ihm der Tod.

In Einsiedlertracht an Râmas Pforte
Pochte Yama nun, der Todtenherrscher,
Und gebot: „Entlasse alsbald jeden!
Keiner darf uns heimlich sehn beisammen."
Ihm versprach's der König. Drauf ließ jener
Seine Hülle fallen und erklärt ihm:
„Es ruft dich der höchste aller Götter,
In des Himmels Hallen einzugehen!"
Eh' noch Antwort möglich, stürzte plötzlich
Lakshmana vor sie, der an der Thüre
Wache hielt: er kannte das Verbot schon;
Doch ihm bangte vor Durvâsas Rache,
Der bei Râma rasch Gehör verlangte.
Nicht vergaß der Pflicht darob Lakshmana,
Zur Sarayû eilt' er, mit dem Leben
Seines Bruders Ehrenwort zu lösen.
Als ein Viertel seines Seins zum Himmel
Eingegangen, schwankt' der Raghuide:
Seine Kraft stand nur mehr auf drei Füßen.
In der Stadt Kuçâvati bestätigt'
Kuça er, zum Schrecken mächt'ger Feinde,
In Sarâvati den Lava, dessen Reden
Hold und mild zu Thränen manchen rührten.
Dann stieg er empor mit festem Willen
Und sein jüng'rer Bruder; vor ihm schwebte
Hoch das Opferfeuer; liebend folgte
Ganz Ayodhyâ — nur die Häuser blieben.
Auch die Affen und Râkshasa folgten
Wohlbesonnen seines Pfades Spuren,
Die der Bürger Thränen, groß wie der Kadamba
Blüthenkelche, ihnen kenntlich machten.
Durch ihn, der von seinem Himmelswagen
Huldvoll auf die Seinen niederblickte,
Ward der Fluß für jene, die ihm folgten,
Eine Leiter zu des Himmels Höhen.
Weil die Menge, die zum Flusse badend
Niederstieg, glich einem Schwarm von Kühen,
Heißt der heil'ge Ort noch Gopatara.
Als der Höchste seiner Gottheit Antheil
Und Gestalt von neuem angenommen,
Schuf den Seinen, die fortan unsterblich,

Er zum Wohnplatz einen neuen Himmel.
Und nachdem gesiegt der Götter Sache,
Der vielköpf'ge Dämon unterlegen,
Nahm Besitz vom eignen Leibe Vishnu,
Darin alle Welten glorreich thronen,
Und zwei Säulen setzt' er seinem Ruhme:
Lankâs Herrscher auf des Südens Inseln,
Und im fernen Norden Bâyus Sprößling.

Die noch folgenden vier Gesänge bilden eine ebenso poetische als bedeutsame Fortsetzung des Râmâyana. Der nächste (XVI.) bietet zwar nicht ein heroisches, sondern ein sehr üppiges Gemälde. In thörichtem Liebesspiel verliert Kuça das siegverbürgende Kleinod, das er von seinem göttlichen Vater ererbt, aber eine Tochter des Schlangenfürsten bringt es ihm wieder und wird ihm als Gemahlin angetraut. Ihr Sohn Atithi schlägt Râma nach und wird ein König, in welchem sich alle Regententugenden in schönster Fülle vereinigen (XVII). Ihm folgt eine lange Reihe großer und glücklicher Regenten (XVIII). Auch Agnivarna könnte ein solcher sein, aber er fällt den Weibern zur Beute; zügellose Wollust entehrt und entnervt ihn. Mit allem Reichthum orientalischer Phantasie ist das Bild seiner Ausschweifungen gezeichnet (XIX), doch verhehlt Kâlidâsa auch das Ende nicht:

In wollüst'gem Sinnentaumel schwelgend,
Sonst um nichts sich kümmernd, blieb der König
In der Jahreszeiten Wechsel immer
Sklave schnöder Lust. Zwar dem Berauschten
Waren fremde Fürsten nicht gewachsen,
Weil des Reiches Macht zu fest gewurzelt.
Doch wie Dakshas Fluch den Mond, verzehrte
Siechthum, aus der Wollust Gift entsprossen,
Rasch des Königs Mark. Der Aerzte spottend,
Folgt er seiner Gier; mit offnen Augen
Rennt er ins Verderben. Denn die Sinne,
Einmal lustbethört, entreißen schwer nur
Wieder sich den liebgeword'nen Fesseln.
Ausgemergelt und mit bleichen Wangen,
Ohne Schmuck, gestützt auf fremde Schulter,
Wankt er hin, und hohl klingt seine Stimme,
Leis und schwach, wie ein verliebtes Flüstern.
Mit ihm sank sein Stamm, dem Himmel ähnlich,
Wenn versiegt des Mondes letzter Schimmer,
Einem Teich, zur Pfütze ausgetrocknet,
Ein erlöschend Licht. „In diesen Tagen
Hält der König ab das große Opfer,
Um sich einen Erben zu erstehen!"
Also sprachen, Noth und Krankheit hehlend,
Seine Räthe vor den treuen Bürgern,

7. Das Rāmalied der klassischen Blüthenperiode.

> Denen bangte, daß durch ein Vergehen
> Abgewandt von ihm die Gunst des Himmels.
> Aber er, so vieler Weiber Gatte,
> Sah nicht mehr den Erben seines Thrones.
> Von ihm selbst gehegt, rafft hin die Krankheit,
> Wie der Wind ein flackernd Licht, sein Leben.
> Wieder tagen im Palast die Räthe
> Mit dem opferkundigsten Brahmanen,
> Und dem Volk Genesung noch verheißend,
> Bringen sie den Todten auf den Holzstoß.

So schließt Kâlidâsas Raghuvamça, wie er uns vorliegt. Es fehlt der sonst bei den indischen Dichtern übliche Segensspruch, und so ist die Vermuthung aufgetaucht, daß der eigentliche Schluß der Dichtung fehle, sei es daß der Dichter vor Vollendung derselben starb, oder daß die letzten Blätter des Werkes verloren gegangen[1]. Wie dem sein mag, der nun einmal vorhandene Schluß hat etwas Ernstes, Tragisches, das auch kein Auffinden der etwa fehlenden Strophen beseitigen wird.

In seinem „Wolkenboten" wie in seiner „Versammlung der Jahreszeiten" hat Kâlidâsa einer ziemlich freien Erotik gehuldigt. Seine Dramen, sein Epos Kumâra-Sambhava und auch der Raghuvamça sind stellenweis von weicher, wollüstiger Liebesstimmung durchtränkt. Wir sehen hier, daß sein Dichtergeist doch nicht ganz in diese verfänglichen Blumenfesseln verstrickt war, sondern wenigstens gelegentlich dieselben durchbrach, sich zu ernsterem Fluge erhob und selbst darüber Gericht hielt. In seinem Raghuvamça spiegelt sich gewissermaßen das Los des indischen Volkes, das mit all seinen reichen Anlagen, seinem scharfen Verstande, seiner lebhaften Phantasie, seinem tiefen Gemüthe, seinen edeln ethischen Vorstellungen von Frömmigkeit, Recht, Gehorsam, Buße, Selbstbeherrschung, Gattentreue, Sohnesliebe, ritterlicher Anhänglichkeit und kühnem Opfergeiste doch schließlich in Weichlichkeit, Ueppigkeit und Wollust verkam. Alle Idealbilder, welche sich in der Sage von Râma und den Raghu-Söhnen vereinigen, laufen schließlich in den Schwächling Agnivarna aus, einen elenden Sardanapal. Das erzählt uns nicht etwa ein später oder fremder, griesgrämiger Sittenrichter, sondern der lieblichste und feinsinnigste Dichter Indiens in der höchsten Blüthenperiode indischer Literatur, jener Kâlidâsa, den man mit Recht Virgil und Sophokles zur Seite reiht.

---

[1] Die Epen Kâlidâsas von Herm. Jacobi. Verhandlungen des V. Intern. Orientalisten-Congresses II, 2. Hälfte (Berlin, Weidmann, 1882), 133—156.

8. Das Râmalied als grammatisches Exempelbuch.
(Bhattikâvya.)

Die Veden, die heiligen Bücher der Inder, an sich vielfach dunkel und von der gewöhnlichen Redeweise abweichend, wurden noch dunkler dadurch, daß im Sanskrit zusammengehörige Wörter zu einem Worte verbunden werden, wobei dann aber die einzelnen Theile nach bestimmten phonetischen Regeln mit Rücksicht auf den Wohlklang Abänderungen erleiden. Lange begnügte man sich damit, die Erklärung des ursprünglichen Sinnes der mündlichen Ueberlieferung zu überlassen. Als diese indes schwankend zu werden drohte, suchte man die Erklärung für immer zu sichern und stellte deshalb einen Text her, in welchem die künstlichen Wortgefüge in ihre Theile aufgelöst und die einzelnen Worte für sich geschrieben wurden. Auch dieser Text, Padapâtha genannt (für den Rigveda dem Çâkalya, für den Sâmaveda dem Gârgya zugeschrieben), beseitigte aber nicht alle Dunkelheiten und Zweifel, und so entstand denn eine Sammlung von Glossen, Nighantavas betitelt, in fünf Büchern, welche näher auf einzelne Schwierigkeiten eingingen. In diesen wurden sowohl die vorkommenden Synonymen als auch die schwierigen Stellen und die Namen der Götter übersichtlich zusammengestellt. Zur Glosse durfte auch der Commentar nicht fehlen, zumal trotz aller getroffenen Veranstaltungen die Klage auftauchte, der Veda sei sinnlos, weil er unverständliche Worte enthalte. So schrieb denn (etwa im 5. Jahrh. v. Chr.) Yâska einen Commentar zu den Veden, Nirukta (Erklärung) genannt, welcher umfassend auf alle die grammatischen Schwierigkeiten des Textes einging. Diese Schwierigkeiten hingen nicht so sehr mit der Bedeutung der Wurzelwörter zusammen als mit der überaus mannigfaltigen Flexion, mit den Casus- und Verbalendungen, mit der Bedeutung der Suffixe, mit den Gesetzen der Wort- und Silbenverbindung, mit den allgemeinen Lautgesetzen überhaupt, und führten zu einer mikrologischen Analyse des gesamten Wort- und Formenstoffes, welche, je mehr sie in neuerer Zeit bekannt ward, desto mehr die Bewunderung der modernen Sprachforscher erregt hat.

8. Das Râmalied als grammatisches Exempelbuch.

Immer mehr aber wandte sich das Interesse von dem Inhalte der Form zu, die Sprachforschung löste sich als eigener Zweig von der vedischen Exegese ab, und die Inder erhielten eine ausgebreitete grammatische Literatur, die in manchen Punkten jene der Griechen überflügelte. Der berühmteste der indischen Grammatiker ist Pânini (nach Böhtlingk um 350 vor Christus, nach Goldstücker sogar vor Buddha, nach A. Weber erst um 140 nach Chr.). Mittelst einer Art von algebraischer Chiffreschrift brachte er die gesamte Grammatik in 3996 Formeln, die wegen ihrer räthselhaften Kürze wieder neue Commentare hervorriefen.

Bei dem großen Interesse, das die Inder der Grammatik schenkten, begreift es sich, wie ein Dichter und zugleich Grammatiker auf den Gedanken verfallen konnte, die Râma-Sage in einem neuen Gedichte zu behandeln, um daran methodisch der Reihe nach alle Regeln der Grammatik zu beleuchten. Dieses seltsame Product wurde 1828 mit den Erläuterungen zweier indischen Commentatoren, Jayamangala und Bharatamallika, in Calcutta veröffentlicht. Es führt den Titel Bhatti-Kâvya [1].

Als Dichter nennt H. T. Colebrooke Bhartrihari: „nicht, wie man nach dem Namen vermuthen könnte, der berühmte Bruder des Vikramâditya, sondern ein Grammatiker und Dichter, der ein Sohn des Çrî-Dhara-Svâmin war, wie uns einer seiner Scholiasten, Vidyâ-Vinôda, mittheilt". Jayamangala jedoch nennt den Dichter Bhatti, einen Sohn des Çrî-Svâmin, und in den Schlußstrophen des Gedichtes wird angegeben, daß er sein Werk in der von dem Fürsten Çrî-Dharasêna beherrschten Stadt Valabhi gedichtet habe. Ein Volk und Reich Valabhi erwähnt der chinesische Reisende Hiuen-Thsang um 630—640: es umfaßte die Halbinsel Kaccha sowie das Land nordöstlich von Bombay und Malvâ.

Das Gedicht schließt sich dem Stoff nach ganz an das Râmâyana an und erzählt in 22 Gesängen (mit 1521 Çlokas) die ganze Râma-Sage von der Geburt Râmas bis zu seiner Rückkehr nach Ayodhyâ. In den ersten Gesängen (bis zum XIII.) finden die allgemeinen Regeln der Grammatik sowie jene über Nomina, Adjectiva 2c. ihre Erklärung; vom XIV. Gesang an kommen die 10 Tempora und Modi des Sanskrit-Zeitwortes zur poetischen Verwendung, in den letzten 5 Gesängen endlich speciell Präsens, Potentialis, Imperativ, Conditionalis, Precativ und das erste Futurum. Der Dichter hat es aber nicht nur darauf abgesehen, die schwierigsten

---

[1] Fünf Gesänge des Bhatti-Kâvya, überf. von Dr. C. Schütz. Bielefeld, Velhagen u. Klafing, 1837. Some Account of Bhatti Kâvya, by P. *Anderdon.* Journ. R. A. S., Bombay Branch, III, 20—26.

Flexionsformen und die unregelmäßigsten Wörter und Wortbildungen praktisch zu exemplificiren, sondern auch zugleich die wichtigsten Arten des poetischen Schmuckes, die verschiedensten Vergleiche und Tropen zur Verwendung zu bringen.

Trotz dieser berechneten, fast pedantischen Künsteleien ist ein Werk entstanden, welches von den Indern selbst der klassischen Sanskrit-Literatur beigezählt wird. Die Formgewandtheit des Dichters hat theilweise über die Schwierigkeiten der Schablone triumphirt, und die Erzählung schreitet natürlicher, weniger überladen, fesselnder voran als in einigen andern Fassungen der Sage.

Als Probe möge hier die Stelle über Sîtâs Verstoßung und Rechtfertigung dienen. Nachdem Râma gesiegt, kommt Hanûmat zu Sîtâ, um ihr die freudige Botschaft zu bringen. Er will die Wächterinnen niedermachen, die sie in ihrer Gefangenschaft so lange gequält. Doch die mitleidige, gütige Sîtâ duldet das nicht: sie hätten nur den Willen ihres Herrn vollführt, und der sei ja bestraft. Ihr einziger Wunsch ist, Râma bald zu sehen. Sie befiehlt Hanûmat, das dem Râma zu melden, und Râma befiehlt, sie alsbald herzugeleiten, und in seinem Namen befiehlt dann Hanûmat ihr wiederum, sich zu schmücken und zum Wiedersehen vorzubereiten. So gibt sich von selbst Gelegenheit zu allen möglichen Imperativen, die sich der Grammatiker nicht entgehen läßt. Der Dichter aber weiß dieselben auch recht schön aneinanderzureihen, so daß man kaum darauf aufmerksam würde, wenn sie sich nicht allzusehr häuften und noch länger fortsetzten. Denn wie Sîtâ nun nach so langer Trennung vor dem geliebten Gatten erscheint, verstößt dieser sie in fast einem Dutzend von Imperativen, und Sîtâ warnt ihn und ruft alle Mächte zum Zeugniß ihrer Unschuld an, wiederum in allen möglichen Imperativen.

Von Gram gebeugt, halb ohnmächtig durch die Erinnerung an den Trennungsschmerz, Thränen vergießend, ging die Betrübte ihrem Gemahl entgegen.

Im Zweifel wegen ihres Wandels sprach darauf der Fürst zu ihr: „Es ist mein Wunsch, o Sîtâ, dich nicht anzunehmen; gehe von hinnen!

Da du in Râvanas Macht gewesen, so zerreißest du mein Herz; wende deine Neigung dem Sugrîva zu oder einem der Râkshasa-Fürsten[1].

Genieße die Speisen Bharatas oder wähle den Lakshmana oder gehe nach Belieben. Verlassen sollen die Gegenden werden, wo Râma weilt.

Weit sind geschieden das berühmte Geschlecht Raghus und du, die im fremden Hause gewohnt. Gib einem andern dein Herz. Nach Unerwünschtem trachten wir nicht.

Gehe nach Wunsch, Vaidehî. Glücklich seien deine Pfade. Zu andern möge sich dein Verlangen wenden. Lasse die Furcht vor mir."

---

[1] Vibhîshana.

8. Das Râmalied als grammatisches Exempelbuch.

Darauf sprach Maithilî diese Rede zum Fürsten: „Entferne den Zweifel an mir, den du nach dem gewöhnlichen Wesen der Frauen faßtest.

Fürchte das Schicksal, Kâkutstha! Schäme dich auch vor dem Volke, da du mit Unrecht mir zürnest, die wider ihren Willen vom Feinde entführt ward.

Mein Geist weilte stets bei dir, mein Leib wurde von den Râkshasa geraubt. Das wissen die alles durchdringenden Götter, daß wahr ist meine Rede.

Reinige, reinige, o Wind! der du also die Dreiwelt reinigst, webend in den Körpern der Wesen; gib Zeugniß, daß mein Sinn nie fehlte!

Durchwandelt die Luft, durchwandelt den Himmel, durchwandelt die Erde, ihr reinigenden Wasser, die ihr also wandelt; erkennet die Unbeflecktheit meines Herzens!

Trage, trage die Wesen! Also tragend, o Erde, erforsche meinen Wandel, der frei von Tadel war bei Tag und Nacht!

Zerstreue die Dünste, strahle, tödte die Finsterniß, durchstreife den Aether! Also wirkend, o Sonne, strebe, mein Thun zu erkennen!

Weile im Himmel, ruhe auf der Erde, sei in der Schlangenbehausung! Also wohnend, o Aether, erforsche, was ich gethan und nicht gethan!

Bereite den Scheiterhaufen, Sumitrâs Sohn, als Heilmittel dieses Leidens: Râma freue sich an mir, oder noch heute verzehre die Sünderin das Feuer."

Als darauf mit Zustimmung von Raghus Enkel der Scheiterhaufen von Lakshmana aufgethürmt war, betrachtete sie ihn, umwandelte ihn rechts und sprach zu Râma diese Worte:

„Ins Feuer will ich den Körper werfen, o Râma, von dir beargwohnt; das sollen wissen und hören alle Gegenwärtigen samt den Affen. Verzehre mich, wenn ich gesündigt, o Feuer, mit strahlendem Körper, oder rette mich wie ein Freund, wenn ich schuldlos bin; nach rechter Weise bin ich dir, dem glanzumkränzten, genaht, wie die Fluth geklärter Butter bei den Opfern Vasus."

Jetzt müßte nach dem natürlichen Gang der Erzählung das Herbeikommen der Götter geschildert werden. Allein da es dem Dichter darum zu thun ist, nun auch die Conditionalform an die Reihe zu bringen, so führt er nur den Feuergott Agni ein, welcher in etwa einem Dutzend von Bedingungssätzen Râma klar zu machen sucht, daß Sîtâ makellos geblieben und daß er sie deshalb wieder in Gnaden aufnehmen müsse. Die Verse fließen dabei ziemlich flott; aber ein Eindruck unbefangener Poesie ist natürlich bei derartigen Kunststückchen nicht möglich. Eine noch viel halsbrecherische Seiltänzerei führte übrigens der Dichter Kavirâja (im 10. Jahrh. n. Chr.) auf, indem er sich in seinem Rhâghava-Pândaviya die Aufgabe stellte, mit denselben Worten zugleich die Geschichte des Râmâyana und des Mahâbhârata zu erzählen. Das ist selbstverständlich nur dadurch möglich, daß auf jeden vernünftigen Gebrauch der menschlichen Sprache verzichtet wird, fast Wort für Wort einen Doppelsinn in sich birgt. Spitzfindige Verschrobenheit griff indes so sehr um sich, daß dieses Denkmal des Unsinnes zu hohem Ansehen gelangte und noch heute in Ehren steht.

Geschmackvoller scheint das Râma-Caritra zu sein, welches ebenfalls als großes Kunstgedicht — Mahâ-Kâvya — erwähnt wird und welches ein Gauda-Dichter Abhinaba (oder Abhinanda) in der ersten Hälfte des 9. Jahrhunderts verfaßte. Nach den 36 Abschnitten, die davon erhalten, behandelte es nur die Ereignisse nach dem Raube Sîtâs, d. h. den Kampf um Lankâ und den Fall Râvanas. Der Dichter war überzeugt, daß sein Gedicht so lange fortleuchten würde wie Sonne und Mond. Nach G. Bühler[1] ist sein Stil leicht und fließend, einfacher und viel verständlicher als jener der meisten spätern Sanskrit-Dichter. Es würde indes zu weit führen, allen indischen Epikern einzeln nachzugehen, welche noch die Râma-Sage behandelten, wie Kshemendra (Râmâyana-Kathâsâra-Manjari), Bhoja (Râmâyana-Campû)[2] u. s. w. Nur eine Epopöe sei noch hervorgehoben, welche zeigt, wie auch die Volkssprache, das Prâkrit, sich des Stoffes bemächtigte und ihn in noch weitere Kreise trug, als die alte heilige Gelehrtensprache hinreichte.

---

[1] Abhinanda the Gauda, in The Indian Antiquary II (Bombay 1874), 102—106.
[2] Erwähnt bei Jacobi a. a. O. S. 15.

9. Das Gedicht von Râvanas Tod oder vom Brückenbau.
(Râvanavaha oder Setubandha.)

Ganz anders geartet als Kâlidâsas Raghuvamça ist das in Prâkrit (Volkssprache) geschriebene Gedicht „Râvanas Tod" oder „Der Brückenbau"[1], zu welchem Kaiser Akbar im Jahre 1596 durch den Gelehrten Râmadâsa einen Commentar verfassen ließ. Während dort das Râmâyana in ein zierliches Miniaturbild zusammengedrängt und von den übrigen Sagen des Raghuidenstammes umkränzt ist, wird hier nur der letzte Theil des Epos, nämlich der Kampf um Lankâ, hervorgehoben und als selbständiges Ganze, fast so breit wie in der ältern Dichtung, aber mit Aufgebot aller rhetorischen Schulkunst, ausgeführt. Während dort eine Feinheit und ein Maßhalten waltet, das sich den klassischen Vorbildern der Griechen nähert, waltet hier indische Phantastik in üppiger Fülle und häuft Bombast und Uebertreibung nach den Vorschriften indischer Poetik[2]. Nach pomp-

---

[1] Prâkrit und deutsch herausgegeben von Siegfried Goldschmidt. Mit einem Wortindex von Paul Goldschmidt und dem Herausgeber. Straßburg, Karl J. Trübner, 1880. Es ist auch eine Sanskrit-Uebersetzung der Dichtung unter dem Namen Setukarani vorhanden, welche unter Akbars Sohne Jehângir auf Befehl des Râmasimha von dem Ambashtha Çiranârâyanadâsa verfaßt wurde. Goldschmidt a. a. O. S. xv.

[2] Merkwürdigerweise wird die Dichtung dennoch Kâlidâsa zugeschrieben, und zwar in Verbindung mit Pravarasena, König von Kaschmir, der (etwa um die Mitte des 6. Jahrhunderts n. Chr.) in der Nähe seiner Hauptstadt eine Schiffbrücke über die Vitastâ (Hydaspes) erbaut haben soll. Mit Bezug darauf soll Kâlidâsa das Brückengedicht („Setukâvya") verfaßt haben. Dahin werden wenigstens die Verse des Dichters Bana gedeutet, der (um die Mitte des 7. Jahrhunderts) in seinem Harshacarita sagt: „Der Ruhm Pravarasenas, strahlend wie der weiße Lotus, drang vor zu dem andern Ufer des Oceans mittels seiner Brücke, gleich dem Affenheere (Râmas, welches auf einer Brücke nach Ceylon übersetzte). Oder wer fühlt nicht Freude an den schönen Versen, die von Kâlidâsa ausgegangen sind, wie an zuckerfeuchten Blüthenknospen?" Siehe Max Müller (übers. von C. Capeller), Indien und seine weltgeschichtliche Bedeutung. Excurs F (Leipzig 1884), S. 273—276. Wahrscheinlicher ist, daß das Gedicht von einem andern Dichter herrührt, der sich des Namens Kâlidâsa bemächtigte. Doch hat die Kritik den wirklichen Verfasser noch nicht näher bestimmt.

hafter Aufforderung zur Verehrung Vishnus und Çivas berichtet uns der Dichter, daß sein Werk bedeutende Störungen erlitten, daß er aber jetzt mit den hauptsächlichsten Gemüthsbewegungen (Rasas) ausgestattet sei.

„Wie eine auf einen Edeln gerichtete Freundschaft, mit frischer Liebe begonnen, aber durch die Fehler eines Nachlässigen gestört und wiederhergestellt, schwer durchzuführen ist, — so auch die von einem neuen König begonnene, durch die Fehler eines nachlässigen (Dichters) gestörte und wiederhergestellte, mit den hauptsächlichsten Rasas ausgestattete Abfassung eines Gedichtes.

Es wächst das Wissen, Ruhm wird zu stande gebracht, Vorzüge werden erworben, man erfährt das Schicksal der Helden — durch was ergötzen nicht die Gedichte?

Wie nur schwer die Zunahme des Reichthums gleichen Schritt hält mit dem Wunsche, und die Schönheit der Jugend nur schwer sich verträgt mit guter Zucht, — so geht schwer zusammen ein neuer Stoff mit dem Glanze der Form.

So höret denn den die gefangenen Götterfrauen erlösenden, aus dem Herzen der ganzen Dreiwelt den Pfeil herausziehenden, ‚Liebe‘ zum Kennzeichen habenden, Sitâs Leiden beendenden ‚Tod des Zehnköpfigen‘."

Die Dichtung hebt mit dem Momente an, wo Râma, von dem in Genuß versunkenen Affenfürsten Sugrîva im Stich gelassen, traurig und sich abhärmend um Sîtâ, durch Hanûmat die erste Nachricht über sie erhält. „Ich habe sie gesehen" — der Fürst glaubt es nicht; „sie ist mager" — da seufzt er thränenschwer; „um dich klagt sie" — da bricht er in Weinen aus; „aber sie lebt" — da umarmt er den Windsohn. Gleich in diesen und ähnlichen Stellen zeigt sich, trotz der dazwischen wuchernden Rankenfülle und Künstelei, ein geistreicher, sprachgewandter Dichter, der sehr treffend zu zeichnen, zu erzählen, zu bewegen versteht. Der Stoff ist in 15 wohlabgerundete Gesänge gegliedert:

1. Râmas Auszug. 2. Schilderung des Oceans. 3. Sugrîvas kecke Rede. 4. Râmas Politik. 5. Züchtigung des Meeres. 6. Das Bergausreißen. 7. Bauversuche. 8. Vollendung der Brücke. 9. Schilderung des Berges Suvela (Trikûta). 10. Liebesspiele. 11. Der Zauberkopf. 12. Zusammenstoß der Heere. 13. Einzelkämpfe. 14. Verwirrung der Râkshasas. 15. Sîtâs Wiedergewinnung.

Der Plan ist gut entworfen, vollständig einheitlich, ohne jedes episodische Beiwerk; dabei herrscht eine reiche Abwechslung der Scenen und Stimmungen und eine angenehme Symmetrie der einzelnen Theile. Doch drängt sich das beschreibende, malerische Element in unmäßiger Breite vor und läßt die Handlung kaum voranschreiten. Die Schilderung des Oceans z. B., welche Kâlidâsa so zierlich (in etwa 20 Strophen) in die Luftfahrt Râmas hineingewoben, nimmt hier einen ganzen Gesang (II.) von 46 Strophen ein, welche mit den seltsamsten Tropen, Gleichnissen und mythologischen Erinnerungen übersponnen sind, aber trotz all dieses exotischen Beiwerkes doch vielfach ein recht anschauliches und sogar ansprechendes Bild des Meeres gewähren. Dem Inder aber mochte alles zusammen als ein wahrer Zauber erscheinen.

9. Das Gedicht von Râvanas Tod oder vom Brückenbau.

Die tiefreligiöse und ethische Weihe, welche das Râmâyana durchweht, fehlt hier so ziemlich. Der Plan der Götter, der Vishnus Herabkunft herbeiführt, Râmas wunderbare Geburt und Jugend, die alte Sage von Paraçurâma, Vasishtha und Viçvâmitra, das Wald- und Einsiedlerleben — all das liegt außerhalb des Rahmens. Râma ist nicht der göttliche, wunderbare Held, der aus Pflichttreue Thron und Erdenglück dahinopfert und in höherem Auftrag die Himmel und Erde zugleich bedrohenden Dämonen bekämpft; er tritt in die Dichtung als trauernder Gatte, dem mit dem geliebten Weibe alles Glück des Lebens entrissen. Liebesleid, Wehmuth und Sehnsucht sind die Accorde, mit welchen die Dichtung anklingt. Erst mit Hanûmat beginnt sich das melancholische Dunkel zu lichten. Doch wie der romantische Râma sehr stark sentimental angehaucht ist, so erhält das heroische Moment in dem Affenfeldherrn einen lebhaft komischen Beigeschmack. Das ist theilweise schon im Râmâyana gegeben, aber es tritt hier weit ausgeprägter hervor. Râma tritt zurück. Die Affen übernehmen die Hauptrolle. In seiner ersten Rede an das Affenheer hebt König Sugriva stolz hervor, daß sie als Mitkämpfer an die Seite des Gottes Vishnu berufen seien.

„Beim Emporheben der Erde waren nur seine Arme die Gehilfen des Madhutödters, beim Quirlen des Oceans die Götter und Asuras, beim Weltuntergang die Meere; jetzt bei der Tödtung des Zehnköpfigen sollt ihr es sein.

Weiset nicht zurück den Ruhm, von dem unvergängliches Selbstgefühl ausgeht, der den sich (schon) abwendenden Schritt kaum erst (wieder) auf euch zu richten, und nachdem er sich genähert, wieder zaudert, gleichwie man nicht abweist einen bettelnden braven Mann.

Das wegen der Tödtung der Râkshasa schwierige und wegen der Ueberschreitung des Meeres gewaltige Unternehmen ist vom Raghuherrn (euch) erst aufgebürdet worden, nachdem er es vorher im Geiste abgeschätzt hatte wie eine Last." [1]

Die Rede geht in demselben Heldenpathos weiter und füllt fast den ganzen übrigen Gesang. Daß sie aber nicht allzu ernst zu nehmen ist und daß der Dichter wohl selbst einen Heiterkeitserfolg im Auge hatte, läßt die Schilderung durchblicken, die er von ihrem Eindruck gibt:

„Da rührte sich das Affenheer, bei der ersten Rede still, nachher aber aufgeregt und beschämt: gleichwie ein Kamala- (Lotus-) Wald, beim Anblick des Mondes eingeschlafen, bei der Wiederkehr des Tages erwacht.

Und nun ergriff die nach Vertreibung der Finsterniß hellen Herzen der Affen, die vielen zugleich, ein Entschluß, vorwärts zu gehen, gleichwie die junge Sonne nach Vertreibung der Finsterniß helle Berggipfel zugleich bestrahlt.

Da fing ihre Fröhlichkeit und zugleich ihr natürliches Temperament an, sich geltend zu machen, begleitet von heiterem Gesichtsausdruck des Selbstvertrauens und dem Ausdruck herzlichen Lachens — die Handhabe des Schlachtenmuthes.

---

[1] Ges. III, 3—5.

Berathung über den Brückenbau.

Von Rishabha wurde ein Berggipfel auf seiner linken Schulter zerschmettert, so daß dichter Staub von Mineralien aufflog, und daß seine Wange benetzt wurde von den geschwungenen Bächen, und daß die losgerissenen Schlangen sich ringelten.

Nila reibt seine infolge des Haarsträubens röthliche, an andern Stellen schwarze Brust, in deren Herzen die Freude sitzt und die einer mondbestrahlten Wolke gleicht.

Beim Anblick der dem Monde vergleichbaren Fröhlichkeit lachte Kumuda, so daß die Blätter seines Lippenkelches sich öffneten und der dichte Staubfädenbüschel seiner blinkenden Zahnstrahlen erglänzte und süßer Duft ausströmte.

Mainda schüttelte einen am Ufer stehenden Sandelbaum, so daß dessen Verbindung mit dem Boden sich löste und seine Zweige unter dem Ruck der beiden Arme rauschten und bebten und seine Schlangen hierhin und dorthin flogen.

Dvividas Blick, wegen seines Glanzes schwer anzusehen, gleich dem Wirbel der Spitze eines rauchenden Feuers, erlangte, obgleich von Freude erfüllt, doch keinen freundlichen Ausdruck — wie der Blick einer Schlange."

Eine köstliche Gestalt ist der Bärenfürst Jāmbavat, der Nestor des Affenheeres, Brahmās Sohn, über dessen Augen zwar schon tief die Brauen herabhängen und dessen gewaltiges Haupt schon der Schnee des Alters bedeckt, dessen Augen aber noch blitzen können wie ein Waldbrand, und dessen Brust, von gewaltigen Narben durchfurcht, einem Stück der Erdoberfläche vergleichbar ist. Er erinnert die ihm lauschenden Affen daran, daß sein Leben in die ältesten Zeiten der Schöpfung hinaufreicht, in die Zeiten vor dem Quirlen des Oceans, bevor noch der Edelstein Kaustubha die Brust Vishnus zierte und Lakshmī seine Gattin ward. Gestützt auf dieses sein urweltliches Alter, begehrt er Gehör für seine Räthe, die zwar undeutlich und häßlich klingen, aber wohlgefügten Sinn haben und nur von jugendlichen Thoren verlacht werden. Er lobt die Affen; sie sind tüchtig zum Kampfe selbst mit den Göttern von wegen ihrer Hurtigkeit und Behendigkeit. Vom Winde die Kraft entlehnend, verdunkelt ja sogar der Staub der Erde die Sonne. Aber sie schauen nicht genug auf Ziel und Zweck, halten nicht Maß und Schranken. „Gewichtiger", so sagt er ihnen, „als eure sinnliche, nur obenhin und von ungefähr mit der Wahrheit stimmende Auffassung ist mein durch Ueberlieferung geläutertes Wissen, das wohl erschüttert, aber nicht ins Wanken gebracht werden kann" (IV, 27). So mahnt er sie denn alle, jeder auf seinem Posten, einträchtig zu der großen Aufgabe zusammenzuwirken, und den Sugrīva vor allem, sich nicht vorzudrängen und den Antheil Rāmas sich nicht selbst anzumaßen.

Diese weise Rede macht es Rāma möglich, die Affen durch kluges Lob in sein Interesse zu ziehen und sie für seine Pläne zu gewinnen (Ges. IV). Sie sind nun ganz einverstanden, daß er die Führung übernimmt und zunächst das Meer um freien Durchpaß nach Lankā angeht. Da dieser

9. Das Gedicht von Râvanas Tod oder vom Brückenbau.

verweigert wird, züchtigt Râma das Meer mit einem seiner furchtbaren Pfeile und erlangt von dem aus den Tiefen emportauchenden Meeresgott die Bewilligung zum Bau einer Brücke (Ges. V). Nun kommen die Affen wieder an die Reihe. In einem eigenen Gesang (VI) wird weitläufig beschrieben, wie sie in allen zehn Weltgegenden die Berge zusammenreißen und am Strande des Meeres zusammentragen; im folgenden (VII), wie sie in übermüthig toller Lust Berg um Berg in die Tiefen des Meeres hinabschleudern — allein umsonst. Es kommt keine Brücke zu stande.

Entmuthigt und rathlos wendet sich endlich Sugriva an Nala, Viçkarmans Sohn, welcher den Bau übernimmt und die Affen dabei als Handlanger verwendet. Jetzt geht die Sache voran (Ges. VIII). Denn Nala versteht das Geschäft. Gleich der erste Berg, den er am Ufer ins Meer wirft, faßt Boden und ragt über die Fluth empor: der erste Ansatz ist gegeben. Da stellt sich nun Nala hin wie ein richtiger Maurer, faßt mit dem einen Arm zurücklangend die Berge, welche ihm die Affen zutragen, und rückt sie mit dem andern an ihren Platz zurecht. Er verstopft die Löcher, die offen bleiben, und rückt die Berge zurecht, welche die Affen an den falschen Platz werfen. Indem der Ocean an den Bergen rüttelt, schließen sich diese nur fester aneinander. Die Brücke wächst und wächst, vom Berg Malaya am Festlande bis zum Berg Suvela bei Lankâ. Endlich schließt sich der letzte Arm des Meeres.

So fehlt es bei der Schilderung des Brückenbaues nicht an vielen schönen und oft treffenden Bildern und Vergleichen, aber die Unmöglichkeit der Situationen, die Widersprüche der Fiction, die unsägliche Weitschweifigkeit und Ueberschwänglichkeit machen einen eigentlichen Genuß unmöglich. Alles Bisherige überbietet aber der Berg Suvela (Trikûta), zu dem das Affenheer nunmehr gelangt und der in lauter Relativsätzen: „der, dessen wo" ... durch 96 Strophen hindurch beschrieben wird.

Da wird nicht nur der Pelion auf den Ossa gethürmt, sondern Himâlayas zu Dutzenden aufeinander und darauf Meer, Erde, Sonne, Weltelefanten und Welten, nebst allen millionenfach vergrößerten Creaturen und Göttern, so daß man vor lauter sich gegenseitig erwürgendem Bombast weder Götter noch Affen, weder Sugriva noch Râma, ja kaum den Berg Suvela mehr sieht. Denn der Berg besteht nur aus einem Wortschwall der ungeheuerlichsten Worte und Bilder (Ges. IX).

Der nächste Gesang (X) schildert die letzte Nacht der Râkshasa zu Lankâ, erst lüstern und schlüpfrig, dann vollends obscön. Ein ganzer Farbentopf von Schönrednerei ist daran verschwendet, wie in so vielen andern Erzeugnissen indischer Poesie. Râvana macht darauf (Ges. XI) den letzten Versuch, Sîtâ zu gewinnen. Er läßt ihr einen Râma gleichenden Zauberkopf zutragen, der sie glauben machen soll, Râma sei im Kampfe gefallen und enthauptet. Allein die List führt nicht zum Ziele. Die Farben sind auch hier zolldick aufgetragen und verderben einige an sich schöne Stellen.

Nun beginnt der Kampf. Er ist in vier Hauptphasen getheilt, denen die vier letzten Gesänge (XII—XV) entsprechen. Dem ersten Zusammenstoß der beiden Heere folgte erst eine Reihe Einzelkämpfe, dann das Zurückweichen der Râkshasa, endlich der Entscheidungskampf Râmas mit Râvana und der Tod des letztern. Vibishanas Trauer um seinen Bruder, Sîtâs Befreiung und Feuerprobe werden nur kurz erwähnt. Durch die klare, einheitliche Gruppirung fallen manche Wiederholungen weg, die im Râmâyana lästig fallen; aber die Ausführung ist entsetzlich gesucht, überladen und verzopft. Man athmet ordentlich auf, wenn der Dichter uns endlich die beruhigende Versicherung gibt [1]:

„Hier endet dieses, das in der Wiedergewinnung Sîtâs bestehende Glück Râmas enthaltende, ‚Liebe‘ zum Kennzeichen habende, alle Menschen erfreuende Gedicht ‚Râvanas Tod‘."

Wie anderwärts, verdrängten übrigens auch in Kashmir die neuen Kunstdichtungen das alte Râmâyana nicht. In der in Versen verfaßten Königschronik von Kashmir (Râjatarangini), welche aus dem 12. Jahrhundert n. Chr. stammen soll, wird dasselbe zweimal erwähnt, einmal gleich im I. Buche. Zwei verhungerte Brâhmanen, denen der König Dâmodara Nahrung verweigert hatte, fluchen ihm zur Strafe dafür: „Geh und sei eine Schlange! Wenn du aber an einem einzigen Tage das ganze Râmâyana gehört haben wirst, wird der Fluch sein Ende haben." [2]

Später (III. Buch) wird zweier Götzen gedacht, welche Râvana einst dem Vishnu entriß und in Lankâ verehrte, welche dann aber (nach Râvanas Sturz) von den Affen nach dem See Mânas im Himâlaya gebracht wurden und dort der Vergessenheit anheimfielen, „weil die Affen infolge ihrer thierischen Natur keinen Verstand hatten" [3].

---

[1] Ges. XV, 95.
[2] *Râdjatarangini*, Histoire des Rois du Kachmir, traduite et commentée par *M. A. Troyer* (Paris 1840), Liv. I, vv. 165. 166, Vol. II, 19.
[3] Ibid. Liv. III, vv. 446—448, Vol. II, 110.

10. Die Râma-Schauspiele des Bhavabhûti.
(Mahâvîra-Carita. Uttararâma-Carita.)

Ein großer Theil des Râmâyana besteht, gleich den homerischen Gedichten, aus Reden und Wechselreden der handelnden Personen. Diese Stellen sind ganz dramatisch. Man brauchte nur noch den dazwischen erzählenden Dichter auch als handelnde Person zu fassen und eine Art Drama war vorhanden. Die häufige Recitation und die Länge des Gedichtes führten von selbst dazu, die verschiedenen Charaktere des Epos an Verschiedene zu vertheilen. Die Rhapsoden brauchten dann nicht das ganze Gedicht genau auswendig zu wissen, sondern konnten mehr ihre besondern Rollen vervollkommnen. Dazu Gesang und Musik, um der Unterhaltung mehr Abwechslung und Reiz zu geben — und der epische Vortrag gestaltete sich völlig zum Schauspiel — Nâtaka.

Daß dieses ungefähr der Ursprung des indischen Schauspiels war, darauf weist schon dieser Name hin, der zunächst Spiel mit Tanz bedeutet. Nur hat man dabei nicht zunächst an die zwei großen Epen zu denken, sondern an frühere Götterhymnen, die bei öffentlichen Festen gesungen wurden. Zu dem Vortrag gesellte sich Gesang, Tanz, Mimik, zum Monolog der Dialog, wie denn dialogische Lieder schon im Rigveda stehen, endlich eigentliche Scenen und Stücke[1]. Die indische Sage weist auf dasselbe. Am himmlischen Hofe Indras führte Bharata, der Gesang- und Theatermeister, mit den Apsaras Singspiele auf und brachte die schöne Kunst mit ihren Regeln, natürlich schon fix und fertig, vom Himmel auf die Erde, wo spitzfindige Theoretiker sie dann zum künstlichsten, vielverschlungenen System entwickelten. Die altindische Dramaturgie ist weit complicirter und eingehender als die des Aristoteles.

---

[1] *Sylvain Lévy*, Le Théâtre Indien (Paris 1890) p. 297 ss. R. Pischel, Gött. Gel. Anz. 1891, Nr. 10, S. 354 ff. Vgl. Lassen, Ind. Alterth. II, 502 ff. Weber, Akad. Vorles. (2. Aufl.) S. 215. Ernst Windisch, Der griechische Einfluß im indischen Drama. Verhandl. des V. Oriental.-Congr. II (Berlin 1882), 8 ff.

Kaum ein Stoff ist nun von den indischen Dramatikern so oft behandelt worden als die Râma-Sage, offenbar, weil keine andere so großer Volksthümlichkeit genoß, sowohl die gesamte Sage, wie sie das Râmâyana umspannt, als einzelne Theile und Episoden. Kaum eines dieser Dramen ist indes auch nur annähernd datirt, und so ist es kaum möglich, eine genealogische Abfolge derselben herzustellen. Wenden wir uns deshalb zunächst den zwei bedeutendsten dieser Râma-Schauspiele zu, jenen des Bhavabhûti, der mit Kâlidâsa zusammen den Höhepunkt indischer Dramatik und Kunstpoesie überhaupt bezeichnet.

Wenn von Kâlidâsa kein Râma-Schauspiel vorliegt, dagegen die erwähnte epische Gestaltung der Sage, so darf man das wohl seinem feinen künstlerischen Blick zuschreiben, der die eminent epische Natur des Stoffes durchschaute und die Schwierigkeiten erkannte, welche eine dramatische Bearbeitung des Ganzen nothwendig bieten mußte. Bhavabhûti wird die Schwierigkeit auch empfunden haben, mochte aber, von der Beliebtheit des Stoffes angezogen und gedrängt, sie überwinden zu können glauben. Bis zu einem gewissen Grade hat er sie auch überwunden und zwei Dramen zu stande gebracht, welche zu den vorzüglichsten Erzeugnissen der indischen Bühne gehören und von den Indern selbst als klassische Meisterwerke betrachtet werden; der Europäer indes, für welchen die Râma-Sage als solche nichts Bestechendes hat, wird leicht gewahren, daß der große Dramatiker des allzu breiten und epischen Stoffes wenigstens in dem einen dieser Stücke nicht völlig Herr geworden ist, und sein drittes Stück: Mâlati und Mâdhava, wird den meisten besser zusagen.

Bhavabhûti stammte nach den Angaben seiner eigenen Prologe aus einer südindischen Brâhmanenfamilie, vermuthlich aus Berar. Wahrscheinlich lebte er an dem Hofe von Ujjayinî, wo das indische Drama die eifrigste Pflege fand und zu seiner höchsten Blüthe gelangte, etwa in der ersten Hälfte des 8. Jahrhunderts n. Chr.[1].

Sein erstes Râma-Schauspiel — Mahâvîra Carita[2] (Die Thaten des großen Helden). — umfaßt dem Stoff nach die sechs ersten Kândas des

---

[1] Vgl. meinen Aufsatz: Klassiker der altindischen Bühne. Stimmen aus Maria-Laach XLIII (1892), 537—544.

[2] Mahâvîracarita, ed. by *F. H. Trithen*. London 1848; by *Anundoram Borooah*. Calcutta 1877; transl. into English Prose by *John Pickford*. London 1871. Vgl. *H. H. Wilson*, Theatre of the Hindus II (3ᵈ ed., London 1871), 328—334. *S. Lévy* l. c. p. 269—272. Schröder, Indiens Literatur und Cultur S. 651. 652. J. L. Klein, Geschichte des Dramas III, 168—172.

Râmâyana, von dem ersten Auszug des jungen Râma zur Bekämpfung der Dämonen bis zu seiner glorreichen Heimkehr nach dem vollendeten Siege über Râvana. So ausgedehnt der Stoff und so zahlreich die handelnden Personen, so ist doch völlige Einheit der Handlung vorhanden, nämlich der Kampf Râmas gegen Râvana um Sîtâ, und diese Einheit ist von Bhavabhûti sorgfältig festgehalten, indem er alle Fäden der Verwiclung daraus hervorgehen ließ und alles ausschied, was nicht dazu gehörte. Die Lösung ist natürlich ex machina; die unfehlbare Macht göttlicher Waffen ist es, die schließlich über den zehnköpfigen Dämon triumphirt, aber im Verlauf der sieben Acte bewährt sich Râma unter immer gesteigerten Schwierigkeiten als jener zugleich liebenswürdige und großartige Heldencharakter, der jener göttlichen Dazwischenkunft vollkommen würdig ist. Der Triumph seiner Liebe zu Sîtâ ist zugleich der Triumph eines natürlich starken Heldenmuths und der Triumph der sittlichen Weltordnung überhaupt, des Guten über das Böse.

Das Stück beginnt in der Waldeinsiedelei des Viçvâmitra, bei welchem augenblicklich die Brüder Râma und Lakshmana als Beschützer der Einsiedler gegen die sie beunruhigenden Dämonen verweilen. Zum Besuch erscheinen Sîtâ und Ûrmilâ, Töchter des Königs Janaka von Mithilâ, begleitet von ihrem Ohm Kuçadvaja (König von Sânkâçya). Gleichzeitig findet sich ein Bote Râvanas ein und freit um die Hand Sîtâs für seinen Herrn. Doch schon bei der ersten Begegnung haben die zwei Prinzessinnen die beiden Fürstensöhne liebgewonnen und folgen mit Spannung dem Kampf, zu welchem dieselben gerufen werden. Trotz ihrer Jugend überwinden diese die furchtbare Hexe Tâdakâ und den Dämon Mârîca. Viçvâmitra versieht sie mit unbesieglichen Waffen. Der Bogen Çivas wird herbeigebracht und Râma bricht ihn (hinter der Scene), worauf Viçvâmitra über die Hand der zwei Prinzessinnen und deren zwei zu Hause gebliebenen Cousinen verfügt. Sîtâ wird Râmas Braut, und ihre Schwester Ûrmilâ und ihre zwei Cousinen Mândavyâ und Çrutakîrti erhalten die drei Brüder Râmas zu Bräutigamen. Beschämt muß der Dämon abziehen.

Im II. Act wird zunächst der Schrecken gemalt, den Râmas erste Thaten im Heerlager der Dämonen verbreiten. Râvanas Minister Mâlyavat und seine Schwester Çûrpanakhâ unterhalten sich darüber. Eine Botschaft Paraçurâmas, dieses Erzfeindes der Kriegerkaste, veranlaßt sie, diesen gegen Râma aufzureizen. Der Gewaltige ist sehr erbost, daß der junge Prinz den Bogen Çivas, seines Patrons, zerbrochen, bringt in den Palast des Königs Janaka und fordert Râma zum Kampf heraus. Sîtâ ist ängstlich und sucht ihren Bräutigam zurückzuhalten; doch dieser reißt sich von ihr los und stellt sich dem frechen Herausforderer, der sich so siegesgewiß fühlt wie Goliath gegenüber dem kleinen David. Der Zweikampf wird indes noch dadurch aufgehalten, daß Râma von König Janaka abgerufen wird, um noch eine der Hochzeitsceremonien zu vollziehen.

III. Act. Paraçurâma ist über den Verzug höchst aufgeregt und sucht durch prahlerische Reden der Reihe nach Vasishtha, Viçvâmitra, Çatânanda und die Könige Janaka und Daçaratha einzuschüchtern. Endlich kehrt Râma zurück und führt ihn zum Kampfe. Denn in Indien durfte auf der Bühne selbst nicht gekämpft und todtgeschlagen werden.

IV. Act. Râma siegt aber und Mâlyavat ist darüber ganz verzweifelt. Er weiß kein Mittel mehr, als Zwietracht in Daçarathas Königshaus zu säen und Râma in den Wald jagen zu lassen, wo ihn die Râkshasa leichter angreifen könnten. Unterdessen sind die Könige von Ayodhyâ und Mithilâ voll Jubel über Râmas Sieg. Râma selbst erscheint und verabschiedet den großsprecherischen Kshatriyatödter, der so zahm und klein geworden wie ein frommes Kind. Allein nun schleicht sich Çûrpanakhâ, Râvanas Schwester, selbst in den Königspalast von Ayodhyâ ein und gewinnt als bucklige Zofe Manthâra die zweite Frau des Königs für die Forderung an denselben, Bharata zum Nachfolger zu machen und Râma zu verbannen. Die boshafte List gelingt vollkommen. Râma ist hochherzig genug, seinem Vater die Forderung der Königin Kaikeyî zu überbringen, wobei viele interessante, im Grunde sehr dramatische Züge des Epos, wie die listigen Reden Mantharâs und die Schmollkomödie Kaikeyîs, ganz wegfallen. Alles erhält dadurch einen viel feierlichern und ernstern Ton. In den Vordergrund tritt allbeherrschend Râmas übermenschlicher Edelmuth. Er bestimmt sich Lakshmana und Sîtâ zu Begleitern; Sîtâ selbst kommt nicht zum Wort. Bharata dagegen will mit in den Wald ziehen, und da Râma ihn nicht annimmt, begehrt er wenigstens dessen Schuhe als symbolische Reichsverweser.

Bis dahin sind die Ereignisse des Epos ziemlich lebhaft und spannend dramatisirt. Doch die vier Acte entsprechen erst den zwei ersten Büchern des Râmâyana. Noch waren vier Bücher auf die Bühne zu bringen; die Handlung verließ nun den engen Kreis von Ayodhyâ und Mithilâ — sie streckte sich aus über alle Wälder Südindiens bis an die Inselstadt Lankâ und in der Suche nach der verlorenen Sîtâ über die gesamte Welt. Da dabei die indische Dramaturgie alles Fechten auf der Bühne verbot, so blieb dem Dichter nur übrig, die meisten Hauptmomente der weitern Handlung, den Raub Sîtâs, die Wanderungen Râmas, das Bündniß und die Erlebnisse mit den Affen, die Sendung Hanûmats, den Brückenbau und die Kämpfe um Lankâ, in einer Reihe erzählender Dialoge auszuführen und diese im Grunde epischen Stücke durch einige wirklich dramatische Scenen zu verbinden. Dabei galt es, aus einer Fluth von Einzelheiten gerade jene Züge herauszugreifen und zu vereinigen, in welchen Râmas Muth, Besonnenheit, Seelengröße und Edelmuth — kurz seine Gestalt als Held nach indischen Begriffen — am anschaulichsten hervortreten. Dieses schwierige Kunststück hat Bhavabhûti in den drei übrigen Acten geleistet.

Der V. Act eröffnet mit einem Gespräch der zwei urweltlichen Riesengeier Jatâyu und Sampâti. Sie erzählen sich einige der Hauptabenteuer Râmas im Dânḍaka-Walde. Sampâti empfiehlt ihn dem besondern Schutze seines Bruders und fliegt dann nach dem Süden. Kaum ist er fort, so sieht Jatâyu schon Râma auf der Jagd nach der goldenen Gazelle, Lakshmana ihm zu Hilfe eilen, Râma als Einsiedler verkleidet an Sitâs Hütte, Sitâ von Râvana erfaßt und in die Luft entführt. Er eilt dem frechen Räuber nach, um ihm wo möglich seine Beute zu entreißen, bereit, für Sitâ Blut und Leben einzusetzen. Dann erscheinen Lakshmana und Râmâ auf der Suche nach Sitâ, voll Trauer und Entrüstung. Doch vergißt der Held sein augenblickliches Leid, um der bedrängten Çramanâ Hilfe zu leisten, und erlegt das kopflose Ungeheuer Kabandha. Durch Çramanâ erhält er einen Gruß von Vibhîshana und zugleich die Nachricht, daß derselbe sich mit Sugrîva, Hanûmat und andern Affenfürsten in Rishyamûka befindet. Dahin bricht er auf, wird aber unterwegs von Bâlin, einem Verbündeten Râvanas, angefallen. Bâlin unterliegt. Auf seinen Schrei kommen Vibhîshana und sämtliche Affenfürsten herbei, und der sterbende Bâlin selbst leitet ihr Bündniß mit Râma ein.

Der VI. Act versetzt uns nach Lankâ. Mâlyavat, der Urheber aller bösen Anschläge, klagt über seinen Mißerfolg. Die Râkshasin Trijatâ meldet das Unheil, das Hanûmat angerichtet. Râvana, von Liebe zu Sitâ verzehrt, wird von seiner Gattin Mandodarî mit der Nachricht überrascht, daß schon eine Brücke das Festland mit Lankâ verbindet. Er spottet darüber als über eine Unmöglichkeit, aber sein Feldherr Prahasta verkündet die bereits begonnene Belagerung. Es ist kein Zweifel mehr möglich. Als Gesandter Râmas fordert Angada, Bâlins Sohn, die Herausgabe Sitâs und die Unterwerfung Râvanas. Dieser weist ihn höhnisch ab und stürzt sich dann selbst auf das Schlachtfeld. Der ganze übrige Kampf um Lankâ, das längste Buch des Râmâyana, ist nun in eine verhältnißmäßig kurze

Scene zusammengedrängt. Da der Dichter die Schlacht nicht auf den Brettern schlagen lassen darf, läßt er den Gott Indra nebst seinem Wagenlenker Mâtali und den König der Luftgeister Citraratha auf Feenwagen durch die Luft daherfahren und den ganzen Verlauf des Kampfes aus der Vogelperspective beschreiben. Dabei folgt rasch Schlag auf Schlag. Nachdem der Sieg ein paarmal geschwankt, fällt Râma, von unsichtbaren Waffen getroffen und alles scheint verloren. Doch Hanûmat bringt statt des bloßen Amrita dasselbe zugleich mit dem Berge herbei. Râma erhebt sich neubelebt und tödtet Râvana.

Dem VII. Act geht ein kleines Vorspiel voraus, in welchem die Stadtgöttin von Lankâ den Untergang ihrer Herrlichkeit betrauert, ihre Schwester Alakâ sie zu trösten sucht und ihr Nachricht bringt von der Erhebung Bibhîshanas zum König, von der Feuerprobe, die Râma über Sîtâ verhängt, und von dem Herannahen Râmas auf dem Wagen Pushpaka. Es scheint, daß diese Wagenscenen sehr beliebt waren. Sie kommen in vielen andern Stücken vor, und so trug Bhavabhûti kein Bedenken, Bibhîshana den berühmtesten aller Wagen, den Wagen Pushpaka, herbeibringen zu lassen. Râma, Sîtâ, Lakshmana, Sugrîva besteigen ihn, und nun beginnt eine für die abendländische Dramatik unmögliche Scene. Denn von dem Wagen aus (sei es nun, daß derselbe auf der Bühne stehen blieb oder in irgend einer Weise über die Bühne bewegt wurde) wird von den genannten Personen die ganze Luftfahrt theils in Dialogform beschrieben, theils mit mimischen Künsten angedeutet. Es ist dieselbe Fahrt, die Kâlidâsa im Rhaguvamça so prächtig schildert. Die Zeichnung Bhavabhûtis ist gedrängter und stellenweise ebenso gewandt; doch verliert sie durch die künstliche Theilung an verschiedene Rollen. In Ayodhyâ steigt Râma mit den Seinen aus und wird von Bharata und Çatrughna, von den Königinnen, von Vasishtha und Viçvâmitra und dem gesamten Volk jubelnd empfangen. Der abschließende Glückwunsch ist Viçvâmitra in den Mund gelegt. Râma antwortet mit dem Segensspruch:

Und so mögen denn den Erdkreis die Welthüter treu beschirmen!
Mögen uns die Wolken spenden Regen zu der rechten Stunde.
Mög' versorgt mit Korn das Reich sein und bewahrt vor Noth und Uebel!
Mögen mit viel süßen Liedern Dichter ew'ge Wonne bringen,
Und die Weisen andre lehren, sich an ihrem Werk zu freuen.

Zeichnet sich das eine Râma-Schauspiel durch eine würdige Darstellung des indischen Heldenideals, durch kernige Kraft und männlichen Schwung aus, so nähert sich das zweite in feiner Zeichnung weiblicher Geduld und Treue, in weicher Zartheit und Lieblichkeit mehr der Çakuntalâ. Es heißt: **Uttara Râma Carita**[1] (die weitern Thaten Râmas), entsprechend dem VII. Theile des Râmâyana, an den es sich anlehnt. Doch läßt Bhavabhûti die mythologische Vorgeschichte Râvanas sowie die Ausfahrt Râmas ganz beiseite und hält sich an die mehr menschlichen, rührenden und ergreifenden Momente dieses letzten Theiles der Sage. Wie kaum in einem andern Erzeugniß der indischen Dramatik weht hier sophokleischer Geist, der sanfte, erhabene Ernst des Oedipus auf Kolonos. Wenn Çakuntalâ in Europa mehr Gunst gefunden, so ist nicht zu vergessen, daß es eben ein Liebesdrama ist, und zwar ein berauschend süßes; die Grundmotive der Uttararâma-Carita aber sind treue Gattenliebe im Kampf mit Forderungen der Königspflichten, innige Mutterliebe und fromme Pietät der Jugend gegen Lehrer und Eltern, Standhaftigkeit im Leiden und Vertrauen auf eine höhere Führung, die auch das Leid zum Besten wendet, all das nicht moralisirend oder rhetorisch klügelnd ausgeführt, sondern von tiefster poetischer Empfindung durchhaucht. Den Hintergrund bildet Königsstadt und Wald, die Lieblingsscenerie aber wieder die indische Waldeinsiedelei, der Stammsitz aller religiösen Bildung, aller großen Ideen und Thaten, umgeben von allem Zauber der reichsten, unerschöpflichen Natur.

Nach vierzehn Jahren voll Leiden und Mühen haben Râma und Sîtâ endlich triumphirt, und es ist, als sollte ihnen nun Friede und Glück beschieden sein. Allein die Erde ist kein Paradies. Die treuen Genossen, die Râma im schweren Kampf zur Seite gestanden, ziehen fort in ihre Heimat. Sîtâ empfindet den Abschied tief, und Râma weiß sie nicht anders zu trösten als mit den Worten:

> Leib, Schmerz und Trennung sind des Menschen Antheil,
> Solang er hier mit andern Menschen weilt.
> Drum fliehn die Weisen fort aus dem Gewühle,
> Verlassen alles, um in stillem Walde
> Des Leidens Quell, der Wünsche Gluth, zu dämpfen.

Ein Bote Vasishthas bringt aus dem Walde die geheimnißvolle Mahnung, Râma solle einerseits die Wünsche seiner Gattin erfüllen, andererseits besonders das allgemeine Wohl als das Höchste im Auge behalten. Im Park des Königspalastes hat man indes alle Schicksale und Thaten Râmas in Gemälden dargestellt. Râma geht mit Sîtâ und Lakshmana dahin, um nochmals all seine Leiden und Kämpfe freudig-schmerzlich an sich vorüberziehen

---

[1] **Uttararâmacarita**, ed. Calcutta 1881; Madras 1882. Englisch von *H. H. Wilson* l. c. I, 275—384. Französisch von *F. Nève*, Le Dénouement de l'Histoire de Râma. Bruxelles, Paris 1880. Vgl. *Lévy* l. c. p. 219—224. Schröber a. a. O. S. 652—655. Klein a. a. O. III, 176—204.

zu lassen. Die Erinnerung weckt in Sîtâ den Wunsch, noch einmal in der Einsamkeit des friedlichen Waldes zu leben, und gemäß der erhaltenen Mahnung sendet Râma alsbald um einen Wagen. Inzwischen schlummert die junge Königin ein: die Worte, die sie im Traume spricht, athmen die innigste Anhänglichkeit an Râma. Aber ein Bote kommt und meldet, daß, trotz der bestandenen Feuerprobe, das Volk nicht an die eheliche Treue Sîtâs glauben will und ihr Verweilen bei Râma als eine Schmach empfindet. Râma ist darüber aufs tiefste entrüstet. Allein es ist ihm klar, daß das allgemeine Beste über seine Liebe und über sein häusliches Glück geht. Er hält es für Pflicht, der allgemeinen Wohlfahrt seine eigenen Herzenswünsche zu opfern. Er gibt Befehl, sie in die Verbannung zu führen, und verläßt dann die Schlummernde, von Schmerz überwältigt, mit gebrochenem Herzen, durch Boten zu einem neuen Kampf wider einige Dämonen berufen.

Aus dem Königspalast von Ayodhyâ und seinen Gärten werden wir nun in den Wald von Janasthâna versetzt. Es sind mittlerweile schon zwölf Jahre dahingeflossen. Aus einem Gespräch der Waldnymphe Vâsantî und der fliehenden Büßerin Âtreyî vernehmen wir, daß Râma die Vorbereitungen zum großen Pferdeopfer begonnen hat, daß der Einsiedler Vâlmîki seine Heldenthaten in einem neuen herrlichen Gedichte besingt und daß er zwei wundersam schöne Knaben aufzieht, welche ihm eine Gottheit übergeben. Dann tritt Râma auf. Er hat eben im Walde dem Çûdra Çambûka den Kopf abgeschlagen. Doch Râmas Hand hat läuternde Kraft. Çambûka wird sofort als himmlischer Genius wiedergeboren, dankt Râma ehrfurchtsvoll und führt ihn durch das wirre Dickicht bis in die Nähe von Agastyas Einsiedelei. Hier überläßt sich Râma in tiefstem Schmerze der Erinnerung an sein früheres Waldleben mit Sîtâ. Von Agastya eingeladen, rafft er sich dann auf und pilgert weiter zu dessen Hütte.

Sîtâ hat sich unterdessen, von Lakshmana mitten im Walde verlassen, aus Verzweiflung in die Fluthen des Ganges gestürzt und mit dem Tode ringend zwei Kinder geboren. Doch die Flußgöttin Gangâ hat sich mitleidig ihrer erbarmt, sie mit ihren Knäblein gerettet, diese zur Erziehung dem Vâlmîki übergeben, Sîtâ selbst aber unter ihren besondern Schutz genommen und sie unsichtbar gemacht, damit sie, geschützt gegen alle Dämonen, ihre frühern Lieblingsstätten besuchen und dort Blumen pflücken könne. Das alles erzählen uns die Flußgöttinnen Tamasâ und Muralâ in lieblichen Versen, voll der schönsten Naturschilderung. Dann erscheint Sîtâ mit einem Blumenstrauß, geisterhaft wie Ophelia und wie diese traumhaft redend, stets mit Râma beschäftigt, treulich von der Flußgöttin Tamasâ begleitet. So trifft sie im Wald mit Râma zusammen, der sie zwar nicht sieht, aber ihre Nähe fühlt und sofort ohnmächtig niedersinkt. Erst wie sie vor ihm niederkniet, mit einer Hand seine Rechte faßt und mit der andern Hand seine Stirne streichelt, kommt er langsam zu sich. Sie fürchtet ihm aber zu mißfallen und will fliehen. Sehnsüchtig ruft er nach ihr und folgt dann ihrer Freundin Bâsantî, die ihn mahnt, dem bedrohten Elefanten Sîtâs zu Hilfe zu eilen. Sîtâ mit Tamasâ folgten ihnen, und so treffen Râma und Sîtâ abermals am Fluß Godâvarî zusammen. Sie reden alle zusammen, weder Râma noch Bâsantî können aber Sîtâ schauen, und so dient das seltsame Zusammentreffen nur dazu, die Liebe, Treue und den Trennungsschmerz beider aufs höchste zu steigern. Doch indem beide sich von ihrer gegenseitigen Liebe überzeugen, scheiden sie getröstet, ohne daß Sîtâ aus ihrer Unsichtbarkeit heraustritt.

Der nächste Act schlägt einen fröhlichern Ton an. In Bâlmîkis Einsiedelei wird gewaltig gekocht. Denn es werden, wie uns seine Schüler sagen, hohe Gäste erwartet, die nicht zu fasten brauchen. Es erscheint Janaka, Sîtâs Vater, der weise Vasishtha und Kausalyâ, Râmas Mutter. Sie klagen einander theilnehmend ihr Herzeleid, werden aber aus ihrer Trauer durch die Knaben aufgescheucht, die fröhlich um die Einsiedlerhütte spielen. Einer thut sich vor allen hervor. Seine Züge erinnern Kausalyâ wie Janaka an Râma und Sîtâ. Aber es ist nichts aus ihm herauszubringen, als daß er Lava heißt und noch einen Bruder Namens Kuça hat. Râma kennen sie nur aus den Versen des Râmâyana, das sie von Bâlmîki gelernt und von dem Bharata einen Theil als Schauspiel bearbeitet hat. Plötzlich entsteht Geschrei. Das Opferpferd naht, das Râmas Oberherrlichkeit verkünden soll. Der übermüthige Lava stürzt sich alsbald hinaus, um es zu entführen. Seine jugendlichen Genossen lassen sich rasch von den Kriegern einschüchtern, welche das Pferd zu beschirmen haben. Lava aber ist entschlossen, ihnen allen zu trotzen. Denn Râmas Heldenblut fließt in ihm.

Der Anführer der Krieger ist Candraketu, der Sohn Lakshmanas, also Lavas Vetter. Doch sie kennen sich nicht. Wie zwei junge mittelalterliche Ritter fordern sie sich unter viel Höflichkeitsbezeigungen zum Kampfe heraus. Sie bewundern sich gegenseitig; aber schließlich muß die Sache ausgefochten werden.

Der Kampf, von beiden Seiten mit wunderbaren Waffen geführt, wird von zwei Luftgeistern aus der Höhe beschrieben. Von beiden Seiten wird Unglaubliches geleistet. Ehe es indes zu einem Entscheid kommt, tritt

Râma selbst dazwischen und trennt die Kämpfenden. Candraketu wie Lava finden seine höchste Anerkennung. Vor einem Helden wie Râma aber, dem leuchtenden Ideal der Ritterschaft, das er aus dem Râmâyana kennen gelernt, beugt sich Lavas trotziger Jugendübermuth. Er streckt die Waffen und bittet um Verzeihung. Auch sein Bruder Kuça kommt nun herbei, und Râma, der Vater, umarmt seine beiden Söhne, noch ohne sie zu kennen, doch mit der Ahnung, daß sie es sein könnten, und mit dem Wunsch, daß sie es sein möchten. Auf seine Bitte singt ihm Kuça eine Stelle aus dem Râmâyana: von Râmas und Sîtâs Liebe. Da strömen seine Thränen und er versinkt in schmerzliche Betrachtung, aus der ihn dann das Herannahen seiner Mutter, des Königs Janaka und der übrigen Gäste aufscheucht.

Die Lösung wird endlich (im VII. Act) auf die unerwartetste Weise herbeigeführt, nämlich durch ein Schauspiel im Schauspiel. An einem waldumschatteten Halbkreis am Ufer des Ganges ist ein Theater errichtet, zu dem alle Götter und Geister geladen werden, dem aber vor allem Râma, Candraketu, Kuça, Lava und ihr ganzes Gefolge als Zuschauer beiwohnen. Râma erhält den königlichen Ehrensitz, wie sich gebührt. Als Schauspieler wirken die Apsaras aus Indras Himmel unter Bharatas Leitung, der nach der Sage die Schauspielkunst überhaupt erfunden.

Das kleine Schauspiel im Schauspiel führt Sîtâ vor, wie sie sich, von Lakshmana verlassen, in die Fluthen des Ganges stürzt. Ihr verzweifelter Ruf ertönt hinter der Bühne. Der Schauspielleiter erzählt die That. Dann tritt Sîtâ auf, eben dem Tode entronnen, gestützt auf Prithivî, die Göttin der Erde, und auf die Flußgöttin Gangâ, von denen jede ein neugebornes Kindlein auf dem Arme trägt. Sie kann kaum glauben, daß das ihre Kinder sind. Nach Râma rufend, bricht sie zusammen. Wie sie zu sich kommt, geben die Göttinnen sich ihr zu erkennen und trösten sie. Prithivî klagt herb über Râmas Härte und Grausamkeit. Gangâ erklärt und entschuldigt liebevoll seine Handlungsweise. Sîtâ möchte lebensmüde zu ihrer Mutter, der Erde, zurückkehren. Gangâ aber mahnt, erst für die Kinder zu sorgen. Sie soll ihnen Mutter sein, solange sie mütterlicher Pflege bedürfen; dann soll Bâlmîki sie nach allen Forderungen der Schriften erziehen. Prithivî erklärt sich einverstanden, und die drei gehen ab.

Die Vorstellung ruft in Râma einen wahren Sturm der verschiedensten Gefühle hervor. Er nimmt sie für Wirklichkeit und ruft dazwischen. Er will Sîtâ zu Hilfe eilen. Bei ihrem Anblick sinkt er zusammen. Beim Gespräch der beiden Göttinnen wird er etwas ruhiger und folgt theilnahmsvoll; wie aber Sîtâ ihr Verlangen äußert, heimzugehen zur mütterlichen

Erde, und wie sie mit den Göttinnen von der Bühne verschwindet, wird er von maßlosem Schmerz erfaßt und stürzt ohnmächtig nieder. Doch nun ändert sich das Blatt. Die ganze Götterwelt zeigt sich am Himmel. Arundhatî, die Gattin Vasishthas, die lange Jahre treulich Sîtâ gepflegt, führt sie, die wirkliche Sîtâ, herbei. Bâlmîki, der Dichter, stellt Râma seine beiden Söhne vor, und so findet sich endlich Râma mit all den Seinen zusammen.

In den Schlußworten, welche Râma an Vasishtha richtet, hat Bhavabhûti in überaus poetischer Weise seine Ideen über Wesen und Ziel der dramatischen Kunst niedergelegt. Sie stimmen völlig mit den Anschauungen des Aristoteles überein, zufolge denen das Spiel der Leidenschaften (besonders Mitleid und Furcht) nicht bloße Unterhaltung und Ergötzung, sondern eine ideale Erhebung und Läuterung der Seele (Katharsis) herbeiführen soll. Sie bezeichnen recht eigentlich den Höhepunkt geistiger Bildung, zu dem sich die Inder erschwangen und der sie den Griechen wohl sehr nahe gebracht hätte, wenn nicht einerseits eine abenteuerliche Phantastik, andererseits eine ewig tüftelnde und formalisirende Verstandesrichtung sie von der harmonischen Gestaltung des Schönen abgelenkt hätte. Diese Schlußverse lauten:

> Nichts bleibt mir, heiliger Mann, zu wünschen mehr.
> Mög' dies von Göttern eingegeb'ne Spiel
> Das Herz erfreuen und zugleich auch läutern,
> Wie Mutterliebe jeden Kummer löst,
> Der Gangâ Fluthen jede Makel tilgen.
> Es mög' die Schauspielkunst mit tiefem Sinn
> Und Verswohllaut uns die Geschichte deuten,
> Daß ew'ger Ruhm für seine holden Töne
> Den großen Sangesmeister ehrend kröne,
> In welchem Kunst und Wissen suchen eins:
> Der Wahrheit Quell, den Born des höchsten Seins.

11. Spätere Râma-Schauspiele.

Die Hochblüthe, welche das indische Drama in den Schauspielen des Bhavabhûti erreicht, war nicht von langer Dauer. Viele Dichter bildeten sich zwar an der Gewandtheit seiner Technik, an den von ihm angewendeten dramatischen Motiven, an seinem Pathos, an seiner Kunst der Naturschilderung, an dem Reichthum seines Ausdruckes, an der Schönheit seiner Sprache; mehrere nahmen auch die Râma-Sage zum Vorwurf und hatten den Erfolg, daß ihre Stücke von den Indern als klassische Meisterwerke betrachtet wurden. Allein der Geschmack des Publikums selbst sank, nachdem die Kunst zu jener Höhe gelangt war. Man wollte noch mehr und noch Schöneres. Dabei ward die Kunst zur Künstelei; Effecthascherei führte zu Unnatur, Uebertreibung, Bombast. Die Epigonen besaßen nicht die Schaffenskraft und das feine Kunstgefühl eines Kâlidâsa oder Bhavabhûti. Daß sie sich selbst überschätzten, zeigt schon der Umstand, daß sie, nur mit der Beliebtheit des Stoffes rechnend, so oft neue Seitenstücke zu den Râma-Schauspielen des Bhavabhûti zu leisten versuchten. Während dieser, ein echter Künstler, die weite Stoffmasse des Epos auf möglichst wenige, wirksame Scenen zusammenzudrängen suchte, meinten sie, vielleicht vom Publikum gedrängt, ergänzen, vermehren und alles nachtragen zu müssen, was ihr Vorgänger wohlweislich hinweggelassen. Anstatt die gegebenen Motive lebendig zu durchdringen, trugen sie ganz fremdartige Erfindungen hinein und verarbeiteten sie nach bereits vorhandenen Schablonen. So wurden die Stücke immer länger und breiter, bedeuten mehr einen Niedergang als ein neues Aufleben der dramatischen Kunst.

1. Anargha-Râghava[1], nach seinem Verfasser auch Murâri-Nâtaka, d. h. „Murâris Schauspiel" genannt, gehört der zweiten Hälfte des 9. Jahrhunderts an, ist also etwa anderthalb Jahrhunderte jünger als die Stücke des Bhavabhûti. Es behandelt in 7 Acten die ganze Geschichte Râmas von seinen ersten jugendlichen Heldenthaten bis zu seinem Triumph über Râvana und seiner Thronbestei-

---

[1] Anargha Râghava by Murâri, with the Commentary of Rucipati ed. by *Pandita Durgâprasâda* and *K. Pandita Paraba*. Bombay 1887. Vgl. *H. H. Wilson*, Theatre of the Hindus II, 375—383. *S. Lévy*, Theatre Indien p. 277—280.

gung. Die erſten Acte ſind ſtark mit Naturbeſchreibung durchtränkt: Nacht, Morgenroth, Sonnenaufgang, Sonnenuntergang, Monbaufgang und abermals Sonnenaufgang. Die Handlung ſchleicht ziemlich langſam voran und hat keine eigentliche Verwicklung als jene, welche die Sage ſelbſt bot. Vâmadeva, Viçvâmitra, König Daçaratha und die andern Sagengeſtalten ſtehen im Vordergrunde. Erſt im III. Act läßt Râvana durch einen Abgeſandten um Sîtâ werben und ſucht dann, nachdem Râma den Bogen gebrochen und Sîtâ gewonnen, ihn durch Liſt in den Wald zu bringen, um ihm Sîtâ zu entreißen. Çûrpanakhâ, ſeine Schweſter, nimmt zu dieſem Zwecke die Geſtalt der bucklîgen Joſe an. Im V. Act wird dann Sîtâ entführt, ſo daß für den Kampf um Lankâ und Râmas Rückkehr und Krönung nur 2 Acte übrig bleiben. Die ungünſtige Natur des an ſich meiſt epiſchen Stoffes tritt um ſo auffälliger hervor, je geſuchter und ungeſchickter der Dichter ihn dialogiſch unterzubringen ſucht. Anſtatt uns Râma und Sîtâ ſelbſt in ihrem Waldleben vorzuführen, läßt er uns dasſelbe durch die Einſiedlerin Çramanâ und den Bärenfürſten Jâmbavat beſchreiben. Auch von der Entführung kommt nichts auf die Bühne; alles wird durch Nebenperſonen, und zwar ziemlich matt, proſaiſch erzählt. Noch im ſelben Act wird Guha aus den Händen des kopfloſen Dämons Kabhanda befreit und der Affenfürſt Vâlin von Râma getödtet, und Stimmen hinter der Bühne verkünden die Krönung des Affenfürſten Sugrîva und ſeinen Bund mit Râma — alles ſo undramatiſch wie möglich.

Von dem Brückenbau und von der Belagerung Lankâs erhält man natürlich ebenfalls nichts mehr als eine dialogiſirte Schilderung, und den entſcheidenden Kampf Râmas mit Râvana beſchreiben zwei Luftgeiſter von ihren Wagen herab in weitſchweifigem Redeſchwall. Den größten Theil des letzten Actes nimmt die Rückreiſe Râmas durch die Lüfte ein, ähnlich wie in Bhavabhûtis Mahâvîra Carita; aber während hier noch etwas Maß und Vernunft herrſcht, ſucht Murâri die Schilderung durch die ausſchweifendſte Phantaſtik noch zu überbieten. Er läßt die Reiſenden auf dem Wagen Puſhpaka (als Vorläufer Jules Verne's) gleich in die höchſten Luftregionen emporſteigen, zu dem ſagenhaften Gebirge Sumeru und dann in die Regionen des Mondes ſelbſt (Candraloka), wo der Dichter in mehreren Hundert Verſen ſeine mythologiſchen Kenntniſſe auskramt. Dann ſteigt er zur Erde hernieder, woſelbſt er Ceylon (Sinhalâ) wohlweislich von Lankâ unterſcheidet. Darauf geht es durch die Halbinſel weiter an den Ganges und von da nach Ayobhyâ.

2. Bâla-Râmâyana[1]. Das Drama umfaßt die ganze Geſchichte Râmas von ſeiner Brautwerbung um Sîtâ bis zu ſeinem Triumphe über Râvana in 10 Acten, die zuſammen doppelt ſo lang ſind als die Çakuntalâ oder ein anderes der klaſſiſchen Stücke. Schon der Prolog iſt faſt ſo lang wie ein kleineres Stück. Râma iſt von vornherein als erſter Liebhaber aufgefaßt und Râvana als zweiter, ſo daß das ganze Stück auf ein Eiferſuchtsdrama hinausläuft. Schon bei der Gattenwahl Sîtâs im erſten Act erſcheint Râvana in Begleitung ſeines Feldherrn Prahaſta, um mit Râma und den andern Heiratscandidaten um Sîtâs Hand zu freien. Er verlangt, daß zu dem Entſcheide Çivas Bogen herbeigebracht werde; wie er denſelben aber dann ſpannen ſoll, tritt er zurück, ohne den Verſuch zu wagen, und ſpottet der andern, die in ſolcher Weiſe Sîtâs Hand gewinnen wollen. König Janaka fühlt ſich dadurch ſehr verletzt und will ſich an Râvana rächen; er wird aber von einer

---

[1] Bâlarâmâyana, a drama by *Râjaçekhara* ed. by Pandit *G. D. Sastri*, Benares 1869; ed. by *Jîbânanda Vidyâsâgara*. Calcutta 1884. Vgl. *S. Lévy* l. c. p. 272—277.

geheimnißvollen Stimme zurückgehalten. Liebe und Eifersucht lassen indes Râvana fortan keine Ruhe mehr. Er geräth in Streit mit Paraçurâma, der ihm seine Axt nicht hergeben will, um Râma zu bekämpfen. Er fällt dann der schon in vielen vorausgegangenen Stücken breitgetretenen Liebesmelancholie anheim. Um ihn aufzuheitern, lassen ihm seine Minister ein Theaterstück aufführen — wieder eine Bühne auf der Bühne. Das Stück ist aber schlecht gewählt: denn es führt Râma vor, wie er, von Janaka freundlich aufgenommen, die andern Freier besiegt und Sîtâs Hand gewinnt. Râvana wird darüber so wüthend, daß das Stück unterbrochen werden muß. Darauf folgt Râmas Hochzeit, dialogisch erzählt, und sein Kampf mit Paraçurâma. Dann ein neuer Theatercoup.

Um Râvana zu beruhigen, läßt sein Minister Mâlyavat zwei Puppen anfertigen, welche völlig Sîtâ und ihrer Zofe gleichen. In dem Munde derselben werden kleine redende Papageien angebracht, die vollkommen ihre Stimmen nachahmen können. Für einen Augenblick wird Râvana getäuscht, aber auch nur für einen Augenblick. Dann wird er nur um so melancholischer und ruft nun im Garten Bäche, Flüsse, Thiere, Vögel, Bäume, kurz die ganze Natur an, ihm Sîtâ wiederzugeben, wie der König Purûravas in Kâlidâsas Vikramorvaçî. Erst die Klagen seiner Schwester Çurpanakhâ, der Râma Ohren und Nase abgeschnitten, scheuchen ihn aus seinen Träumereien auf. Die noch übrigen 5 Acte bringen dann die Entführung Sîtâs, die Belagerung von Lankâ und das übrige, ebenfalls mit den verzwicktesten Einfällen und Zuthaten überwuchert.

Das Drama wird im Prolog dem Dichter Râjaçekhara zugeschrieben und dürfte etwa in dieselbe Zeit fallen wie Murâri-Nâtaka.

8. **Hanûman-Nâtaka oder Mahâ-Nâtaka**[1]. Ihren Höhepunkt erreichte die theatralische Mache in dem Schauspiel, das seines Umfanges wegen einfach „das große" heißt: Mahâ-Nâtaka. Es führt aber auch noch einen andern, ebenfalls sehr bezeichnenden Namen. Die nie rastende Sagenbildung schrieb es dem Affenfürsten Hanûmat zu. Auf uns wirkt schon der bloße Name mit unwiderstehlich komischer Gewalt. Das war aber bei den Indern nicht der Fall. Hanûmat war ihnen der treue Waffengefährte des größten Helden und des höchsten der Götter, selbst ein Göttersohn. Der Einfall, ihn noch gar zum Dichter zu machen, wurzelte darin, daß er im Uttara-Kânda als ein Ausbund von Bildung und Gelehrsamkeit beschrieben war.

„Wiederum bestrebte sich der Fürst der Affen grenzenlos, die Grammatik zu lernen, und zur Forschung geneigt, schaute er auf zur Sonne und ging von dem Berge, wo die Sonne sich erhebt, zu dem Berge, wo sie untergeht, umfassend die mächtige Sammlung, d. h. die Aphorismen (sûtra), den Commentar (vritti), Vârttika (arthapada), Mahârtha und Sangraha (des Vyâdi). Der Affe ist vollkommen; keiner gleicht ihm in den Çâstras, in Gelehrsamkeit, in Bestimmung des Sinnes der Schrift. In allen Wissenschaften, in den Regeln der Strengheit wetteifert er mit dem Lehrer der Götter."[2]

---

[1] Mahânâtaka, a Drama in 9 Acts by Hanuman, compiled by Madhusûdana Miçra, edited by *Jîbânanda Vidyâsâgara*. Calcutta 1878. Engl. Uebersetzung von *Maharaja Kalikrishna Bahadur*. Calcutta 1840. Vgl. *H. H. Wilson* l. c. II, 283—373. S. *Lévy* (l. c. p. 280) stellt ein eigenes Werk darüber in Aussicht, ebenso R. Pischel, bereits Götting. gel. Anz. 1885, S. 760, Anm. 1, und abermal das. 1891, S. 358. Klein a. a. O. III, 367. 368.

[2] Uttara-Kânda Sarga 36, vv. 44 ff.

11. Spätere Râma-Schauspiele.

Der indische Commentator erklärt uns: mit dem „Umfassen der mächtigen Sammlung" sei gemeint, daß Hanûmat die große Sammlung nach Wortlaut und Sinn völlig inne gehabt habe. Unter den Sûtras versteht er die acht Bücher des Pânini, unter Vritti die zeitgenössischen Glossen dazu, unter Arthapada die Vârttika, d. h. Sprüche, welche den Sinn der Sûtras wiedergeben; unter Sangraha das von Vyâdi verfaßte Buch Sangraha. Hanûmats Schriftkenntniß erklärt er dahin, daß er den Sinn der Veden genau nach der Pûrva- und Uttara-Mîmânsâ verstanden habe. Schließlich fügt er noch bei, daß Hanûmat nach der Ansicht Katakas der neunte der großen Grammatiker gewesen [1].

An diese Gelehrsamkeit hing sich nun die Sage und fabelte weiter, daß Hanûmat das Mahâ-Nâtaka verfaßt und auf Felswände eingegraben habe. Da sah es Vâlmîki und fürchtete, der größere Liebreiz des Stiles möchte sein eigenes Werk in den Schatten stellen. Er beklagte sich bei Hanûmat. Dieser war ganz gerührt und so edelmüthig, daß er ihm erlaubte, die Felsen mitsamt der Dichtung ins Meer zu werfen. So blieb das Schauspiel durch Jahrhunderte unbekannt im Meeresgrunde liegen. In der Zeit des Königs Bhoja wurden jedoch Theile desselben aufgefischt, und der König beauftragte den Dichter Dâmodara-Miçra, die Lücken auszufüllen und so das Werk zu ergänzen.

Wie Wilson meint, hat diese drollige Fabel insoweit einen wirklichen Hintergrund, als das Schauspiel aus Fragmenten einer frühern Dichtung zusammengeflickt worden zu sein scheint, wahrscheinlich unter der Regierung des Königs Bhoja, d. h. im 10. oder 11. Jahrhundert. Ein Dichter Namens Dâmodara wird unter zahlreichen Schriftstellern erwähnt, welche dieser König begünstigt haben soll. Das Stück selbst weist auf einen solchen Ursprung hin. Denn es enthält manche ganz poetische Ideen und Stellen; die Sprache ist im allgemeinen harmonisch; aber die Ausführung ist sehr ungleich und verräth häufig bloß ungeschickte Flickarbeit.

Es hat nicht weniger als 14 Acte, auf welche die Geschichte Râmas ungefähr folgendermaßen vertheilt ist:

I. Râmas Jugendleben, zum größten Theil vom Dichter erzählt; dialogisirt ist Râmas Fahrt an den Hof von Mithilâ, das Brechen des Bogens, die Gewinnung Sîtâs und der Kampf mit Paraçurâma.

II. Râmas Liebesleben, ganz im Gegensatz zum Epos grob erotisch ausgeführt, wenn auch in gewandter und blühender Sprache.

III. Râmas Verbannung, sein Aufenthalt in Pancavatî, die Jagd auf die vermeintliche Gazelle. Vorwiegend beschreibend.

IV. Fortsetzung der Jagd auf die Gazelle. Râvanas Werbung um Sîtâ. Die Entführung. Tod des Geiers Jatâyu bei der Vertheidigung Sîtâs. Begegnung Sîtâs mit Hanûmat. Râma findet die Hütte leer.

V. Suche Râmas nach Sîtâ. Kampf und Sieg über Bâlin. Entsendung Hanûmats nach Lankâ.

VI. Hanûmats Besuch bei Sîtâ. Seine Heldenthaten in Lankâ und seine Rückkehr zu Râma.

VII. Vorrücken von Râmas Heer. Wortstreit zwischen Vibhîshana und seinem Bruder Râvana. Der Brückenbau und der Marsch vor Lankâ.

VIII. Râma schickt Angada nach Lankâ, um die Herausgabe der Sîtâ zu fordern mit gütlicher Beilegung des Streites. Er dringt aber zum Kriege und erklärt ihn dann, nachdem die Bedingungen verworfen. Dieser Dialog ist gut durchgeführt.

---

[1] *Muir*, Origin. Sanskr. Texts IV, 490. 491.

IX. Kriegsrath in Lankâ. Disput zwischen den Räthen Virûpâkscha und Mahodara. Râvana sucht Sîtâs Gunst zu gewinnen. Er bringt ihr erst ein Truggebilde von Râmas und Lakschmanas Häuptern. Doch eine himmlische Stimme bewahrt sie vor der Täuschung.

X. Râvana erscheint nun vor ihr in Râmas Gestalt und bringt ihr seine eigenen zehn Häupter als Trophäen. Sîtâ wird diesmal beinahe getäuscht; doch im rechten Augenblick durchschaut sie das Trugbild und weist den Dämon ab. Eine Stimme von oben verkündet ihr, daß sie den wirklichen Râma nicht eher sehen wird, bis Mandodarî an Râvanas Leiche trauert.

XI. Vorbereitungen zum Kampfe in abrupten Scenen. Eine Râkschasin versucht Râma zu meucheln, wird aber von Angada verhindert. Begegnung der beiden Heere. Kumbhakarna erwacht und zieht zu Felde.

XII. Kumbhakarna fällt. Von Indrajits Pfeilen sinken Râma und Lakschmana. Hanûmat stört Indrajits Opfer und ruft mittels des Amrita Râma und seinen Bruder ins Leben zurück. Lakschmana tödtet Râvanas Sohn Meghanâda und wirft dessen Kopf Râvana zu.

XIII. Lakschmana fällt abermals von einer Zauberwaffe. Um ihn zu heilen, bringt Hanûmat den Berg Druhina noch in der Nacht sechs Millionen Yojanas weit mit der nöthigen Heilpflanze herbei, wird unterwegs von Bharata schwer verwundet, aber von Vasishtha geheilt und kommt so rechtzeitig, um Lakschmana zu retten. Fast nur Erzählung und Schilderung.

XIV. Râvana schickt Gesandte, um Sîtâ gegen die Axt des Paraçurâma auszutauschen (eine in der Sage völlig unbegründete Fiction). Er wird abgewiesen. Seine Gattin Mandodarî feuert ihn zum Kampfe an. Er fordert Râma heraus und fällt unter dessen Pfeilen. Todtenklage. Feuerprobe Sîtâs. Rückkehr nach Ayodhyâ. Hier fordert Angada Râma zum Kampf heraus, um den Tod seines Vaters Bâlin zu rächen; eine Stimme vom Himmel hält ihn jedoch davon zurück mit der Zusage, Bâlin werde in einer neuen Existenz als Jäger wieder mit Râma (als Krishna) zusammentreffen und ihn dann selbst niederschießen. Trotz dieser Voraussetzung, wozu die Idee aus dem Mahâbhârata herübergenommen, schließt das Stück mit Lobpreisungen Râmas.

In dieser Art und Weise — das ist klar — hätte es der Dichter mit Hilfe des Uttara-Kânda leicht von 14 Acten auf 20 oder 28 bringen können. Das Drama gleicht vollständig jenen 10000 Stadien langen Gliederwürmern, von denen Aristoteles in seiner Poetik spricht. Wenn es nichtsdestoweniger Beifall und hohe Anerkennung fand, so ist das nicht zum mindesten dem Umstand beizumessen, daß das Volk nicht müde wurde, von Râma zu hören und seine ganze Geschichte möglichst ausführlich auf der Bühne zu sehen.

4. Prasanna-Râghava[1]. Wieder ein Drama von 7 umfangreichen Acten. Der Verfasser heißt Jayadeva wie jener des berühmten lyrisch-erotischen Gedichtes Gîtâ-Govinda, ist aber eine durchaus verschiedene Person. Dieser stammt aus Kenduvilva (Bengalen), der Dramatiker aus Kundina (Vidarbha). Auch die Namen der Eltern lauten bei beiden völlig verschieden. Verse aus seinem Stücke werden im 14. Jahrhundert schon citirt, so daß er vor dieser Zeit gelebt und gedichtet haben muß; Näheres aber ist noch nicht bekannt.

---

[1] Prasannarâghava by Jayadeva, ed. by *Jîbânanda Vidyâsagara*. Calcutta 1872. Vgl. S. *Lévy* l. c. p. 281—286.

11. Spätere Râma-Schauspiele.

Das Stück bringt wieder ungefähr das ganze Râmâyana auf die Bühne, von Sîtâs Gattenwahl bis zu Râmas Königskrönung in Ayodhyâ, stellenweise dramatischer als die beiden vorhergehenden, aber mit einer Masse von neuen Märchenerfindungen, mit sentimentalen Scenen, unnöthiger Schilderung und Declamation überladen. Gleich in der ersten Scene belauscht Dâlbhyâyana das Gespräch zweier Bienen, welche sich erzählen, daß der Asura Bâna und Râvana um Sîtâs Hand werben wollen. Also ein neuer Prätendent! Zuerst erscheint aber Râvana und fängt Händel an mit den zwei Herolden, welche sich über die verschiedenen andern eingetroffenen Freier unterhalten — erst als ein grober Mensch aus dem Volke, dann als furchtbarer zehnköpfiger Dämon. Dann zeigt sich Bâna, der Râvana herausfordert, den Bogen zu spannen versucht, aber es nicht vermag. Sie scheiden unter Drohungen, Râvana mit der Absicht, Sîtâ zu rauben. Im II. Act wird dann die Werbung Râmas um Sîtâ als Liebesroman in sentimentalster Weitschweifigkeit ausgesponnen, mit Frühlingsbeschreibung, Gartenscenen, Mangobäumen und Lianen, Seufzern, Ohnmachten und Sonnenuntergang. Im III. Act wird der Bogen Çivas gespannt, im IV. Paraçurâma überwunden. Der V. Act spielt sich fast ganz zwischen Flußgöttinnen ab, Yamunâ, Gangâ, Sarayû, welche sich die Intrigue Kaikeyîs, die Verbannung Râmas und das Waldleben der Verbannten erzählen. Die Entführung Sîtâs, den Tod des Geiers Jatâyu, Râmas Trauer und Forschen nach der geraubten Gattin aber erzählt die Flußgöttin Godâvarî dem Meeresgott Sâgara. Da ihre Kenntniß nicht weiter reicht, wird eine neue Flußgöttin Tungabhadrâ aufgeboten, welche den Kampf zwischen Bâlin und Râma gesehen hat. Plötzlich erhebt sich eine furchtbare Masse über Sâgara. Er weiß nicht, was es ist: der Himâlaya oder das Vindhya-Gebirge. Er tritt ab, um sich zu erkundigen, und mit ihm die sämtlichen Flußgöttinnen. Von den Hauptpersonen tritt in dem ganzen Acte keine auf.

Wie der Dichter hier Motive aus Bhavabhûtis Stücken herübergenommen, aber durch Willkür und Uebertreibung gründlich verdorben hat, so auch in den zwei letzten Acten. Râmas Trauer um Sîtâ und Sîtâs Sehnen nach Râma ist in den sentimentalsten Ausrufen und Seufzern breitgeschlagen; zwei Luftgeister lassen Râma durch magische Künste die Geraubte schauen, und diese träumt von nichts als Râma. Dann folgt eine lange Liebeswerbung Râvanas um Sîtâ. Von ihr verschmäht, fordert er ein Schwert, um sie zu tödten; da sieht er statt des Schwertes plötzlich das Haupt seines Sohnes Aksha in seiner Hand. Sîtâ will sich vor Herzeleid in einen Scheiterhaufen stürzen; wie sie aber eine Kohle ergreift, um sie anzuzünden, verwandelt sich die Kohle in einen Diamant, und nun erscheint Hanûmat als Bote und tröstet sie, während die feindlichen Armeen schon gegeneinander stehen. In den VII. Act hat der Dichter alles zusammengerafft, was noch übrig blieb, d. h. den Brückenbau, die Umzinglung Lankâs, die Ueberwindung Râvanas, Râmas Fahrt auf dem Wagen Pushpaka und den Einzug in Ayodhyâ. Um blutlos an den Kampfscenen vorbeizukommen, läßt er den Feldherrn Prahasta nicht etwa mit einem strategischen Plan vor Râvana erscheinen, sondern mit einem Gemälde, auf welchem die Lager und Befestigungen beider Heere, die Brücke, die feindlichen Feldherren gemalt zu schauen sind. Stimmen hinter der Bühne verkünden dann das Eindringen des Feindes in die Stadt. Râvana gibt Befehl, Kumbhakarna aufzuwecken, und stürzt endlich selbst hinaus ins Schlachtgewühl. Das übrige erzählen, wie gewohnt, die bequemen Luftgeister.

5. Jânakî-Parinaya¹. Der Dichter heißt Râmabhadra-Dîkṣita und gehörte wahrscheinlich erst dem 17. Jahrhundert an. Um so merkwürdiger ist es,

---

¹ Jânakîparinaya nâtaka. Bombay 1866. Vgl. S. *Lévy* l. c. p. 286—292.

daß auch er es für seine Pflicht hielt, wieder das ganze Râmâyana in den gewohnten sieben Acten zu insceniren. Doch er hat kein Verständniß mehr für die einfache Größe und Schönheit der alten Sage; er springt damit so willkürlich um wie etwa ein moderner Balletmeister oder Baudeville-Schreiber mit den schönsten heroischen Sagenstoffen. Aus dem heroischen Schauspiele, wie es Bhavabhûti geschaffen, wird ein unendlich verwickeltes, sentimentales und künstliches Liebes- und Intriguenstück.

Râvana schickt einen Boten an den König Janaka von Mithilâ, um in aller Form um dessen Tochter Sîtâ zu werben. Doch Sîtâ hat ihr Herz bereits an Râma verschenkt. Der andern Werber sind noch viele, und König Janaka will es mit keinem verderben. Er trifft deshalb eine Verabredung mit dem berühmten Einsiedler Viçvâmitra, zufolge welcher dieser die beiden Königsfamilien von Ayobhyâ und von Mithilâ in seine Einsiedelei einladen soll. So erhält vorläufig keiner der Freier einen Vorschub, keiner eine Zusage. Sârana, der Bote Râvanas, hört alsbald von dieser Einladung und baut darauf einen Plan, Sîtâ zu entführen. Râvana soll die Gestalt Râmas annehmen und sich so in die Waldbehausung einschleichen. Das behagt ihm wenig, und es hat auch wenig Erfolg. In seinem falschen Incognito um die Einsiedelei herumschleichend, bekommt er im ersten Acte nichts zu sehen und zu hören als das Lob Janakas, Viçvâmitras und Râmas. Im zweiten hört er Sîtâ singen, die sich nach Râma sehnt. Sie malt dessen Bild, wie sie es im Traume geschaut. Râvana mit seinen ebenfalls verkleideten Begleitern bekommt dieses Bild zu sehen, und sie müssen gestehen, daß Sîtâ einen guten Geschmack hat. Râvana aber ist vor Eifersucht wüthend und denkt an neue Listen. In der Gestalt eines Einsiedlers schleicht er sich endlich bei Sîtâ ein; aber erst nach allen möglichen neuen Intriguen, Verzauberungen, Hindernissen, Enttäuschungen gelingt es ihm endlich im V. Act, sie zu rauben. Im VI. Act ist sie seine Gefangene in Lankâ, weist ihn aber von sich — und der Dämonenfürst wird nun zum wimmernden Troubadour, der für niemand mehr zu sprechen ist. Ein Schauspiel im Schauspiel holt von der eigentlichen Râma-Sage nach, was bisher übergangen war, und eine Stimme hinter den Coulissen verkündigt, daß Hanûmat den Ocean überschritten. Der Kampf um Lankâ ist übergangen — ebenso die sonst unausbleibliche Heimfahrt im Wagen Pushpaka. Beim Anfang des VII. Actes ist Lankâ schon genommen. Der Dichter führt nun eine neue Verwicklung ein: Çûrpanakhâ, Râvanas Schwester, geht nach Ayobhyâ voraus, um den Brüdern Bharata und Çatrughna vorzulügen, daß Râma besiegt worden sei. Das gelingt ihr beinahe. Die zwei Brüder, schon längst um Râma besorgt, glauben ihr alles und wollen sich schon in die Flammen eines Scheiterhaufens stürzen, als rechtzeitig noch Hanûmat ankommt, um die Lügnerin zu entlarven und Râmas Sieg zu melden. Viçvâmitra und Basishtha bereiten sich, den Râma zum König zu weihen; aber Râma selbst und Sîtâ erscheinen nicht mehr[1].

Den empfindlichsten Stoß erhielt die indische Dramatik durch die mohammedanische Eroberung. Der Islam verwarf das Theater an sich,

---

[1] Außer den hier kurz besprochenen Râma-Stücken werden noch mehrere andere erwähnt: eines von Mentha, einem Zeitgenossen Kâlidâsas, ein anderes (mit dem Titel Svapnadaçanana) von dem König Bhîmata, ein drittes von dem König Yaçovarman, dem Gönner Bhavabhûtis. Ein Abhinavarâghava von Manila figurirt gegen Ende des 14. Jahrhunderts auf dem Theater von Nepal. Siehe *Lévy* l. c. p. 268.

noch weit mehr als eine Einrichtung, welche aus dem alten Nationalcult der Inder hervorgegangen und diesen Zusammenhang noch in vielen Stücken bekundete. Die Schauspielerbanden, welche früher an den Fürstenhöfen ihr glänzendes Auskommen gefunden hatten, wurden zersprengt und lösten sich auf. Wohl fanden die alten Dramen noch Leser; wohl fanden sich immer noch Dichter, welche neue Dramen schrieben, und zwar durch die ganze Halbinsel hin; doch von der Bühne getrennt ward das Drama zum bloßen Lesedrama, verlor seine natürliche Frische und Lebenskraft, ward zum gelehrten, schulmäßigen Zeitvertreib.

Bereits früh indes entwickelte sich neben dem kunstmäßigen Sanskritdrama auch ein freieres Volksdrama in den verschiedenen Dialekten und Volkssprachen. Gelegenheit dazu boten die religiösen Festzüge, die in Städten und Dörfern gehalten wurden und Yâtrâs hießen. Danach wurden auch diese religiösen Festspiele Yâtrâs genannt [1]. Sie scheinen in die Blüthezeit der Sanskrit-Literatur zurückzureichen; bestimmtere Angaben finden sich jedoch erst aus dem 15. Jahrhundert. Den bevorzugten Gegenstand derselben scheinen die idyllischen Liebschaften Krishnas gebildet zu haben. Doch gibt es auf den Verzeichnissen dieser Volksstücke auch solche, die der Râma-Sage angehören, wie „Sîtâs Verbannung" (Sîtâvanavasa), „Sîtâs Raub" (Sîtâharana), „Râvanas Tod" (Râvanabadha) [2].

Verwandt in manchen Fällen, vielleicht identisch mit den Yâtrâs scheinen die Chhâyânâtakas zu sein, eine freiere, volksmäßige Art von Stücken, von welchen sich mehrere erhalten haben, aber noch keine herausgegeben sind [3]. Auch hier spielt die Râma-Sage wieder eine bevorzugte Rolle; aber es wird in diesen Stücken, zum großen Vortheile derselben, nicht das ganze Râmâyana auf die Bühne gebracht, sondern nur einzelne Episoden desselben. So behandelt eines derselben, „Dûtângada", wie der Titel sagt, die „Gesandtschaft des Angada", welche im Râmâyana der Kriegserklärung gegen Râvana vorausgeht, und dann den Kampf um Lanka selbst, doch nur in vier Scenen. In der ersten wird Angada, Bâlins Sohn, ausgesandt, um die Herausgabe Sîtâs zu fordern; in der zweiten richtet er seinen Auftrag bei Râvana aus, worauf der Krieg erklärt wird. In der dritten zieht Râvana zum Kampfe aus, und in

---

[1] *Nisikânta Chattopâdhyâya*, The Yâtrâs or the Popular Dramas of Bengal. Inaugural Dissertation. London 1882. Ders., Indische Essays (Zürich 1883) S. 1—56.

[2] *Lévy* l. c. p. 393 ss.

[3] Ibid. p. 241 ss. Das Wort bedeutet an sich „Schattenspiele"; in welchem Sinne es aber hier zu nehmen ist, ist noch nicht genügend aufgeklärt.

der vierten erzählen sich zwei Gandharven (Luftgeister) Râvanas Fall und Râmas Triumph[1].

Das Stück, oder besser gesagt, die kurze Skizze desselben, enthält die Angabe, daß der Dichter Subhata es für die Yâtrâ, d. h. die Festprocession des Kumâra-Pâla-Deva, verfaßt habe. Die vier Scenen waren also muthmaßlich einem glänzenden Festzug eingegliedert und wurden mit großem Pomp als eigentliches Volksschauspiel auf öffentlichen Plätzen gegeben.

Ein ähnliches Spiel, das „Râmâbhyudaya" des Vyâsaçrirâmadeva, hat nur zwei Acte, deren erster vor Lankâ, der zweite in Ayôdhyâ vorgeht. An die Schlachtbeschreibung durch die Gandharven schließt sich hier zunächst der Siegesjubel des Affenheeres, dann Sitâs Feuerprobe und die Heimfahrt auf dem Wagen Pushpaka. Im zweiten Theil kündigt erst Hanûmat die Ankunft Râmas an; Bharata geht diesem entgegen und übergibt ihm die Abzeichen der Königswürde; endlich wird Râma durch Vasishtha gekrönt, und vom Himmel fällt der übliche Blumenregen[2].

So ist Râma, der Held des alten Kunstepos, in der spätern epischen und dramatischen Kunstdichtung unzweifelhaft auch ein Hauptheld der weitverbreiteten Volksschauspiele geworden; allein die Gestalt Krishnas lief ihm hier den Rang ab. Das Volk interessirte sich schließlich mehr für die äußere Schaustellung, die glänzenden Heerzüge, die Kämpfe mit Pferden und Elefanten, die eingemischten Zoten, Hanswursstereien und unanständigen Tänze als für die idealen Gedanken der alten Sage, und so sank das indische Volksschauspiel nach und nach ziemlich auf die niedrigste Stufe herab, zu der die Dramatik gelangen kann. In neuerer Zeit erst scheint sich das indische Volksdrama wieder etwas gehoben zu haben; die klassischen Dramen Kâlidâsas und Bhavabûtis jedoch werden höchstens als Schulübungen in gelehrten Kreisen aufgeführt.

---

[1] *Wilson* l. c. II, 890.
[2] Das Wiederzusammentreffen der vier Brüder bildet die Hauptscene in dem Volksschauspiel, das alljährlich beim Dasserah-Fest in den nordwestlichen Provinzen aufgeführt wird und „Bharat-Milâp" genannt wird. *Monier-Williams*, Indian Epic Poetry p. 88.

12. Das Hindi-Râmâyana des Tulsî Dâs.
(Râm-carit-mânas.)

Das Sanskrit ist noch heute die Cultus- und Gelehrtensprache Indiens, wie es einst das Latein durch Jahrhunderte für das christliche Europa war. Schon sehr früh zweigte sich indes von ihm eine andere heilige Sprache ab, das Pâli, in welcher die Buddhisten auf Ceylon ihre religiösen Bücher niederschrieben, und das Kâvi, die Literatursprache der fernen Insel Bali (östlich von Java). Im täglichen Verkehr wurde nicht Sanskrit gesprochen, sondern die davon abgeleiteten Volkssprachen oder Prâkrits, von denen uns Proben in den Schauspielen erhalten sind. Nur die Könige, Helden und Brâhmanen bedienten sich in denselben des Sanskrit. Frauen, Kinder, Mägde, Diener hatten Çauraseṇî zu sprechen, die Sängerinnen Mahârâshṭrî, die Höflinge Mâgadhî, die Schurken Avantî, die Teufel Paiçâcî. Aus diesen Dialekten heraus haben sich etwa seit dem 11. Jahrhundert unserer Zeitrechnung nach und nach die neuern Volkssprachen des nördlichen Indiens herausgebildet, von welchen das Hindi von etwa 100 Millionen gesprochen wird. Die dravidischen Sprachen des Südens — Tamil, Telugu, Kanaresisch u. s. w. — sind höhern Alters, haben aber kein so ausgedehntes Sprachgebiet [1].

Nicht weniger bunt als die sprachlichen Verhältnisse gestalteten sich im Laufe der Zeit die religiösen. Innerhalb des Brâhmanismus wie innerhalb des Buddhismus entstanden die verschiedensten Schulen, Richtungen, Orden, Ketzereien. Daneben lebten die Jainas weiter, ebenfalls verschiedenartig zersplittert. Nachdem vereinzelt griechische, persische, jüdische und christliche Einflüsse nach Indien gedrungen, brach der Islam in die Halbinsel ein, nicht mit der ursprünglichen Einheit, sondern ebenfalls schon in allerlei Schattirungen getheilt. Es gelang ihm nicht, den alten Volksglauben auszurotten wie in andern Ländern, aber seine Ideen brachten neue religiöse Mischungen und Bewegungen hervor. Manche Zweige der

---

[1] *Muir*, Origin. Sanskr. Texts II, 4 ff. 34 ff. 43 ff.

Volksreligion, besonders der Çiva-Dienst, waren damals zu den greulichsten Ausschweifungen entartet. Auch der Vishnu-Dienst war davon angesteckt. Vom Ende des 13. Jahrhunderts an macht sich indes eine gewaltige reformatorische Bewegung geltend, welche dahin zielte, dem Mohammedanismus gegenüber die alten Volksüberlieferungen, besonders die Verehrung Vishnus, festzuhalten, zugleich aber dieselben sittlich zu heben und zu läutern. In diesem Sinne wirkte Râmânuja in Südindien, Râmânand in Hindûstân. Kabîr verbreitete diesen geläuterten Vishnu-Cult (von 1380—1420) in Bengalen; Caitanya (geb. 1485) verpflanzte ihn nach Orissa [1].

Gemeinsam war diesen schwärmerischen Propheten das Bestreben, alle Kasten der Hindus in derselben Religion zu vereinigen, daher die vorhandenen philosophischen und religiösen Gegensätze auszugleichen, mehr Werth auf eine Art mystischer Vereinigung mit der Gottheit als auf einzelne Lehren und Gebräuche zu legen, Wahrheitsliebe, Wohlthätigkeit, Gehorsam und innere Beschaulichkeit mehr zu betonen als rituelle Uebungen, die Anbetung Vishnus selbst rationalistisch zu deuten, sie praktisch aber vorherrschend zur Gefühlssache zu machen. In einzelnen Lehren und Auffassungen stimmen sie nicht völlig überein.

Râmânuja übte die allgemeine Brüderlichkeit, ohne sie ausdrücklich zu verkünden, indem er Leute aller Kasten und Stände zu bekehren suchte [2]. Râmânand, dessen Hauptsitz Benares war, erhob sich offen gegen die Brâhmanen und wählte sich zwölf Schüler aus den niedrigsten Klassen aus — einen Gerber, einen Barbier, einen Weber. Kabîr ging noch weiter; er bekämpfte die Brâhmanen, das Kastenwesen, die Verehrung der Bilder, erklärte es für gleichgiltig, ob man den Gott der Hindu, Râma, oder den Gott der Mohammedaner, Ali (Allah), verehre: es sei derselbe Gott, und es komme nur darauf an, ihm durch Reinheit des Lebens wohlgefällig zu werden [3]. Der mystische Verkehr mit der Gottheit (Bhakti) wurde von Kabîr und dessen Schülern zum eigentlichen System ausgearbeitet und dabei fünf Grade unterschieden: ruhige Betrachtung, knechtischer Gehorsam, Freundschaftsliebe, kindliche Liebe, geistliche Brautliebe und Vermählung. Wahrer Friede und Erlösung ist nur dadurch zu erlangen, daß man den berückenden Täuschungen der Sinnenwelt entsagt, durch Gebet und Beschauung sich in

---

[1] *W. W. Hunter*, The Imperial Gazetteer of India VI (London 1886), 217 ff.
[2] Ueber dessen Lehre s. *R. G. Bhandarkar*, The Râmânujîya and the Bhâgavata and Pâncarâtra Systems. Verhandl. des VII. Intern. Oriental.-Congr. Arische Section (Wien 1888) S. 101—110.
[3] *Hunter* l. c. VI, 218. 219.

Viſhnu verſenkt und ſeine Namen Hari, Râma und Govinda ſtets auf den Lippen und im Herzen trägt[1]. Die Gottheit wurde alſo nicht abſtract gedacht, ſondern mit Vorliebe verkörpert als Kriſhna und Viſhnu, und damit zog die ganze frühere Götter- und Sagenwelt in den myſtiſchen Betrachtungskreis dieſer ſchwärmeriſchen Auserwählten. Das Volk aber, das ihnen maſſenweiſe zuſtrömte, umgab ihr eigenes Leben mit neuen, zahlloſen Wundern, Märchen, Fabeleien. Viele von ihnen ſind neue Herabkünfte der Gottheit, werden durch Propheten vorherverkündigt, von Jungfrauen geboren, bändigen wilde Thiere, gebieten der ganzen Natur und wecken ſelbſt Todte vom Grabe auf[2].

Alle dieſe neuen Träumereien indiſcher Phantaſie ſammelten ſich in dem ſogen. Bhakt-Mâlâ (Kranz der Gläubigen), einer Art Legendenbuch, das von Nâbhâ Jî (Nâbhâ Dâs) im Anfang des 17. Jahrhunderts verfaßt worden ſein ſoll und in kurzen Biographien alle hauptſächlichen Heiligen der Viſhnuiten von 700 n. Chr. an umfaßt. Es iſt eines der Lieblingsbücher der geſamten Hindu-Welt[3].

Einen ihrer Hauptheiligen und zugleich ihren Dichter fand die neue Viſhnu-Religion an Tulſi Dâs, über welchen uns Nâbhâ-Jî im Bhakt-Mâlâ folgendermaßen berichtet:

„Zur Erlöſung der Menſchen in dieſem verderbten Kali-Yug iſt Bâlmiki als Tulſi wiedergeboren worden. Die Verſe des Râmâyana, im Treta-Yug verfaßt, ſind 1000 Millionen an Zahl; aber ein einzelner Buchſtabe hat erlöſende Kraft und würde ſogar die Entſündigung eines Menſchen bewirken, der einen Brâhmanen getödtet hätte. Nun iſt er, zum Segen der Gläubigen, abermals geboren worden und hat die Heldenthaten des Gottes verkündet. Berauſcht von Leidenſchaft für Râmas Füße, verharrt er Tag und Nacht in der Erfüllung ſeines Gelübdes und hat gleichſam ein Boot bereitet, um leicht den grenzenloſen Ocean des Seins zu durchſchiffen. Zur Erlöſung der Menſchen in dieſem verderbten Kali-Yug iſt Bâlmiki als Tulſi wiedergeboren worden." [4]

Dieſe vielen Worte beſagen nicht viel mehr, als daß Tulſi Dâs ein Râmâyana verfaßt hat und daß ſein Werk bei den Anhängern Kabirs das

---

[1] **Chantepie de la Sauſſaye**, Lehrbuch der Religionsgeſchichte II (Freiburg i. B. 1887), 447. [2] *Hunter* l. c. VI, 208.

[3] *Garcin de Tassy*, Histoire de la Littérature Hindoui et Hindoustani I (Paris 1839), 302. 373. 379; II, 1—73.

[4] The Râmâyana of Tulſi Dâs, translated from the Original Hindi by *F. S. Growse*. 8 vols. I (Cawnpore 1891), Introd. p. v ff. *Garcin de Tassy* l. c. II, 27—30.

Ansehen eines heiligen Buches erlangte. Aus dem Gedichte selbst erfahren wir, daß dasselbe im Sambat-Jahre 1631 (1575) begonnen wurde[1]. Daß es heute noch des höchsten Ansehens genießt, versichert uns Griffith, der Uebersetzer des Sanskrit-Râmâyana, ein vorzüglicher Kenner indischer Verhältnisse: „Das Râmâyana des Tulsi Dâs ist bei dem Volke der Nordwestprovinzen beliebter und angesehener als die Bibel bei den entsprechenden Klassen in England."[2]

Soweit sich aus andern Angaben feststellen läßt, wurde Tulsi Dâs in Hastinâpura (nach andern in Hâjipur bei Citrakût) geboren, stammte aus der Brâhmanenfamilie der Sarbaryâ, verweilte kürzere Zeit, besuchsweise, in Sôrôn, Citrakût, Allahabad und Brindâ-Ban, verbrachte aber den größern Theil seines Lebens in Benares und starb im Jahre Sambat 1680 (1624 n. Chr.). Die Ergänzungen, welche der Commentator Priyâ Dâs (Samb. 1769, d. h. 1713 n. Chr.) dem kurzen Lebensabriß Tulsis im Bhatt-Mâlâ hinzufügte, geben keine sichern Daten, zeichnen aber die abergläubische Volksverehrung, deren der Dichter genoß[3].

Tulsi hegte danach eine äußerst zärtliche Liebe zu seiner Gattin, ward aber von dieser selbst dazu angeregt, sie zu verlassen und sein Leben fürder unter strengem Gelübde ausschließlich dem Dienste Râmas zu weihen. Er ging darauf nach Benares, lebte ganz der Beschauung und verlangte sehr, in einer Vision Râma selbst zu schauen. Das wurde ihm denn auch unter Vermittlung des göttlichen Affen Hanûmat zu theil.

Ein gewisser Geist, welcher den Rest des Wassers in Sicherheit gebracht, den er zum Waschen gebraucht hatte, war ihm dankbar und sprach ihm von Hanûmat. „Der Vortrag des Râmâyana hat einen besondern Zauber für seine Ohren; er wird in einem schlechten Anzug verkleidet sein; aber er kommt immer zuerst und geht zuletzt." So erkannte er ihn, als er ging, wurde vollständig mit ihm vertraut, und als er einmal wußte, daß es wahrhaftig der Gott wäre, da rannte er im Walde zu ihm und umarmte seine Füße und rief mit einem lauten Freudenschrei: „Du sollst mir nicht entgehen!" Als Hanûmat seine innige Andacht sah, nahm er die Gestalt an, in welcher er berühmt ist, und sagte: „Verlange nur, was du willst." — „Ich sehne mich immer, mit diesen meinen Augen die unvergleichliche Schönheit des Königs Râma zu schauen." Er bezeichnete ihm einen Platz zur Zusammenkunft. Von diesem Tage an hegte er große Sehnsucht, bis die Zeit kam,

---

[1] *Growse* l. c. I, 28.
[2] *Griffith*, The Râmâyana of Vâlmîki I, Introd. p. xxviii.
[3] *Growse* l. c. I, Introd. p. v—x (Hindi-Text mit Uebers.). *G. A. Grierson*, The mediaeval vernacular Literature of Hindûstân with special reference to Tulsi Dâs. Verhandl. des VII. Intern. Oriental.-Congr. Arische Section (Wien 1888) S. 179 ff. Mit dem Facsimile einer von Tulsi Dâs selbst geschriebenen schiedsgerichtlichen Urkunde vom Jahre Sambat 1669 (1613 n. Chr.).

in dem Gedanken: „Wann werde ich seine Schönheit schauen?" Raghunâth kam und mit ihm Lakshmana, beide zu Pferde, in grünem Gewande (wie Jäger). Wie sollte er sie bemerken? Hernach kam Hanûmat und sagte: „Hast du deinen theuren Herrn gesehen?" — „Ich habe nicht einmal einen Blick auf sie geworfen: dreh dich um und sprich noch einmal mit ihnen."

Von da ab nahm sich Râma in der wunderbarsten Weise seines Dieners an. Als Brâhmanen diesen tadelten, weil er einen reuigen Brâhmanenmörder bei sich beherbergt, rechtfertigte er ihn durch das auffällige Zeichen, daß der „Stier Çivas" aus den Händen des bekehrten Mörders fraß. Als Diebe nächtlicherweile seine Wohnung umlauerten, hielt Râma selbst in furchterregender Gestalt davor Wache und scheuchte sie durch seinen bloßen Anblick fort. Unter Anrufung Râmas erweckte Tulsi Dâs einen Brâhmanen vom Tode. So drang sein Ruf bis an den Kaiserhof des Schâh Jehân.

Der Kaiser von Delhi sandte einen Beamten, um ihn zu holen, mit der Erklärung: „Es ist der, mußt du wissen, der den Brâhmanen wieder ins Leben zurückgebracht." — „Er begehrt sehr, dich zu sehen," sagten sie, „so komme — und alles ist gut." Sie sprachen so höflich, daß er einwilligte und kam. Sie gelangten vor den König; der empfing ihn mit Ehren, gab ihm einen hohen Sitz und sprach huldvoll: „Laß mich ein Wunder sehen; es verlautet durch die ganze Welt, daß du Meister bist über alle Dinge." — Er sagte: „Das ist falsch; wisse, daß Râma alles in allem ist." — „Wie kann man Râma sehen?" sprach er (der Kaiser) und ließ ihn ins Gefängniß werfen. Da betete er bei sich: „O gnädiger Hanûmat, erbarme dich meiner." In demselben Augenblicke erfüllten Tausende und Tausende von gewaltigen Affen den Platz, zerkratzten die Leiber, zerrissen die Kleider, und groß war der Schrecken. Sie rissen die Festung nieder, verwundeten die Männer, zerstörten alles. Wo konnte einer Sicherheit finden? Es war, als ob das Ende der Welt gekommen wäre. Da wurden seine (des Kaisers) Augen geöffnet durch den Geschmack eines Meeres von Unheilsfällen, und er rief: „Nun wette ich alle meine Schätze, nur er (Tulsi) kann mich befreien!" — Er ging (zu ihm) und umklammerte seine Füße: „Wenn du mir Leben geben kannst, so lebe ich; ich bitte dich, sprich zu ihnen." — „Es ist besser, du betrachtest das Wunder ein wenig." — Der König war von Scham überwältigt. Dann machte er (Tulsi) allem ein Ende und sagte: „Verlasse schnell diesen Platz; denn es ist Râmas Aufenthalt." Auf dieses Wort verließ er den Platz und ging und baute eine neue Festung; und bis auf diesen Tag wird jeder, der den Platz betritt, krank und stirbt.

Das Râmâyana des Tulsi Dâs oder — wie er selbst die Dichtung nennt — „Râm-carit-mânas" baut sich im wesentlichen auf der ältern Dichtung Vâlmîkis auf, und zwar nach der bengalischen Fassung derselben, und umfaßt deren sieben Theile einschließlich des Uttara-Kânda. Die Sprache ist jedoch nicht Sanskrit, sondern Hindi, welches sich zum Sanskrit ungefähr verhält wie das Italienische zum Lateinischen. Von den verschiedenen Dialekten des Hindi oder Hindui aber entspricht sie am meisten dem des östlichen Bengalen (Purbhí Bháthá). Die Eintheilung in sieben Kånda ist mit den ursprünglichen Titeln beibehalten; in der Ausführung aber hat sich der Dichter die größte Freiheit gestattet, das erste und letzte Buch stark erweitert, die übrigen aber sehr gekürzt, manche Episoden weggelassen, einzelne wenige Theile des Epos umgeändert, meistens aber, bei treuem Anschluß an das Thatsächliche, die Form der Erzählung selbständig gestaltet. Das Unterscheidendste jedoch besteht darin, daß Tulsí Dás sich nicht gleich den Dichtern der Vorzeit als Sänger alter Mären fühlt, sondern als religiösen Propheten, der, berauscht von der göttlichen Schönheit Rámas, die ganze Welt zu dessen Andacht begeistern möchte [1]. Darum beginnt und schließt er sein Gedicht mit überschwänglichem dithyrambischen Gebete, die ganze Erzählung ist in diese mystische Stimmung getaucht, und bei jeder Gelegenheit unterbricht der Dichter ihren Faden, um in hohem lyrischen Schwung seiner Andacht Luft zu machen. Schon wegen dieser Mischung der Dichtungsarten erreicht sein Werk nicht die ruhige Würde und Schönheit des alten Epos. Doch ist es nicht nur religionsgeschichtlich sehr bedeutsam, sondern auch als dichterisches Erzeugniß reich an Vorzügen, einheitlich gedacht und mit großer poetischer Begabung durchgeführt [2].

Am stärksten macht sich der lyrische Subjectivismus schon gleich im Anfang geltend, wo des Anrufens kein Ende ist. Angerufen werden Sáradá und Ganeça, die Erfinder der Buchstaben und des Stiles; dann Bhavání und Sankara (d. h. Umá und Çiva), die Verkörperungen des Glaubens und der Hoffnung; endlich Sítá und Ráma. Dann gibt der Dichter seine Absicht kund:

> Was in Veden und Puránas, heil'gen Büchern, ich gefunden,
> Im Rámáyana und andern, hab' ich, Tulsí, hier verbunden,
> Zu genügen meinem Drange, Raghus hehren Sohn zu preisen
> In gewählter, neuer Sprache und in tadellosen Weisen.

Abermals wendet er sich dann an Vishnu und Çiva, findet aber seine Aufgabe nur um so schwieriger:

> Brahmá, Vishnu, Mahádeva, Göttern wollt' es nicht gelingen,
> Nicht den weisesten der Dichter, Heil'ge würdig zu besingen.
> Wenn ich's wage, muß ich fürchten nicht, mein Ziel ganz zu verfehlen
> Und wie ein Gemüsekrämer Gold zu loben und Juwelen?

---

[1] Kálidása took Rám as a peg on which to hang his graceful verses, but Tulsí Dás wore wreathes of imperishable fragrance, and humbly laid them at the feet of the God whom he adored. Grierson a. a. O. S. 187.

[2] Ueber seinen Stil sagt Grierson: He was a master of all varieties from the simplest flowing narration to the most complex emblematic verses. A. a. O. S. 185.

Trotz aller himmlischen Begeisterung und allen himmlischen Schutzes kann er sich deshalb der Furcht vor den Kritikern nicht entschlagen und sucht ihnen ein= für allemal zuvorzukommen.

Jene möcht' ich gern versöhnen, die grundlos den Frommen quälen,
Seinen Schaden zum Gewinn sich, sich sein Leid zum Labsal zählen,
Die wie Finsterniß vor Haris lichten Vollmondschein sich drängen
Und gleich tausenarm'gen Riesen folternd sich an andre hängen,
Tausendäugig sie an andern auch den kleinsten Fehl erspähen,
Und wie Fliegen auf der Sahne sie das Gute schändend schmähen.
Immer rastlos wie das Feuer, unersättlich wie die Hölle;
Wie Kubêra reich an Schätzen, sind sie es an Sündenvölle.
Wolken für der Freundschaft Sonne, sind vom Schlaf sie nicht zu wecken,
Kumbhakarna gleich, für Edles; gibt es Unheil, ja, dann strecken
Leib und Leben sie zum Opfer; wenn die Saaten nur verderben,
Wollen gern wie Hagelkörner an der Sonne Gluth sie sterben.
Giftig wie die große Schlange, lästern sie mit tausend Zungen,
Lauschen sie mit tausend Ohren, ob den Nächsten was mißlungen,
Und wie Indra prassend, zechend, starken Trunks Pokal sie schwingen;
Gleich dem Donner ihre Stimmen brüllend Mark und Bein durchdringen.

Krähen bleiben indes Krähen, und Sünder bleiben Sünder. Das Gute aber in der Welt wie das Böse ist ein unerschöpfliches Meer, und nach den Veden, Purânas und den Geschichten der Vorzeit rührt das eine wie das andere von dem Schöpfer her. Der Gerechte aber zieht gleich einem Schwane aus allem die Milch des Guten und weist das werthlose Wasser von sich.

Es folgen nun weitläufige Betrachtungen über die vielfache Scheidung aller Wesen, über den Einfluß der äußern Umstände auf ihren wahren Werth, über die Erhabenheit Râma-Vishnus, der die ganze Welt durchdringt. Zu Râma betend, sucht sich der Dichter für seine große, schwierige Aufgabe Muth zu machen, wendet sich in frohem Selbstgefühl gegen die lästernden Thoren, fühlt dann aber wieder seine eigene Niedrigkeit und sein Unvermögen, das Höchste würdig zu preisen. Was ihn tröstet, das ist nur Râma, dessen Herrlichkeit keine Bücher, keine Lobsprüche erschöpfen können. „Es ist der eine Gott, leidenslos, formlos, unerschaffen, die allgemeine Weltseele, der höchste Geist, der Alldurchdringende, dessen Schatten die Welt ist; er ist Mensch geworden und thut vieles nur aus Liebe zu seinem gläubigen Volke; gnadenvoll und mitleibig gegen die Niedrigen; erbarmend hält er seinen Zorn von denjenigen zurück, die er als die Seinen kennt und liebt; der Wiederhersteller des Vergangenen, der Allgütige, der Allmächtige, der Herr und König aus Raghus Stamm."

Nach einem glühenden Gebet zu Râma beginnt dann eine neue über= schwängliche Reihe von Anrufungen: an den Dichter Bâlmiki, an Brahmâ,

an alle Götter und Brâhmanen, Philosophen und Weisen, an die Flüsse
Sarasvatî und Ganges, an Çiva und Pârvatî, an die Stadt Ayodhyâ
und an den Fluß Sarayû, an den König Daçaratha und seine Frauen, an
den König Janaka von Videha, an Râmas Brüder Lakshmana, Bharata
und Çatrughna, und endlich an Hanûmat und die unvermeidlichen Affen.

> „Hanûmat auch dann verehr' ich, den von Râma selbst Gepries'nen,
> Vâyus Sohn, von tiefer Einsicht, der wie ein verzehrend Feuer
> Waltet in dem Wald der Laster, und in dessen Herzen Râma,
> Angethan mit Pfeil und Bogen, seinen Wohnsitz aufgeschlagen,
> Auch den Affenherrn Sugrîva, Jâmbavat, den Bärenkönig,
> Und die Affen all verehr' ich, mich zu ihren Füßen werfend:
> Ob verächtlich auch ihr Anseh'n, haben Râma sie gefunden.
> Alle Râma-Diener ehr' ich: Vögel, Thiere, Götter, Menschen,
> Selbst Dämonen, wenn sie selbstlos nur dem Dienst des Herrn sich widmen.

Abermals in höchster lyrischer Ueberschwänglichkeit erhebt sich der
Dichter zu Râma, besingt die Süßigkeit seines bloßen Namens, feiert seine
Großthaten und erhebt ihn über alle andern Götter, über alles im Himmel
und auf Erden. Aus einem Ocean von Worten, Bildern und Vergleichen
taucht dann endlich das Datum und der Titel des Gedichtes empor.

Die Geschichte, welche er erzählen will, hat kein Geringerer verfaßt
als Gott Çiva selbst: der offenbarte sie zuerst seiner Gemahlin Umâ oder
Pârvatî. Dann ward sie wieder erklärt dem Kâka-Bhusundi; von diesem
gelangte sie an den weisen Yâjnavalkya und ward weiter dem Bharadvâja
mitgetheilt. Tulsî Dâs hörte sie als Knabe von seinem Lehrer in Sûkar-
khet (heute Sôrôn), verstand sie aber nicht. Erst nach und nach ward
er darüber erleuchtet und fand in ihr die höchste Weisheit und den süßesten
Trost seines Lebens. Und so begann er sie dann niederzuschreiben, „sein
Haupt unter die Lotusfüße seines Meisters beugend, im Jahre Sambat
1631, Dienstag, den 9. des süßen Monats Chait, in der Stadt Avadh
(Ayodhyâ), an dem Tage, an welchem den Schriften gemäß Râma geboren
wurde, an welchem die Geister aller heiligen Stätten sich daselbst versammeln, um mit den Dämonen, Schlangen, Vögeln, Menschen, Rishis
und Göttern Raghunâth ihre Huldigung darzubringen, während die Er-
leuchteten das große Geburtsfest feiern und Râmas hohen Ruhm preisen".

Der Titel des Gedichtes „Râm-carit-mânas" ist vom Dichter absichtlich
doppelsinnig gewählt und erklärt. Er bedeutet „Die Seele der Thaten
Râmas" und „Der See der Thaten Râmas". Die letztere Bedeutung führt
er in allegorisirendem Zopfstil weiter aus. Das Gedicht ist ein heiliger
See oder Badeteich, in welchem die Seele ein läuterndes Bad erhält.

„Dieser reine und heilige See hat vier schöne (Badeplätze) Ghats, nämlich die vier entzückenden Zwiegespräche, von göttlicher Weisheit verfaßt. Die sieben Bücher sind die sieben Treppen, auf denen das Auge der Seele mit Wohlgefallen ruht; die unbeschreibliche, makellose Größe Raghupatis bildet seinen klaren, tiefen Spiegel; der Ruhm Râmas und Sîtâs sind seine Wasser; die Gleichnisse seine lieblichen kleinen Wellen; die Strophen seine schönen Lotusgruppen; die Feinheit des Ausdrucks gleich lieblicher Perlmutter; die Chands, die Sorathâs und die andern Zwischenstrophen verschiedenfarbige Lotusblumen; der unvergleichliche Gehalt, die Stimmung und die Sprache sind die Staubfäden, die Blattgewebe und der Wohlduft des Lotus; die erhabene Handlung ist ein Bienenschwarm; die weisen Betrachtungen sind Schwäne; der Rhythmus, die Wortverschlingungen und andere poetische Künste sind verschiedene anmuthige Fischarten; die Vorschriften über die vier Ziele des Lebens, die weisen Sprüche, die gedankenvollen Urtheile, die neun Stilarten der Ausführung, die beigebrachten Beispiele des Gebets, der Beschauung, der Buße und Entäußerung sind die zahlreichen schönen Lebewesen im See; die Lobesergüsse auf die Gläubigen, die Erlauchten und den erhabenen Namen (Râmas) sind wie Herden von Wasservögeln; die fromme Zuhörerschaft ist gleich den rundum stehenden Mangohainen und ihr Glaube gleich der Jahreszeit des Frühlings; die Darlegung aller Uebungen der Frömmigkeit, Zärtlichkeit und Seelengröße ist gleich dem Dach der Bäume und Schlingpflanzen; Selbstverläugnung und heilige Gelübde sind ihre Blüthen und Weisheit ihre Frucht; die Liebe zu Haris Füßen ist wie der Klang der Veden, und alle übrigen Geschichten und Episoden wie die Papageien, Kokilas und die vielen Arten der Vögel."

Nach so langen lyrischen und didaktischen Einleitungen kommt Tulsî Dâs noch nicht zu seinem Hauptstoff, der Râma-Sage, sondern schickt derselben noch eine Reihe anderer Sagen voraus, vorab die beliebtesten, welche sich auf Çiva beziehen. Es hat fast den Anschein, als wollte er hierdurch nicht etwa noch weitern poetischen Stoff an sich ziehen, sondern vielmehr in feiner, gewinnender Weise dem einseitigen Cultus Çivas entgegentreten, der von den ältesten Zeiten an den Stempel der schmählichsten Wollust und Grausamkeit an sich trug und einen großen Theil der Hindubevölkerung in schrecklichster Weise entwürdigte. Tulsî greift diese scheußlichen Verirrungen nur selten direct an, ebenso den Materialismus; die andern philosophischen Systeme sowie den Brâhmanismus überhaupt sucht er mehr in seinem Sinne umzudeuten als zu bestreiten. Fromm und friedlich predigt er seine mystische Râma-Schwärmerei und hofft davon die volle Erlösung der Menschheit. Er läßt auch Çiva und seine Gemahlin Umâ gelten — trotz des vielen Menschenblutes, das ihnen geflossen — und sogar als die höchsten Götter nächst Vishnu, aber nur, um aus ihnen Freunde, Verehrer und Diener Vishnus zu gestalten und so den Çiva-Cult zur bloßen Unterlage des Vishnu-Cultus zu machen. So läßt er alle die anstößigen Züge beiseite, welche im ältesten Mythos der Gestalt Çivas anhaften, und ersetzt sie durch andere, welche Çiva als untergeordnete Figur in die Râma-Sage eingliedern.

Durch diese Verschmelzung wird der Gang der Dichtung nicht unbedeutend gestört und verwirrt. Lange bevor die Herabkunft Râmas eingehend beschrieben wird, erzählt Çiva schon, wie er Râma als jungen Einsiedler im Walde besucht. Der Besuch und dessen beseligende Wirkungen machen auch seine Gattin Umâ — jetzt noch Satî genannt — neugierig, Râma zu sehen. Sie nimmt Sîtâs Gestalt an und erhält eine wunderbare Vision. Aber Çiva, der sonst so wilde Sturmgott, hält sich jetzt für unwürdig, länger mit ihr zusammenzuleben. Sie thut 87000 Jahre Buße — dann erst kommt Çiva aus seinem Schlummer wieder zu sich und wird zu einem großen Opfer im Hause ihres Vaters Dakṣha geladen. Obwohl nicht miteingeladen und von Çiva gewarnt, geht Umâ in echter Weiberlaune und Neugier doch mit dahin, wird aber schlecht aufgenommen, flucht den Göttern und wird dafür vom Feuer verzehrt. Wegen ihrer unverbrüchlichen Liebe zu Çiva wird sie indes wiedergeboren als Pârvatî, die Tochter des Bergkönigs Himavat, und wird Çiva zum Gemahl bestimmt. Doch alle erdenklichen Schwierigkeiten treten dazwischen. Pârvatîs Liebe wird auf alle möglichen Proben gestellt. Die Mutter Mênâ will sie nicht weggeben; die Rishis rathen ihr ab; Çiva selbst tödtet den Liebesgott Kâma, nachdem derselbe seine Pfeile auf ihn abgeschossen. Sie bleibt indes treu und muthig. Brahmâ selbst tritt wiederholt zu ihren Gunsten ein — und da bei dem Brautzug selbst der Anblick Çivas alles in Schrecken jagt, gibt der Lehrer der Götter die nöthigen Aufschlüsse, und in Anwesenheit aller Götter vollzieht sich das Hochzeitsfest. Die Neuvermählten ziehen dann auf den Berg Kailâsa, wo als erster Sprosse der Kriegsgott Kârttikeya geboren wird. Diese Episode, mit ihren meisten Einzelheiten aus andern Dichtungen herübergenommen, ist von Tulsî nicht nur sehr schön ausgeführt, sondern auch frei von all jener üppigen Erotik, zu welcher der Stoff selbst einlud, und an welcher so viele andere indische Dichter kranken. Die Macht des Liebesgottes Kâma, sein Tod durch Çiva, Çivas Brautzug und Hochzeitsfest sind zugleich sehr anständig und sehr poetisch geschildert.

Mit Râma ist die Çiva-Sage aber dadurch verbunden, daß Çiva selbst hoch oben auf seinem Berge Kailâsa seiner Gattin die ganze Geschichte Râmas erzählt, und zwar mit jener glühenden Begeisterung, mit der Tulsî Dâs für Râma erfüllt ist. Eine Reihe hochlyrischer Lobesergüsse wird ihm in den Mund gelegt. Dann erst beginnt die Erzählung, aber nicht diejenige von der Herabkunft Râmas, sondern von drei Sagen, durch die jene erst begründet werden soll.

12. Das Hindi-Râmâyana des Tulsi-Dâs.

Die erste geht auf einen Fluch Nâradas zurück, des Lehrers der Götter, und auf ein Motiv, das in den indischen Sagen unzähligemal wiederkehrt, nämlich die Versuchung und Ueberwindung der Einsiedler durch Frauenschönheit; doch behandelt es Tulsi Dâs mit bewunderungswerthem Zartgefühl. Indra fürchtet, daß Nârada durch seine Bußstrenge ihn seiner Herrschaft berauben könnte. Er zaubert deshalb einen berauschenden Frühling hervor und sendet ihm Rambhâ und die verlockendsten Nymphen seines Hofes. Nârada widersteht der Versuchung zur Wollust, aber nicht jener zur Eitelkeit. Er geht zu Vishnu und rühmt sich seines Sieges, ja, da Vishnu ihn mild zu belehren sucht, verharrt er in seiner stolzen Selbstgefälligkeit. Da läßt Vishnu den Geist der Täuschung über ihn kommen. Dem ehrwürdigen Büßer wird eine prächtige Königsstadt vorgezaubert, und er wird an den Hof gerufen, um sein Urtheil über die Königstochter Visva-Mohani, eine wunderbare Schönheit, abzugeben. Da wird Nârada, der alte, so sterbensverliebt, daß er Vishnu um die Gabe der Schönheit bittet, um der Prinzessin zu gefallen. Diese Bitte erhört aber Râma nicht. Nârada glaubt sich erhört, macht sich höchst lächerlich und flucht nun Vishnu: derselbe soll zur Strafe für seinen so wohlgemeinten Streich als Mensch geboren werden, Affen zu Gefährten erhalten und des von ihm geliebten Weibes grausam beraubt werden. Das ist der erste Grund der „Menschwerdung" — höchst beachtenswerth für jene, die sich darin gefallen, die Herabkünfte Vishnus mit dem erhabensten Geheimniß des Christenthums zu vergleichen. Die Erzählung ist übrigens trefflich durchgeführt ohne jenes unerträgliche Moralisiren der buddhistischen Jâtakas.

Die zweite Begründung der Herabkunft ist weniger poetisch. König Manu (der Stammvater der Menschen) und seine Frau Çatarûpâ ziehen sich, nachdem sie bereits Kindeskinder besitzen, und nachdem durch ihren Sohn Kapila, den Urheber der Sankhya-Philosophie, auch für die Wissenschaft gesorgt ist, in den Wald zurück und thun Buße. Dabei altern sie nicht, werden einer Vision Vishnus gewürdigt, und da ihnen dieser die Wahl einer besondern Gunst anträgt, begehren sie die Gnade, einen Sohn zu erhalten, der ihm vollkommen gleiche. Da beschließt er, selbst ihr Sohn zu werden, und läßt sie als König Daçaratha und Königin Kausalyâ wiedergeboren werden.

Hat dieses Anknüpfen der Herabkunft an das erste Menschenpaar noch etwas Feierliches und Bedeutendes, so schlägt die dritte Begründung dagegen vom Epischen stark ins Märchenhafte; Sathaketu, der König im Lande Kekaya, hat zwei Söhne: Pratâpabhânu und Arimardan. Der ältere wird König und regiert mit seinem Minister Dharmaruci. Auf einer Jagd wird Pratâpabhânu eines Tages von einem Eber, in dem ein verkappter Dämon steckt, in den dichtesten Wald gelockt und verliert den Weg. Er findet Zuflucht bei einem Einsiedler, der aber ein entthronter Fürst und sein geschworener Feind ist. Der läßt ihn heimtückisch ein Gelübde ablegen und noch abends in seinen Palast zurückbringen, sorgt aber dafür, daß bei einem Mahl, zu dem der König alle Brâhmanen eingeladen, in einem der Gerichte Brâhmanenfleisch aufgetischt wird. Eine wunderbare Stimme enthüllt den Frevel, und obwohl der König, selbst hintergangen, völlig unschuldig ist, fluchen ihm die Brâhmanen und können, auch wo sie nach gegebener Aufklärung wollten, den Fluch nicht mehr zurücknehmen. König Pratâpabhânu wird nun in den zehnköpfigen Dämon Râvana verwandelt, sein Bruder in den ungestalten Kumbhakarna und der Minister Dharmaruci in den guten Vibhîshana. Alle drei thun gewaltige Buße und dürfen sich nun eine Gnade erbitten. Râvana erbittet sich die Gunst, von keiner Hand zu sterben außer von der eines Menschen oder

Affen; Kumbhakarna sah so furchtbar dick aus, daß Brahmâ selbst fürchtete, er möchte die ganze Welt auffressen; er sandte ihn deshalb zu Sarasvati, die ihm den Kopf verdrehte, so daß er bat, jeweilen sechs Monate schlafen zu dürfen. Vibhishana endlich bat um vollkommene Liebe des Gottes. Râvana erhielt zur Frau Mandodari, eine Tochter des Dämons Maya, und zum Wohnsitz die Stadt Lankâ, mitten im Meer. Eine Unzahl Dämonen dienten ihm und seinem Sohne Meghanâda.

In einer interpolirten Stelle werden verschiedene Unthaten Râvanas beschrieben. Er spottelt über die Götter, wird von einer Frau in die Hölle geworfen, entkommt aber und plündert die Hauptstadt der Schlangengötter oder Nâgas. Dann fällt er über das Reich des Affenkönigs Bâli (Bâlin) her, bekämpft das Meer und wirbt um die Apsaras Urvaçi, die sich schon dadurch so beleidigt fühlt, daß sie den Tod sucht.

Dann fährt der Text fort. Alles ist bedroht, auf Erden und im Himmel, besonders durch Râvanas Sohn Indrajit. Unter diesen unerträglichen Zuständen versammeln sich die Götter und wenden sich an Vishnu um Hilfe. Er erhört ihr Flehen, und Brahmâ schickt die Götter selbst in Affengestalt auf die Erde, um Vishnu im großen Kampf wider Râvana beizustehen.

Von da ab folgt die Dichtung bis zum Schluß des VI. Theils ziemlich genau der ältern Bâlmîkis, und das Anziehende und Schöne, was sie bietet, ist der Hauptsache nach aus ihr herübergenommen. Die schwärmerischen Ausbrüche lyrischer Begeisterung, in die Tulsî Dâs von Zeit zu Zeit verfällt, stören nicht wenig, bis man sich einmal etwas an seine Art gewöhnt hat. Manche schöne Stellen fallen aus oder sind so stark gekürzt, daß sich die gegebenen Motive nicht mehr genügend entfalten können. Dagegen fallen auch viele lästige Wiederholungen und Längen weg. Das Waldbuch, das Buch Kishkindhâ und die Kämpfe vor Lankâ sind in wohlthuender Weise zusammengeschmolzen; doch ging damit auch viel von der altväterlichen Einfachheit und Gemüthlichkeit verloren, wie die Kraft der alten Artusdichtungen in Tennysons Königsidyllen. Bei den Indern ist besonders das zweite Buch in hoher Gunst. Der Tod Daçarathas und einige Abschiedsscenen gelten als herrliche Muster eines edlen und wahren Pathos und locken nicht selten noch heute Thränen hervor. Ueberhaupt trifft die Dichtung vollständig den indischen Volksgeschmack. Das liegt aber alles nicht so sehr an der Fassung, die Tulsî Dâs ihr gegeben, als an ihren ältern Bestandtheilen, die er durch seine Bearbeitung neu belebt hat[1].

Den VII. Theil, Uttara-Kânda, hat Tulsî Dâs völlig abgeändert. Weder die Vorgeschichte Râvanas noch die zweite Verstoßung Sîtâs noch die übrigen Schicksale Râmas bis zu seiner Ausfahrt paßten zu seinem Zweck. All das ließ er deshalb weg und verwandelte den traurig elegischen Schluß in eine glänzende Apotheose. In reichster Ausführung wird erst der Einzug

---

[1] Das Buch Sundara Kânda übers. von *Garcin de Tassy* l. c. II, 215—272.

Râmas in Ayodhyâ geschildert mit allen Freuden des Wiedersehens nach langer Trennung. Râma besteigt den Thron seiner Väter, aber nicht als irdischer König bloß, sondern als höchste Offenbarung der Gottheit; Brahmâ und die ganze Götterwelt steigt auf die Erde hernieder, um ihm zu huldigen und ihn anzubeten. Damit beginnt ein goldenes Zeitalter für die ganze Welt. Er ist Beseliger, Lehrer und Tröster. Zu seinem Lehrstuhl drängen sich nicht bloß die frühern Genossen seiner Kämpfe hinzu, sondern auch die höchsten Weisen der Vorzeit und die Götter selbst. In langen Reden entwickelt er da seine seligmachenden Lehren, nur unterbrochen von den Gebeten und Lobsprüchen seiner Verehrer. Er braucht nicht in den Himmel zu fahren: er ist selbst der Himmel.

Da Tulsî Dâs seine eigenen Anschauungen in dieser Apotheose noch nicht genügend auseinandergesetzt zu haben glaubte, fügte er daran noch einen weitern Dialog, in welchem Kâka Bhusundi, der zum Brâhmanen erhobene und dann in eine Krähe (Kâka) verwandelte Çûdra Bhusundi, dem König der Vögel, Garur (Garuda), die ganze Philosophie, Theologie und Mystik des Vishnuismus noch weitläufiger erklärt, mit prophetischem Ausblick auf das Eiserne Zeitalter, d. h. auf die Zeit, in welcher der Dichter lebt.

Als Hauptgegner seiner Lehre bekämpft Tulsî die Sinnenlust. Vor allen Brâhmanen und vor allem Volk läßt er Râma selbst darüber sagen:

„Alle Schriften erklären, daß es ein großes Glück und zugleich eine große zu überwindende Schwierigkeit ist, mit dem Leibe eines Menschen geboren zu werden; denn dieser ist ein Vorrathshaus guter Gelegenheit und ein Thor der Befreiung: und diejenigen, welche einen solchen erhalten haben und doch nicht in den Himmel gelangen, die werden Qual in der nächsten Welt ernten und verzweifelnd ihr Haupt schlagen und mit Unrecht die Schuld davon der Zeit, dem Schicksal und Gott zuschreiben. Doch Sinnenlust ist nicht das richtige Ziel für den menschlichen Leib; sie gewährt Befriedigung für nur sehr kurze Zeit und endet in Elend. Der Besitzer eines Menschenleibes, der sich der Sinnenlust ergibt, gleicht dem Thoren der lieber Gift will als Götterspeise. Niemand kann ihn loben: er wirft den Stein der Weisen weg, um ein Pfefferkorn aufzulesen. Solch ein Geschöpf treibt ewig irr umher zwischen den vier Arten der Geburt und den 84 Stufen der Lebewesen, beständig sich ändernd nach der Laune Mâyâs[1] und uneingeschränkt von Zeit, Schicksal, Natur und Erscheinungen. Zu dieser oder jener Zeit gibt Gott ihm aus reiner Gnade und ohne Grund für diese Gunst einen Menschenleib, ein Floß, auf dem er den Ocean des Seins durchfahren mag, mit meiner Gnade als Fahrwind, um seinen Lauf zu beflügeln; mit frommen Lehrern am Steuer kann er sich leicht alle Ausrüstung eines tüchtigen Schiffes verschaffen, was sonst über seine Kräfte hinausreichte. Wenn er so nicht über den Ocean gelangt, ist er ein elender, undankbarer Mensch, nur auf seinen eigenen Untergang bedacht."[2]

---

[1] Die personificirte Phantasie, die Mutter aller Täuschungen.
[2] VII. Dohâ 43—45. *Growse* l. c. III, 188. 189.

Von großer Kraft ist die Schilderung des Eisernen Zeitalters:

„Die Lasterhaftigkeit des Zeitalters hatte die Religion erstickt; die heiligen Bücher wurden vernachlässigt, und falsche Lehrer hatten endlose Ketzereien verbreitet, die sie aus ihrer eigenen Phantasie geschöpft. Das Volk war überwältigt von Täuschung, und der Geiz hatte alle Thaten der Frömmigkeit gelähmt.

Keine Rücksicht ward mehr auf die vier Kasten genommen; jeder war darauf aus, die Schriften anzugreifen. Brahmanen verkauften den Veda; Könige verzehrten ihr Volk; niemand achtete der Gebote der Offenbarung. Als der rechte Weg galt der, welcher der Mehrheit beliebte; als der größte Gelehrte der, welcher am lautesten sprach. Jeder Schwindler und Heuchler wurde als ein Heiliger hingenommen. Als ein Weiser galt, wer seinen Nachbarn plünderte; jeder Prahler galt als ein Feingebildeter, jeder Lügner als ein Genie, und man sprach von seinen Talenten in diesen bösen Tagen. Ein Verworfener, der die Lehren der Offenbarung läugnete, galt als ein erleuchteter Philosoph, und wer immer mit ungeschnittenen Haaren und Nägeln herumlief, wurde in diesem entarteten Zeitalter als ein Heiliger gefeiert...

Allüberall war der Mann dem Weibe unterworfen und spielte den Spaßmacher wie ein tanzender Affe. Çûdras unterrichteten die Zweimalgebornen in der Theologie und hingen sich den Brahmanstrick um, um Geld zu machen. Jeder war der Sinnenlust, dem Geize und der Gewaltthat ergeben und verspottete die Götter, die Brahmanen, die Schriften und die Heiligen. Die Frauen entliefen ihren Männern, wie schön und edel diese sein mochten, und beteten dem elendesten Fremdling an. Verheiratete Frauen gingen ohne jeden Schmuck umher und Wittwen bedeckten sich mit Juwelen. Lehrer und Schüler waren nicht besser als Taube und Blinde; der eine wollte nicht horchen, der andere hatte nicht lesen gelernt...

Leute, die nur dem Weibe ihres Nächsten nachstellen, auf nichts sich verstehen als Betrug, Leute voll Unwissenheit, Gewaltthätigkeit und Selbstsucht — das sind die Leute, die man Theologen und Philosophen nennt...

Niemand gehorcht mehr, keine Schwester, keine Tochter. Es gibt keine Zufriedenheit mehr, keine Achtung, keine Ruhe. Jede Kaste ist auf den Rang eines beutesüchtigen Bettlers herabgesetzt. Die Welt ist voll Neid, Tadel und Geiz; Sanftmuth gilt für eine veraltete Waare. Jeder ist gequält mit Kummer und Verlust; alle Standespflichten sind aufgegeben. Die Menschen sind so geizig, daß sie nichts mehr wissen von Selbstverläugnung, Barmherzigkeit und Güte. Trägheit und Unzucht nehmen allenthalben überhand, Männer wie Weiber mästen nur ihren Leib, und dicht gesäet sprossen die Verleumder."

Dennoch verzweifelt Tulsi Dâs nicht in diesem bösen, entarteten Zeitalter:

„Das Eiserne Zeitalter ist ein Pfuhl der Unreinheit und Bosheit; aber es hat einen ungeheuern Vortheil: Rettung daraus ist leicht. Im Goldenen, Silbernen, Kupfernen Zeitalter waren feierlicher Gottesdienst, Opfer und mystische Betrachtung die dazu bestimmten Mittel; im Eisernen Zeitalter werden diejenigen, die gerettet werden, es bloß durch Haris Namen.

Im Goldenen Zeitalter wurde man geistlich und weise und kreuzte den Ocean des Seins durch Betrachtung über Hari. Im Silbernen Zeitalter brachten die Menschen viele Opfer dar, weihten ihre Handlungen dem Herrn und vollendeten so ihren Lauf. Im Kupfernen Zeitalter hatten die Menschen keine Hilfe als die Verehrung von Râmas Füßen. Im Eisernen Zeitalter ergründen die Menschen die

Tiefen des Seins einfach, indem sie Râmas Lob singen. Im Eisernen Zeitalter ist weder geistige Entzückung noch Opfer noch Erkenntniß von irgendwelchem Nutzen; des Menschen einzige Hoffnung ist darin, Râma zu lobpreisen. Wer immer jedes Vertrauen auf irgend andere Dinge aufgibt und fromm zu Râma betet und sein Lob singt, der wird sicher jeder weitern Existenz in der Welt entgehen. Die Macht seines Namens ist die besondere Offenbarung des Eisernen Zeitalters. Es ist sein einziger heiligender Einfluß, durch den die Seele geläutert und die Sünde zerstört wird."

In abermaligen Lobpreisungen Râmas klingt dann auch die Dichtung aus.

Schon die schwärmerisch-unklare Richtung des Dichters, die mythologischen Fabeleien, mit welchen er seine religiösen Anschauungen verschmolzen hat, und die phantastischen Sagen, mit welchen ihn die Andacht seiner Verehrer umwoben, bieten Gründe genug, seinen Râma-Cultus nicht zu überschätzen, und schließen jede Möglichkeit aus, denselben auch nur vorübergehend als ein etwaiges Surrogat christlicher Bildung zu betrachten. Wir können deshalb Grierson[1] nicht beipflichten, wenn er Tulsis Religion „eine einfache und erhabene — einen vollkommenen Glauben an den Namen Gottes" nennt. Sie ist ein wunderliches Gemisch von mohammedanischen und altindischen Vorstellungen, mehr nicht. Zu reinem Monotheismus erhebt sie sich nur dann und wann scheinbar, um alsbald wieder in pantheistische und polytheistische Ideen zu zerfließen. In der Gesamtentwicklung des Hinduismus jedoch bildet Tulsi Dâs wirklich einen freundlichen Lichtpunkt durch seine ernste, strenge Sittlichkeit mitten in einem Zeitalter der häßlichsten Entartung in Leben und Dichtung. Râmas Großmuth, Bharatas Pflichtgefühl, Lakshmanas Bruderliebe, Sitâs eheliche Treue galten ihm nicht nur als poetische, sondern als sittliche Ideale, deren Verwirklichung er anstrebte. Von dem Schmutz der herrschenden Erotik wandte er sich beherzt ab und konnte mit Recht von seinem Râmâyana sagen:

„Hier gibt es keine lüsternen und verführerischen Geschichten, die sich wie Schnecken, Frösche und schmutziger Schaum auf dem reinen Wasser der Râma-Sage lagern: die geile Krähe und der gierige Kranich werden deshalb, wenn sie kommen, sich sehr enttäuscht finden."

Außer dem Râm Carit Mânas sind von Tulsi Dâs noch 16 andere Werke vorhanden, darunter: Gitâbalî, die Geschichte Râmas in sing-

---

[1] *G. A. Grierson*, The Modern Vernacular Literature of Hindûstân (Calcutta 1889) p. 43; und The Mediaeval Vernacular Literature of Hindûstân with special reference to Tulsi Dâs. Verhandl. des VII. Intern. Oriental.-Congr., Arische Section (Wien 1888) S. 180.

baren Liedern; **Kabittâbalî**, eine ähnliche, vorwiegend religiös-bidaktische Sammlung; **Binaya Patrikâ**, 279 Hymnen an Râma und Hanumân **Bâhuk**, eine Sammlung von Liedern an Hanûmat[1].

An seine Dichtungen reihen sich in Hindi-Sprache noch **dreizehn** verschiedene poetische Bearbeitungen der Râma-Sage[2], mehrere Prosabearbeitungen einzelner Episoden und eine Menge Prosabearbeitungen des Ganzen. Als die beste der letzteren in Bezug auf Sprache und Stil bezeichnet Grierson die Râm Kathâ des Pandit Chôtu Râm Tivârî.

---

[1] *Grierson*, The Modern Vern. Lit. of Hindûstân p. 46.
[2] 1. Von Chintâmani Tripâthî; 2. von Mân Dâs; 3. von Baghawant Ray; 4. von Sambhu Nath... Râm Bilâs; 5. von Gulâb Singh (vedantisch); 6. von Gajrâj Upâdhyâ; 7. von Sahaj Râm (anlehnend an Kâlidâsas Raghuvamça und an das Hanûmân Nâtaka); 8. von Sankar Tripâthî; 9. von Iswarî Parsâd Tripâthî (Uebersetzung des Bâlmikischen Râmâyana); 10. von Chandr Jhâ (in Maithilî-Dialekt); 11. von Janakî Parsâd; 12. von Samar Singh; 13. von Purân Chand Jûth. — Ibid. p. 57.

13. Das Râmâyana in den andern Volkssprachen Indiens.

Obwohl die von Kabîr ausgegangene hinduistische Reform auch der eigenen Religion der Sikhs zu Grunde liegt und auch bei ihnen „Râm, Râm!" d. h. Râma angerufen wurde, drang jene ausgeprägte Râma-Verehrung, wie sie uns bei Tulsî Dâs entgegentritt, nicht in ihre im Âdi Granth gesammelten Religionsbücher ein. Die Andacht des Volkes wandte sich mehr dem Unsichtbaren und dann dem Religionsstifter Nânak und den auf ihn folgenden Gurus zu[1]. Ebenso nahm die religiöse Entwicklung der Marâthîs anfänglich eine selbständigere Richtung. Später jedoch wurden manche aus ihnen es müde, immer nur den Gott Vithal (oder Vithobâ, wahrscheinlich nur eine volksthümliche Abänderung für Vishtu, Vishtu oder Vishnu) zu lobpreisen, dem ihr ältester Prophet Nâmdeva sein Leben geweiht. Çrîdhar[2], der fruchtbarste ihrer Dichter, griff zu den Stoffen der alten Epik und verherrlichte in drei großen Werken die Pându-Söhne, Râma und Krishna. Das erste dieser Werke heißt Pândava-Pratâp, das zweite Râma-Vijaya, das dritte (mit dem Datum 1571 unserer Zeitrechnung) Hari-Vijaya. Ein Brâhmane zu Paithan am Godâvarî, Ekanâth mit Namen, verfaßte außer einem großen Liede zu Ehren Vishnus, das auf dem Bhâgavata-Purâna fußt, auch ein eigenes Râmâyana, und Muktesvar, als der gewandteste Dichter im Ovi-Versmaß berühmt, bearbeitete ebenfalls mehrere Theile des Râmâyana, etwa um das Jahr 1600[3]. Ebenso hat die in Orissa herrschende Uriyâ-Sprache ihr eigenes Râmâyana[4].

---

[1] The Âdi Granth or the Holy Scriptures of the Sikhs translated from the original Gurmukhî by Dr. *Ernest Trumpp* (London 1877) p. IV.

[2] Molesworth schreibt Shridhar, Hunter Sridhar.

[3] *J. T. Molesworth*, A Dictionary Marâthî and English (Bombay 1857) p. XXVI. The Râmâyana of Muktesvara. Ed. by *Janardan Balaji Modak* and *Vaman Daji Oka*. Bombay 1891.

[4] *Taylor*, Catal. of Orient. Mss. of the College Fort St. George I (Madras 1857), 675. *Hunter*, Orissa II (1872) App. IX.

In Bengalen erhob sich seit dem 16. Jahrhundert neben dem Vishnu-Cult auch der Çiva-Cult zu neuem Leben. Von den bengalischen Dichtern verherrlichten deshalb zahlreiche diesen Gott des Schreckens und der Zerstörung und seine Gemahlin Umâ (Pârvati); andere besangen Krishna und Râdhâ; ein Hauptwerk der Bengâli-Literatur ist indes wiederum ein Râmâyana, von dem Brâhmanen Kirtibâs Ojhâ im 16. Jahrhundert verfaßt, in kräftigem, volksthümlichem Tone und wohlklingendem Rhythmus. Es wurde später von andern Dichtern der sogen. sanskritischen Schule überarbeitet und wird heute noch von den Ghattaks (fahrenden Declamatoren) bei tausend verschiedenen religiösen Festlichkeiten durch ganz Bengalen hin vorgetragen [1].

Wie in den vom Sanskrit abstammenden Sprachen und Literaturen des Nordens, so nimmt das Râmâyana auch in den dravidischen Sprachen und Literaturen Südindiens eine hervorragende Stelle ein. So zuvörderst im Tamil. Die Bearbeitung desselben wird einem Dichter Namens Kamban zugeschrieben, der im 11. Jahrhundert n. Chr. gelebt haben soll. „Kamban", so bemerkt der Tamil-Kenner H. Bower, „gibt keine eigentlich stricte Uebersetzung, sondern seine eigene Fassung der Geschichte, die jedoch sachlich nicht von ihrer Vorlage abweicht. Wir haben beide gelesen und waren mitunter im Zweifel, welchem der beiden Dichter die Siegespalme gebührte. Man kann Kambans Tamil Râmâyana mit Popes Iliade vergleichen. Bâlmîki ist breit und einfach; Kamban kürzt den Stoff ab, aber arbeitet ihn sorgfältiger aus. Mitunter herrscht eine verschwenderische Fülle des Schmuckes; da und dort und ziemlich reichlich finden sich Züge des feinsten Ausdruckes." [2]

Während Bâlmîkis Râmâyana 24 000 Verse enthält, umfaßt Kambans Bearbeitung 12 016 vierzeilige Strophen. Letztere sind von sehr verschiedenem Bau, da die Tamulen überhaupt solchen Wechsel lieben und eine sehr ausgebildete Metrik und Poetik besitzen [3].

---

[1] *Das*, Literature of Bengal. Calcutta, Bose & Co., 1877. *Hunter*, Imp. Gazetteer VI, 349. 350.

[2] *John Murdoch*, Classified Catalogue of Tamil Printed Books (Madras 1865) p. 194.

[3] Von Kambans Râmâyana sind die einzelnen Theile (Pala Kandam, Ayottiya Kandam, Araniya Kandam, Kishkinta Kandam, Suntara Kandam, Yutta Kandam) auch gesondert veröffentlicht worden (*Murdoch* l. c. p. 194). Daneben existirt eine Prosaübersetzung des Ganzen: Râmâyana Vasanam, und eine Prosaübersetzung des Uttara-Kânba von Tiruffirrampala Tefikar, die für eine der schönsten Proben rhetorischer Prosa gilt (*Murdoch* l. c. p. 207); ferner zwei kleinere Liedersammlungen, die sich an das Râmâyana anschließen: Râmâyana Elapaddu (von Srinivasa Aiyangkar, aus neuerer Zeit) und Râmâyana Kom-

13. Das Râmâyana in den andern Volkssprachen Indiens.

Die folgende Probe ist dem Ayottiya Kânda (Ayodhyâ-Kânda) entnommen und enthält die Mahnungen, welche der Rishi Vasishtha dem jungen Râma am Vorabend der geplanten Königsweihe ertheilt. Es ist eine Art Königsspiegel aus einer Zeit, wo die Brâhmanen sich bereits hoch über die Götter setzten[1].

> Und Vasishta sprach, der rastlos büßende,
> Drauf zu Râma, dem freigebigen, wissenden,
> Nach der Veden fester Richtschnur wandelnden:
> „Morgen will dein Vater Tesaraba dir,
> Kampfesmächt'ger, aus gerechter Liebe
> Der vier Welten Herrschaft übertragen."
> Und aufblickend abermal zu Râma dann
> Sprach er zu dem Reichbekränzten also:
> „Unumstößliches hab' ich zu sagen dir.
> Hör und faß es wohl — es bringt dir Segen.
> Größer als der stirngeäugte Çiva selbst,
> Größer als der dunkle Vishnu und als Brahmâ,
> Der auf Lotus thronende, als die fünf Sinne,
> Als die Wahrheit selbst — sind die Brâhmanen,
> Drum sollst du von Herzen für sie sorgen!
> Ohne Grenzen mußt den hohen Göttern du
> Ehrfurcht zollen. Und doch trifft sie Ungemach,
> Wenn Brâhmanen zürnen; Ruhm und Ehre,
> Wenn Brâhmanen ihnen freund und wohlgesinnt.
> Weil so hoch sie stehn, mußt du sie ehren stets,
> Mach dein Haupt zum Schemel ihrer Füße,
> Die der Sünde grimmem Fluch entronnen sind;
> Sprich vor ihnen Liebes, Angenehmes.
> Wie sie's ordnen, wendet das Geschick sich,
> Blühet Wohlstand oder droht Verderben;
> Hehr ist ihr Befehl drum, leitet alle
> Wesen an, die Götter zu verehren.
> Wenn die höchsten Drei beiseite legten
> Ihre Waffenzier: Vishnu sein rollend Rad,
> Çiva seinen Dreizack, Brahmâ sein untrüglich Wort,
> Zugleich Tugend und Gerechtigkeit und Gnade —
> Sprich, was bliebe da von ihrer Macht noch übrig?
> Dies erwäge, frommer Sohn! Kein Unheil
> Droht dir wohl, aus Lug und Trug entsprießend.
> Doch bleib dessen eingedenk, daß alle Schuld
> Hier auf Erden aus der Lüge stammt.

---

maippaddu (*Murdoch* l. c. p. 195). Vgl. *Taylor* l. c. I, 269. 520. 521. *E. H. J. Vinsou*, Littérature Tamoule ancienne. Le Râmâyana de Kamban. Pondichéry 1861.

[1] Indischer Regentenspiegel von Hugo Schanz. Zeitschr. d. D. M. Ges. XXVII (1873), 703—706.

Vasishthas Mahareden. (Aus Kambans Râmâyana.)

Spricht versöhnlich einer, endet rasch der Kampf,
Doch es bleibt ihm Ruhm und Heeresmacht.
Wenn dir solche Gnade ist verliehen,
Wie dann müßtest du mit andern untergehn?
Richtig herrschen heißt, die Quelle aller Schuld,
Die fünf Sinne, zügeln und die Wahrheit
Stets im Aug' behalten und mit Mannesmuth
Vor nichts anderem zittern als vor Sünde.
Ist auch Königen soviel Macht beschieden
Als der Pârvati Gemahl und als dem Reiter
Garudas und dem achtäugigen Brahmâ,
Ist ihr Wandel doch nur dann ein rechter,
Wenn dem Rath sie folgen der Brâhmanen.
Was frommt büßendes Ertödten der fünf Sinne,
Denen aller Wesen Schuld entspringt,
Wenn die Liebe fehlt, da ohne diese
Keiner in der Dreiwelt Heil erwirkt?
Wenn der König, der den Erdbewohnern
Leib und Seele ist, furchtlos in Tugend
Und in Wahrheit steht, was braucht's noch Opfer?
Wenn ein König hold und lieblich spricht,
Reichlich schenkt und weisen Plan erfindet,
Klug und heilig, hoheitsvoll und siegreich,
Nie den Pfad des Rechtes überschreitet,
Kann ein solcher Herrscher jemals untergehn?
Wird den Erdenherrscher, welcher Recht und Unrecht
Wägt wie Gold, Unheiliges nicht duldet,
Mit der Wahrheit wunderbar umgürtet,
Unversehn ein plötzlich Uebel treffen?
Dem liebreichen König, der den ew'gen Werth
Wahrheitskund'ger Räthe weiß zu schätzen
Und mit seiner Gunst für sie nicht Grenzen kennt,
Sind ein fester Hort die Wohlerfahrnen.
Weder grauses Unheil noch die Hölle droht
Einem König, der nicht fröhnet Weiberlust;
Denn die Schönen, in Juwelen prangenden,
Sind verzehrend Feuer für die Erde."

Von dem höhern, klassischen Tamil, das seine eigene Grammatik hat, ist das Râmâyana auch in das niedere Tamil, die eigentliche Volkssprache, eingedrungen, welche häufig im Drama Verwendung findet und in welcher alle lyrische Volkspoesie abgefaßt ist. Wie Webb behauptet, „hat diese lyrische Poesie, obwohl oft sehr rhythmisch und künstlich in ihrem Aufbau, doch von seiten der Tamil-Grammatiker keine Beachtung gefunden, und alles, was sich darüber feststellen läßt, muß durch eine sorgfältige Untersuchung der Gedichte selbst gewonnen werden; denn obwohl es jetzt viele gelehrte Leute gibt, die solche verfassen, sind sie doch durchaus nicht im stande, die Grundsätze und Regeln ihrer Kunst anzugeben. Das ganze Râmâyana ist in dieser Art Poesie übersetzt und wird in dieser Form durch das ganze Land hin überall gesungen, stets mit Begleitung von Musik und Tanz" [1].

In die Telugu-Sprache wurde das Râmâyana wiederholt übersetzt. Am beliebtesten ist die Uebersetzung des Ranga Natha in Couplets (sogen. Dvipada). Abends beim Mondlicht gesungen, gelten diese Verse für eine ganz himmlische Geschichte; auf den Sinn scheinen aber die Hörer nicht sehr zu achten. Bhaskara bearbeitete das alte Epos mit Hilfe anderer Dichter in Stanzen, aber in dem sogen. Sanskrit-Dialekt, der dem gewöhnlichen Publikum schwer verständlich ist. Eine dritte Uebersetzung in sehr gut fließenden Telugu-Versen lieferte die Dichterin Molli, die Tochter eines Töpfers. Dagegen ist das sogen. Niroshta-Râmâyana (das lippenlose R.) eine pedantische Künstelei. Der Verfasser hat es nämlich darauf abgesehen, gar keine Lippenlaute (p, ph, b, bh, m) anzuwenden, und sah sich so genöthigt, den Namen des Helden (Râma) selbst von seinem Werke auszuschließen. In all diesen Bearbeitungen ist die Dichtung übrigens bedeutend gekürzt. Die volksthümliche in Dvipada ist die ältere; doch ist das Datum derselben ungewiß [2].

Verwandt mit dem Telugu ist das Kannada oder die kanaresische Sprache, deren Literatur mit der Verbreitung der Jainas zusammenhängt, einer mit den Buddhisten verwandten, aber ältern Religionsgemeinschaft. Sie haben eine Menge eigenartiger Schriften, doch waren viele ihrer Schriftsteller des Sanskrit kundig und führten aus der Sanskrit-Literatur eine Menge Stoffe und Werke ein. Darunter nimmt das Râmâyana wieder eine bevorzugte Stellung ein. Devacandra gibt in seinem Râmakathâvatâra (etwa um 1550) Nachricht über eine ganze Reihe von Schriftstellern, welche die Râma-Sage in kanaresischer Sprache behandelten, darunter Camunda Râya (vielleicht etwa 990—1000?), Nâgacandra (1170), Mâghananbi (um 1120), Kumudenda und Naya Sena. Noch älter ist das Râmâyana des Pampa, des berühmtesten unter den ältern kanaresischen Dichtern, der 902

---

[1] Bastian, Einige Worte über die Literatur der Birmanen. Zeitschr. d. D. M. Ges. XVII (1863), 708.

[2] Ueber die Abfassungszeit der zwei erstern Uebersetzungen herrscht noch keine Sicherheit. Siehe *C. P. Brown*, Telugu-English Dictionary. Preface and Cyclic Tables p. 58, sowie dessen Aufsatz Essay on the Language and Literature of the Telugus. Madras Journal X, 43 ff. und Asiatic Journal XXXII, 196 ff. *F. Kittel*, Nâgavarma's Canarese Prosody (Mangalore 1875) p. xxix. xxx. *Taylor* l. c. I, 499.

aus einer Brâhmanen-Familie geboren wurde. Schon sein Vater war indes ein Jaina. Er bearbeitete auch das Mahâbhârata unter dem Titel Pampa-Bhârata (oder Vikramârjuna-Vijaya). Ihrem Gegensatz zum Brâhmanenthum entsprechend, nehmen die Dichter der Jaina stets für die Helden der Kshatriya gegen die Brâhmanen Partei, und so haben sie auch das Râmâyana in diesem Sinne umgestaltet[1].

Die ältere **Konkani-Literatur** wurde bei der Eroberung durch die Portugiesen bis auf ein paar kümmerliche Reste zerstört[2]. Unzweifelhaft besaß jedoch auch dieser Sprachzweig sein Râmâyana und die übrigen gemeinsamen Sagenstoffe. Unter den wenigen Werken, welche bis jetzt in der **Malayalam-Sprache** bekannt geworden und die nicht über 1400 hinaufreichen, befindet sich eine Bearbeitung des Râmâyana[3].

Auf Ceylon, in **singhalesischer** Sprache, treffen wir das Râmâyana unter dem Titel „Jânakîharana". Wie James d'Alwis bemerkt, herrschte zwar hier seit sehr alten Zeiten der Buddhismus, allein der lebhafte Verkehr mit der vorderindischen Halbinsel öffnete den dort waltenden Anschauungen und Ideen stetigen Zutritt, und wie es scheint, hatten die singhalesischen Dichter kein Bedenken, auch brâhmanische Sagen und Dichtungen bei sich aufzunehmen. Viele der Hindu-Gottheiten betrachteten sie natürlich als bloße Geschöpfe der Phantasie, poetische Verkörperung der Naturgewalten; andere derselben scheinen sie dagegen als göttliche Wesen aufgefaßt zu haben, die ihrem Buddha wohlgewogen waren und sich mit seiner Lehre einigermaßen in Einklang bringen ließen. Zu diesen gehörten auch die großen Götter Brahmâ, Vishnu und Çiva[4].

---

[1] *Lewis Rice*, Early Kannada Authors (Bangalore 1883) p. 19. Vgl. von demselben The Poet Pampa. Journ. R. A. S. Jan. 1882. *F. Kittel* l. c. Introd. p. XLVI. Eine andere kanaresische Bearbeitung des Râmâyana von Narsappa (in Torave, unfern Dharwar, Präs. Madras) erwähnt Weigle (Ueber kanaresische Sprache und Literatur. Zeitschr. d. D. M. Ges. II, 278). Sie umfaßt nur die ersten sechs Theile mit Ausschluß des Uttara-Kânda. Weigle setzt sie etwa ins 14. Jahrhundert. Rice und Kittel erwähnen sie nicht. Vgl. Taylor l. c. I, 595. 597. 604. 605. 865. 666 und 603. 606.

[2] *J. Gerson da Cunha*, The Konkani Language and Literature (Bombay 1881) p. 25 ff.

[3] *Taylor* l. c. I, 670.

[4] *James d'Alwis*, Notes on the Mythological Legends of the Singhalese. Journ. R. A. S. Ceylon Branch. (1858/59) p. 10 ff.; Descriptive Catalogue of Sanskrit, Pali and Sinhalese Works of Ceylon I (Colombo 1870), 188—195; The Sidath Sangarawa (Colombo 1852) p. CLIV ff.

13. Das Râmâyana in den andern Volkssprachen Indiens.

Das singhalesische Râmâyana hat nur 15 Gesänge, der letzte ist aber als 25. Gesang gezählt, so daß also wahrscheinlich 10 verloren gegangen sind[1]. Jeder Gesang hat etwa 80 Çloka. Das Gedicht folgt sachlich dem Râmâyana Bâlmikis, aber in freierer Weise, und gewinnt mannigfach dadurch, daß Episodisches wegfällt und die Erzählung einfacher und natürlicher voranschreitet. Die Gesänge 1—4 behandeln Râmas Geburt und Jugend, 5—9 seine ersten Waldabenteuer, die Vermählung mit Sitâ und den Abschied von König Janaka, 10 die Entführung Sitâs, 11—13 das Suchen nach der geraubten Sitâ, den Kampf mit Bâlin und das Bündniß mit Sugriva, 14 den Brückenbau. Dann folgt unmittelbar der 25. Gesang, eine Beschreibung des Friedens im Gegensatz zum Krieg. Die ausgefallenen zehn Gesänge enthielten also muthmaßlich den Kampf um Lankâ, Sitâs Befreiung und Feuerprobe. Darstellung und Ton sind schlichter und natürlicher als in andern Bearbeitungen, aber die urwüchsige Einfachheit der homerischen Dichtungen zu erreichen ist nun einmal den Indern versagt. Der Abschied der neuvermählten Sitâ von ihrem Vater Janaka ist (Gesang 9, Çloka 1 ff.) folgendermaßen beschrieben:

Als so der Sohn (Râma) mehrere Monate glücklich verlebt hatte, zog der König (Daçaratha) in seine Stadt zurück, nachdem er auch für seine übrigen drei Söhne Ehebündnisse abgeschlossen hatte.

Auch die Königstochter mit ihrem Gatten mußte nun die Reise antreten; sie bewegte sich langsam wegen der Mattigkeit ihrer Glieder und des Trennungsschmerzes, und sie bedeckte die Füße ihres Vaters (Janaka) mit den Thränen ihrer Augen.

Da redete der König, gestützt auf seine Kenntnisse geselliger Weisheit, seine tugendsame Tochter huldvoll an in kraftvollen Worten und zeigte ihr die Bahn der Lauterkeit:

„Verehrungswürdige Frau! Denke nicht anmaßend von den hohen Vorzügen deiner Person, von deinen erhabenen Tugenden, und daß dein Vater ein König ist und daß du jung bist an Jahren; denn das Glück des Weibes besteht in der Liebe ihres Gatten.

Die Frauen sind nicht die Quelle des vollendeten Glückes ihres Gatten, sondern der Gatte ist die Ursache des würdigen und glücklichen Loses seiner Frau; denn eine Regenwolke ist deutlich sichtbar, auch wenn kein Blitz da ist; die Blitzstrahlen aber scheinen nie ohne eine Regenwolke.

---

[1] Nach b'Alwis ist es ursprünglich in Sanskrit verfaßt; erhalten ist aber nur die singhalesische Sunna, b. h. wörtliche Uebersetzung. Die ursprüngliche Sanskritdichtung wird Kumâradâsa oder Kumâra Dhâta Sena zugeschrieben, einem der berühmtesten singhalesischen Könige, der zwischen 513 und 522 regiert haben soll. Vgl. *L. C. Wijesinha*, The Mahâvansa II (Colombo 1889), 10 (cap. 41) and Chronol. Table of Sovereigns p. XVII.

Magst du auch sehr erzürnt über deinen Mann sein, gebrauche nicht männliche Rede; denn Frauen sagen, daß, wenn ihre Gatten sie tadeln, Schweigen das sicherste Mittel ist, sich zu entschuldigen.

Eine Frau, die in Keuschheit ihrem Manne anhängt, bezaubert ihren Gatten; ein Weib dagegen, das den Pfad der Tugend verlassen, zieht sich das unauslöschliche Mißfallen eines tugendliebenden Gatten zu.

Es ist nicht nöthig, daß ich mich in Bezug auf diesen Gegenstand noch in weiterer Rede verbreite; führe dich so auf, daß wenn dein Ruf dieses alte, gebrechliche Herz erreicht, er es nicht tausendfach zerreiße.

Gut wird es sein, wenn dieses eine Verlangen meines Herzens sich in Zukunft zu unserem Glücke als nicht vergeblich bewährt!" Diese Worte des Greises starben leise dahin, erstickt in der Kehle vor Traurigkeit.

Darauf berührte das neuvermählte Paar die Füße Janakas mit der Spitze des hellleuchtenden, mit Edelsteinen gezierten Diadems und mit dem kranzumwobenen Haarknoten und zog gesegnet fort aus dem Vaterhause.

Schon William Marsden[1], welcher am Beginn dieses Jahrhunderts die Völker und Sprachen des malayischen Archipels zu studiren begann, bemerkte mit Staunen, daß sich in den Schriften dieser fernen Inselwelt die überraschendsten Anspielungen auf die Helden und Götter Indiens, besonders auf jene der zwei großen indischen Epen, vorfanden. So fiel ihm z. B. eine Art Roman in die Hände, der sich auf ein ganz gewöhnliches Märchen aufzubauen schien. Ein Fürst hat im Traum ein Musikinstrument gehört, das von selbst spielt, natürlich wunderbar schön, und schickt nun seine zwei Söhne aus, dasselbe zu suchen und ihm zu bringen. Die Ausführung war indes recht phantasievoll, fein, reich an Gefühl. Plötzlich tauchten ganz klare Erinnerungen an das Mahâbhârata auf. „Die Prinzen fochten so tapfer wie die fünf Pându-Söhne, als sie sich in die Reihen der Kuru stürzten." Weiterhin fand er auch ganz deutlich Züge des Râmâyana in die Geschichte verwoben. „Wie Râma werden die malayischen Prinzen in ihren Kämpfen durch Affen von ganz außergewöhnlicher Begabung unterstützt, die mit übermenschlicher Kühnheit fechten und die Râkshasa oder Dämonen überwinden, die unter dem Banner des Gegners dienen. Einer derselben, dessen Geschick als Gesandter hochgepriesen wird, soll ganz dem diplomatischen Affen gleichen, der von dem Fürsten Râma an den König von Lankâ entsandt wurde. Die Mischung von Eigenschaften und Thätigkeiten, die ihnen in ihren doppelten Eigenschaften als Affen und Helden zugeschrieben werden, ist von sehr komischer und unterhaltender Wirkung.

---

[1] On the Traces of the Hindu Language and Litterature extant among the Malays. Asiatic Researches IV, 223—227; abgedr. in Miscellaneous Papers relating to Indo-China I (London 1886), 50—55.

Obwohl ihre Ideen ganz vernünftig sind, so sind doch ihre Sitten und Neigungen ganz der Natur entsprechend."

Spätere Forschungen haben ergeben, daß nicht nur ein großer Theil der malayischen Bildung unter indischem Einfluß stand, sondern daß die höchst merkwürdige Kavi- (Kawi-)Sprache und Literatur auf der Insel Bali (östlich von Java) ein Ableger der Sanskrit-Literatur ist, zu der sich das gewöhnliche Bali ähnlich verhält wie die indischen Prâkrits zum Sanskrit.

Auf Bali fanden sich zwei Bearbeitungen des Râmâyana: die eine von M'pu Raja Kusuma, auch Yogîsvara (Fürst der Büßer) genannt, Vater des M'pu (Hempu) Tanakung, die andere von dem Dichter M'pu Dharmaja, Verfasser des Svarabahana. Die Sprache ist reines Kavi mit sehr starkem Sanskrit-Beisatz. Das Gedicht ist hier nicht in sechs Bücher getheilt, sondern in 25 Gesänge (wie die singhalesische Bearbeitung). Mehrere Episoden fehlen, so die langen Geschichten von Râmas Jugend im Bâla-Kânda, die Erzählungen des Vasishtha aus den alten Zeiten, von den Sagariden, von der Herabkunft der Gangâ, von der Buße Viçbâmitras. Der Uttara-Kânda bildet im Bali ein eigenes Werk. Ob diese Kürzungen einer ursprünglich kürzern Sanskritvorlage oder einer spätern, auszüglichen Bearbeitung zuzuschreiben sind, ist fraglich. Letzteres dürfte doch das wahrscheinlichere sein[1].

In Java traf Friedrich nur eine javanesische Bearbeitung des Râmâyana; dieselbe steht nach seinem Urtheil in Sprache und Stil weit hinter der Kavi-Bearbeitung zurück, wird auch von den Balinesen als eine entschiedene Verschlechterung betrachtet. Sie trägt den Titel „Romo" und wurde wahrscheinlich erst nach dem Eindringen des Islam auf die Insel verfaßt, als der Eifer für die frühere Religion bereits am Abnehmen war, die Kenntniß des Kavi sich verlor, die alten poetischen Sagen sich aber noch in der Erinnerung lebendig erhielten.

Bei den Balinesen gilt das Râmâyana als eine Art Fürstenspiegel, der den Fürsten und Häuptlingen als Vorbild dienen soll, um ihr Leben danach einzurichten. Solange sie diesem Ideale nacheifern, soll Friede und Ruhe im Lande walten. Gegen viele Fürsten ergeht indes die Klage, daß

---

[1] *R. Friedrich*, An Account of the Island of Bali. Journ. R. A. S. New Ser. VIII, 157 ff.; IX, 59 ff.; X, 49 ff., abgedr. in den Miscellaneous Papers relating on Indo-China II (London 1886), 69 ff. Vgl. Friedrichs Forschungen über die Sprache und Literatur auf Bali. Zeitschr. d. D. M. Ges. V, 285. A. Weber, Indische Studien II, 133—136; Ueber das Râmâyana S. 51.

sie sich gegen die Mahnungen der ehrwürdigen Vorzeit sehr gleichgiltig verhielten und dadurch den Niedergang der allgemeinen Wohlfahrt verschuldeten.

Nach H. Kern[1] besteht das altjavanische Kawi-Râmâyana aus 2271 Strophen in den verschiedensten indischen Versmaßen, von den einfachsten bis zu den allergekünsteltsten, und ist in 26 Gesänge getheilt, von denen aber der letzte nur als Anhängsel zu betrachten ist. Es stammt aus der eigentlichen Blüthezeit der Kawi-Literatur, ist als eigentliches Kunstepos aufgefaßt und durchgeführt, stellenweise reich an Wortspielen und andern Künsteleien, und selbst da, wo der Stil einfacher gehalten ist, sehr verschieden von dem alten Râmâyana Bâlmîkis, wie die folgende Probe zeigt. Es ist die Stelle, wo Râvana, als Einsiedler verkleidet, sich Sîtâ nähert und um ihre Liebe wirbt[2].

1. Und während sie (Sîtâ) in den dichten Wald ging und Blumen pflückte, kam Daçâvana (Râvana) unter der Gestalt eines Weisen; er glich einem reinen, gerechten çivaitischen Einsiedler, tugendsam und heilig, das Haupt überall glatt geschoren, mit einem kleinen Haarbüschel auf dem Scheitel.

2. Seine Zähne waren ausnehmend rein, weiß wie Kryſtall; auch war er versehen mit einer Gebetsschnur und mit einem Kürbis, den er (als Napf) an einem Tragband mit sich führte; sein Gewand war schön roth, von glänzender Lackfarbe strahlend. Er ging den Weg entlang, um Almosen zu betteln, wodurch er seinen (eigentlichen) Zweck verborgen hielt.

3. Während des Gehens murmelte er Gebete und sagte seine frommen Sprüche her; sein Blick war mild und lieb, äußerlich freundlich und sehr einnehmend; es war, als ob von seiner Rakshasen-Art nichts übrig geblieben wäre. Darauf ging er wandelnd an all den schönen Einsiedeleien vorüber.

4. Darauf traf er die Tochter des Königs Janaka (Sîtâ) im Walde. Ganz allein schlüpfte sie durch das Gehölz ohne irgendwelche Furcht. Râvana ging dann auf sie los, sehr erfreut; rasch war er neben ihr und endlich sprach er ehrerbietig:

5. „Was irrst du so im Walde umher, himmlisch Schöne, und pflückest Blumen? Gar nichts kann deiner Schönheit gleichen; sie ist wahrhaftig vollkommen. Selbst der Mond kann deiner Schönheit nicht gleichkommen; denn er verbleicht bei Tage und verliert dann all seinen Glanz.

6. Die Lotusblumen im See, wenn sie in voller Blüthe prangen, die einen roth, die andern weiß, wenn auch noch so lieblich und wohlduftend, können nicht mit dir verglichen werden; sie stehen dir nach, denn sie schließen sich des Nachts wieder und welken dahin.

---

[1] Proeve uit het oudjavaansche Râmâyana door *H. Kern*. Bijdragen tot de Taal-, Land- en Volkenkunde van Nederlandsch-Indië. Uitgegeven ter gelegenheid von het sesde internationale Congres der Orientalisten te Leiden ('s Gravenhage, M. Nijhoff, 1883) blz. 1—24.

[2] Sarga 5, Str. 366—375, entsprechend Bâlmîkis Râmâyana, Aranya-Kânba. Sarga 46, Str. 8 ff., Bomb.-Ed.

160 13. Das Râmâyana in den andern Volksprachen Indiens.

7. Der Platz, wo du weilst, ist gefährlich, den Menschen unzugänglich, eine Wildniß. Ist dir nicht bange vor den bösartigen Schlangen und vor den wilden Elefanten? Wer soll dir helfen, frage ich, wenn plötzlich ein Tiger dir entgegentritt? O solch eine Schönheit wie die deine, Schwester, sollte man nicht ruchlos bloßstellen!

8. Du bist so über die Maßen sanft und zart, so liebreizend. Es ist als wäre der Wald geschmückt durch deine Gegenwart. Wie heißt er doch, der Mann, den du als Gemahl erkennst? Er muß sich gar viele sittliche Verdienste erworben haben, daß er dich besitzt.

9. Ich habe andere Länder auf dieser Welt durchwandert, aber niemanden gesehen, der einigermaßen dir gleich stände. So schön bist du, wahrhaftig! Du bist, wie ich meine, ohne Vergleich der Gipfel aller Schönheit, und mein gegenwärtiges Leben ist nicht umsonst gewesen, da ich dich einmal habe kennen lernen."

14. Das Râmâyana im heutigen Volksleben Indiens.

So ist das Râmâyana denn gewandert von Ayodhyâ aus an den Indus und in die Berge von Kashmir, hin über die ganze Halbinsel bis nach Ceylon und dann weiter nach Java und darüber hinaus nach Bali, in die Nähe Australiens. Allenthalben hat es Freunde gefunden, allenthalben weitere dichterische und literarische Thätigkeit angeregt. Es sind ungeheure Sprachgebiete, über die es sich verbreitet hat. Das Hindi allein wird mit seinen Dialekten auf 100 Millionen geschätzt. Bengâli sprechen etwa 39 Millionen, Marâthî über 15, Gujarâthî 7¹/₂, Tamil etwa 15, Telugu 20, Canaresisch 8, Malayalam 4, Sindhî 4, Singhalesisch 1¹/₂, Javanisch 14 Millionen Menschen[1]. Dabei hat die Dichtung sich in Ceylon wie in Nordindien gegen den Buddhismus behauptet, im Pandschab wie auf Java dem Islam Trotz geboten, ja dieselben sogar siegreich zurückgedrängt. Das Mahâbhârata ist ihm wohl überallhin gefolgt; aber es war zu umfangreich, um sich vollständig einzubürgern. Die Lehren und Legenden des Buddhismus sind allerdings noch weiter gedrungen, über China nach Japan und durch Centralasien an den Ural. Ebenso haben die indischen Volkserzählungen, Märchen und Fabeln noch weitere Wanderungen gemacht gen Westen hin zu allen europäischen Völkern. Doch von den Kunstdichtungen der Inder hat keine dem Raume wie der Zeit nach so weit hingewirkt wie das Râmâyana.

Dazu hat allerdings vorab beigetragen, daß sich in dieser Dichtung Poesie und Religion berührten, daß der Hauptheld ein Gott war und zahlreiche heilige Stätten sein Andenken und die daran geknüpften Sagen lebendig erhielten.

Das alte Ayodhyâ, die einstige Residenz der Sonnenkönige, als deren 36. Daçaratha, als deren letzter (113.) Sumitra genannt wird, liegt zwar längst in Trümmern. Nach dem Aussterben der Sonnendynastie ward es

---

[1] Diese Zahlen, aus verschiedenen Autoren zusammengestellt, beruhen nur auf annähernder Schätzung und dürften meist zu niedrig gegriffen sein; doch genügen sie, um die Verbreitung des Râmâyana ungefähr anzudeuten.

buddhistisch, später unter König Vikramâditya (etwa 57 n. Chr.) wieder brâhmanisch und blieb es bis zum Eindringen des Islam. Jetzt sind auch die Moscheen zerstört, welche die siegreichen Mohammedaner aus den Steinen der frühern Tempel erbaut; doch hat sich noch die Erinnerung an drei einst hochverehrte Stätten erhalten: Janmasthân, wo Râma geboren wurde, Svargabbâra Mandir, wo sein Leib verbrannt wurde, und Taretâlâ Thâkur, wo er einst seine großen Opfer abgehalten haben soll. Zu einem großen Markte, Râmnâmi, der hier abgehalten wird, strömen alljährlich eine halbe Million Hindus zusammen. Neben 36 Moscheen und 33 çivaitischen Tempeln hat das heutige Oude noch 63 vishnuitische Tempel; einer der bedeutendsten ist dem Affenfürsten Hanûmat geweiht [1].

Ein Kolossalbild dieses Affengottes, von dem königlichen Sonnenschirm überschattet und von zwei Bannern flankirt, traf Otto E. Ehlers noch im December 1890 am Haupteingang des alten Königspalastes von Khatmandu, der Hauptstadt von Nepal [2]. Nach E. Schlagintweit herrscht durch ganz Centralindien die Sage, die Hügel in Bundelkhand rührten aus der Zeit her, da unter Râmas Leitung die große Brücke nach Lankâ gebaut worden sei. Nach Vollendung des Baues habe Râma auf einem Muschelhorn den das Material herbeibringenden Affen das Zeichen gegeben, daß es nun genug sei; doch viele Affen seien noch mit ganzen Felsen unterwegs gewesen; auf das Zeichen hätten sie ihre Last aus den Lüften auf die Erde niederfallen lassen und so seien jene Hügel entstanden. Der durch ganz Indien verbreitete Affencult hängt mit den Sagen des Râmâyana zusammen. Ganz allgemein gelten die Affen als heilige Thiere wie zur Zeit des Alberuni und des Tulsi Dâs. Reiche Leute lassen sie füttern. An vielen Tempeln sind für ihre Fütterung eigene Stiftungen da, welche von den Tempelobern verwaltet werden. Ja es werden zur Ehre der Affen sogar festliche Umzüge gehalten, bei denen die Brâhmanen anwesend sind und lange Gebete sprechen [3].

Als heiligste Stätte gilt den Verehrern Râmas der Hügel Citrakûta (Chuteerkote oder Chitarkot) im Bânda-District (N.-W.-Provinz), 71 engl. Meilen von Allahâbâd, 42 von Bânda [4]. Der Fuß des Hügels hat einen

---

[1] *Hunter*, Imp. Gazetteer I, 184. 185.

[2] Otto E. Ehlers, Am Fuße des Gaurisankar. Westermanns Monatshefte (April 1894) S. 47. 48 (mit Abbildung).

[3] Emil Schlagintweit, Indien in Wort und Bild II (Leipzig 1880), 122.

[4] Nach *Monier Williams* (Ind. Ep. Poetry p. 69) 25° 12' n. Br., 80° 47' ö. L. (Greenw.).

Umfang von etwa 3 Meilen; unten fließt der Fluß Pâisuni (Piçuni) vorbei, der Beschreibung nach der Mandâkinî des Râmâyana entsprechend. Es ist die Stelle, wo Râma nach seiner Verbannung sich zuerst im Walde niedergelassen haben soll, und wo Bharata ihn aufsuchte, um ihn nach Daçarathas Tode zum Throne zu berufen. Den Fluß auf und ab sind zahllose Ghats (heilige Badeplätze) und Treppen, um die rituellen Waschungen vorzunehmen. Um den Hügel zieht sich eine Terrasse, auf der die Pilger ihre Umzüge zu halten pflegen. Die Stätte war früher der besuchteste Wallfahrtsort in Bundelkhand und Baghelkhand. Der ganze Hügel ist mit Tempeln und Heiligthümern zu Ehren Râmas und Lakshmanas übersäet. Im ganzen Umkreis sind ihrer 33. Die Tempeldiener beziehen die Einkünfte von 39 Dörfern, die unter britischer Hoheit stehen, und von mehrern aus den benachbarten noch selbständigen Staaten. In den Wäldern rundum wimmelt es von Affen, und eine der Waldfrüchte heißt noch heute Sîtâ-Phal. An den zwei Festen Râmnâmi und Divâli werden jährlich große Märkte abgehalten, zu denen früher 30000 bis 45000 Besucher sich einfanden, jetzt immer noch etwa 15000, obwohl die Betheiligung der Râjâs sehr nachgelassen hat [1].

Durch ganz Indien finden sich Tempel, theils in Trümmern theils noch erhalten, die dem Andenken Râmas gewidmet sind, besonders an all den Stätten, wo er der Sage nach einst lebte, pilgerte, trauerte, opferte, mit Dämonen und Unholden kämpfte; doch auch an solchen, die ganz außerhalb des Kreises der Sage liegen.

Berühmt sind die Tempelruinen von Nâna Gop im Mandhra-Gebirge (Guzerât) [2], der ganz aus dem Felsen gehauene Tempel Kailâsa in Ellora [3], dessen Wände mit zahllosen Götterbildern, darunter auch Darstellungen aus dem Râmâyana, geschmückt sind, die Tempelruinen von Kâthyâvâdi. Das großartigste Bauwerk aber, das mit Râmas Namen und Verehrung verknüpft ist, steht auf der kleinen sandigen Insel Râmesvaram (unrichtig Ramisseram genannt) am Golf von Manaar, der die Südspitze der Halbinsel von Ceylon trennt, angeblich an der Stelle, wo Râma einst mit dem Heere der verbündeten Affen nach Lankâ hinüberzog. Die Sage schreibt

---

[1] *Hunter* l. c. III, 429. 480. Ueber einen Badeteich zu Valukeśvar bei Bombay, dessen Wasser Râma durch einen Pfeilschuß hervorgelockt haben soll, vgl. *Ch. Schoebel*, Le Râmâyana p. 7, über andere Rama geweihte Orte Graul, Reise in Ostindien II, 50. 184. 253. 260.

[2] Lefmann, Geschichte des alten Indiens (Berlin 1890) S. 550.

[3] P. Alb. Kuhn, Allgem. Kunstgeschichte I (Einsiedeln 1893), 99.

Râma selbst die Gründung des Heiligthums zu, das deshalb als eines der ehrwürdigsten von ganz Indien galt. Jahrhundertelang sind Tausende von Pilgern aus allen Theilen Indiens hierher gewallt. Die Herren von Râmnâd, von wo die Pilger nach der Insel übersetzten, hießen deshalb „die Herren der Brücke" (Setupati).

Es handelt sich hier nicht um einen einfachen Tempel, sondern um eine der größten indischen Tempelanlagen. Zwischen Hainen von Acacien und Cocosnußpalmen dehnt sich dieselbe ins Gevierte aus, etwa 1000 Fuß lang bei 657 Fuß Breite. Das Hauptthor ist 100 Fuß hoch. Die ganze Tempelanlage ist von einer 20 Fuß hohen Mauer eingefaßt mit vier Gopuras (Thorthürmen, mehrere Stockwerke hoch, an die ägyptischen Pylonen erinnernd), je einem nach jeder Seite hin, sämtlich vollständig aus Stein ausgeführt; nur der westliche ist indes ganz vollendet; die nach Norden und Süden überragen kaum merklich die Mauer, während die Ostseite zwei Thore und Gopuras hat. Der Hauptbau des Tempels erhebt sich zu einer Höhe von 120 Fuß. Die eigentliche Hauptzierde des Baues bildet nicht er, sondern die Säulenhallen, die ihn umgeben und die sich in einer Gesamtlänge von etwa 4000 Fuß erstrecken, von 20 bis 30 Fuß breit und im Innern etwa 30 Fuß hoch. Die stattlichen Pfeiler bestehen aus kolossalen Quadern, sind reich geschmückt und zum Theile mit grotesken Figuren überladen. Die größte Fülle phantastischer Bildnerei entfaltet sich in dem Mittelgang, der zum eigentlichen Tempel führt und mit den Bildnissen der Râjas von Râmnad geschmückt ist. Letztere wurden in neuerer Zeit leider mit den schreiendsten Farben überkleckst. Einfacher und geschmackvoller gehalten sind die Seitencolonnaden, die 700 Fuß lang sind, 100 Fuß länger als die innere Länge der Peterskirche zu Rom. Ueber das Ganze urtheilt der Geschichtschreiber der indischen Architektur, James Fergusson: „Gälte es, einen Tempel auszusuchen, der alle Schönheiten des dravidischen Stiles in ihrer höchsten Vollkommenheit darstellen und dabei zugleich auch alle charakteristischen Fehler des Planes aufweisen sollte, so müßte die Wahl unausweichlich auf den Tempel in Râmesvaram fallen. In keinem Tempel tritt ein solcher Reichthum geduldigen Kunstfleißes zu Tage, in keinem ist bedauerlicherweise die Arbeit so sehr weggeworfen, weil der Plan fehlt, der ihre Wirkung zur vollen Entfaltung brächte."[1]

---

[1] Beschreibung des Tempels bei *J. Fergusson*, History of Eastern Architecture. London 1876. *Hunter* l. c. XI, 443 ff. Ein gutes Bild des Mittelcorridors gibt Lefmann a. a. O. S. 552. Eine Ansicht der Seitencolonnade bei J. Spillmann, Durch Asien II (Freiburg i. B. 1890), 471.

Noch heute bezieht der Tempel und die ihn bedienenden Brâhmanen die Einkünfte von 57 Dörfern, welche ihm von den frühern Râjas von Râmnab gestiftet wurden und welche etwa ein Jahreseinkommen von 4500 Pfd. Sterl. (90 000 M.) bedeuten. Der Tempeldienst ist aber vishnuitisch im weitern Sinne und entspricht nicht der idealern Richtung, wie wir sie in Tulsî Dâs kennen gelernt.

Râma-Vishnu hat aber nicht nur durch ganz Indien hin seine Tempel, seine heiligen Badeplätze, seine Wallfahrtsorte, zu denen das Volk noch heute in großen Scharen strömt: das Râmâyana selbst und die aus ihm hervorgewachsenen Dichtungen leben noch im Volke weiter.

„Die modernen Vertreter der altindischen Hofschauspieler sind die Kathaks (Kathala). Der Kathak ist eigentlich Vorleser und ersetzt hierdurch in der Familie seines Auftraggebers die fehlende Kunst zu lesen. Diese Leute wissen beliebig gewünschte Stücke nach dem Gedächtnisse ausdrucksvoll herzusagen und ‚lesen‘ in reichen Familien täglich einige Stunden. Die geübtern Kathaks nehmen bis zu 4000 Mark im Monat an Honoraren ein; ihr Vortrag, mit Gebärden unterstützt, gestaltet sich zur kunstvollen Declamation; die Pausen füllen Gesang und würdevoller Anstandstanz aus." [1]

„Wir hören," sagt Max Müller [2], „daß die alten epischen Gedichte, das Mahâbhârata und das Râmâyana, noch immer in den Tempeln zum Besten der Besucher vorgetragen werden, und daß in den Dörfern große Menschenmassen um den Kathaka, den Leser dieser alten Sanskrit-Gedichte, zusammenströmen und oft seine Recitationen mit Thränen und Seufzern unterbrechen, wenn der Held des Gedichtes in die Verbannung geschickt wird, während, wenn er in sein Königreich zurückkehrt, die Häuser des Dorfes mit Lampen und Guirlanden geschmückt werden."

„In Benares", erzählt uns Professor Reuleaux [3], „findet alljährlich eine Mela (Fest) zu Ehren Râmas statt, die Râm-Lîlâ oder das Râma-Spiel. An einem der ersten Festtage wird das ganze Râmâyana von Anfang bis zu Ende öffentlich vorgelesen; an manchen Stellen der Stadt werden mit enormem Pomp Episoden daraus aufgeführt; bei der letzten, wo Râma mit Râvana, dem Beherrscher von Lanka (Ceylon), kämpft und diesen tödtet, soll die Zuschauermenge sich meist auf mehr als 30 000 Köpfe belaufen."

Weit eingehender zeichnet uns den Einfluß, welchen die indischen Epen noch heute besitzen, ein Inder selbst, Nisikânta Chattopâdhyâya, der sich längere Zeit in verschiedenen Ländern Europas aufhielt, um die europäi-

---

[1] Emil Schlagintweit a. a. O. I, 176; II, 12. Vgl. *Sylv. Lévy* l. c. p. 309.

[2] Indien in seiner weltgeschichtlichen Bedeutung, übers. von C. Cappeller (Leipzig 1884) S. 66.

[3] Reuleaux, Quer durch Indien (Berlin 1884) S. 281; 68 ff. Vgl. dazu den sonderbaren Bericht Jacquemonts (Voyage dans l'Inde I, 213) bei *Ch. Schoebel*, Le Râmâyana p. 6.

14. Das Râmâyana im heutigen Volksleben Indiens.

schen Sprachen und Literaturen zu studiren[1]. Es fiel ihm sehr auf, daß die indologische Forschung in Europa sich mit Vorliebe den Veden zuwandte und aus ihnen nicht nur die Kenntniß der altindischen Vorzeit, sondern auch das richtige Verständniß des heutigen Indiens zu gewinnen sucht. Mit Rücksicht auf eine Geschichte der Sanskrit-Literatur des russischen Indologen Minajeff stellt er die Behauptung auf, „daß die Vedas nach und nach aufgehört haben, irgend welchen lebendigen Einfluß auf das religiöse Leben der Hindus auszuüben"[2]. Sehr hoch schlägt er dagegen den Einfluß der alten Epik an:

Was uns einen bedeutenden Einfluß auf das praktische religiöse Leben der Hindu gehabt zu haben und noch jetzt zu haben scheint, sind die Vedântas oder die Upanishads und die zwei unvergleichlichen Heldengedichte Râmâyana und Mahâbhârata. Wir glauben behaupten zu dürfen, daß die letztern an der Bildung des Charakters der Hindu einen größern Antheil gehabt haben als die Heldengedichte jedes andern Landes, selbst die homerischen nicht ausgenommen. Sie sind in beinahe alle die verschiedenen Dialekte Indiens übersetzt und daher allen zugänglich, den Reichen wie den Armen, den Gelehrten und den Unwissenden, den Brâhmanen und den Sûdras, kurz allen den vielfältigen und verschiedenartigen Klassen, welche die indische Gesellschaft ausmachen. Was die erhabenen Aussprüche der Vedântas für die Gebildeten, die Denkenden und die Philosophen, das sind diese Heldengedichte für die vergleichsweise Unwissenden und Ungelehrten geworden.

Der greise Großvater mit seinen mächtigen Brillengläsern liest aus ihnen jeden Nachmittag der aufmerksamen Zuhörerschaft seiner zahlreich ihn umgebenden Familie vor und knüpft daran gelegentlich Erklärungen und moralische Betrachtungen; der

---

[1] Indische Essays (Zürich 1883) S. 64 ff.
[2] Eine wenn auch nicht ausdrückliche, so doch sachliche Bestätigung findet diese Ansicht in den Mittheilungen, welche Monier Williams (1881) dem V. Orientalisten-Congreß über „die Stellung des Rigveda in den täglichen Religionsübungen der Hindus" vorlegte. „In der Auffassung derjenigen, welche diesen Gebrauch vom Rigveda machen, ist derselbe nicht ein Buch wie unsere Bibel oder der Koran der Mohammedaner. Er ist eher ein heiliger und ewiger Klang (a sacred and eternal sound), einst von inspirirten Weisen vernommen und durch die lebende Stimme frommer Brâhmanen durch zahllose Generationen weiter überliefert. Und deshalb wird der Klang des Veda selbst schon als wirksam betrachtet, um die Gottheit zu gewinnen. Entgegen der Maxime unseres Shakespeare ('Worte ohne Gedanken gehn nicht zum Himmel ein') herrscht der Glaube, daß die bloßen Worte der heiligen Texte auch ohne Begleitung von Gedanken zum Himmel emporschweben und dem, der sie spricht, den Segen des Himmels herniederbringen." — „Die Pflicht, Brahmâ durch Wiederholung göttlicher geoffenbarter Worte zu verehren, gilt für genügend erfüllt, wenn man täglich nach der Morgen-Sandhyâ die ersten Linien aller hauptsächlichen heiligen Bücher hersagt", etwas Wasser dazu schlürft und den Athem anhält. (The place which the Rig-veda occupies in the Sândhyâ and other Daily Religious Services of the Hindus. Verhandl. des V. Intern. Oriental.-Congr. II [Berlin 1882], 158 ff.; vgl. ebend. S. 182 ff.)

Dorfpriester (Purohita) liest sie, nachdem des Tages Hitze nachgelassen hat, seiner Gemeinde vor, welche in solchen Versammlungen meist aus Frauen und Kindern besteht; der ländliche Krämer recitirt sie vor einem gewohnten Kreise seiner Bekannten und Kunden, welche sich jeden Nachmittag um ihn versammeln, und unterbricht hie und da seinen Vortrag nur, um seine trockene Kehle und diejenige seiner Gäste mit einer Dose des köstlichen Tâbâku zu erfrischen.

Die vorzüglichsten Episoden dieser Heldengedichte werden außerdem häufig aufgeführt in den sogen. Yâtrâs oder Volksschauspielen.... Die Wirkung dieser Vorstellungen auf das gemeine Volk ist ganz unermeßlich; ganze Dörfer strömen herbei, sie zu sehen und zu hören, und es ist nicht ungewöhnlich, alles, alt und jung, Männer und Weiber, bei rührenden Auftritten weinen zu sehen, während nervösere Personen häufig in Delirien oder hysterischen Anfällen weggetragen werden müssen. Und was ist es, das diese Wirkung hervorbringt? Die einsame Sîtâdevî (Sîtâ) in dem Açokavanê (Açokahain) oder die ewig hingebende Râdhâ in dem verödeten Nikunja-Walde; der junge, trefflich erzogene, tugendhafte, edle Râmacandra, bereit, seine Jugend und seinen Thron zu opfern und vierzehn seiner besten Jahre in der Verbannung zuzubringen, nur damit die unüberlegten Gelübde seines alten Vaters erfüllt werden; oder derselbe Râmacandra, bitter weinend über seinen heißgeliebten Bruder an jenem furchtbaren Abend, da Lakshmana, der heldenmüthige und treue, durch den vergifteten Pfeil gefallen ist an den sandigen Ufern einer unwirtlichen Insel, weit, weit entfernt von den reizenden Ufern der Sarayu und bewohnt von den feindlichen Dämonen und den freundlichen Affenmenschen! So sind es die Yâtrâ-Gânas, welche durch die Darstellung der hauptsächlichen Episoden jener Heldengedichte die tiefsten Saiten des Herzens berühren, die edelsten Gefühle pflegen, die höchsten Tugenden predigen, und alles dieses in einer so einfachen, so volksthümlichen und so wirksamen Weise, daß ihnen weder das Katheder noch die Kanzel nahekommen könnte....

Unsere Heldengedichte sind es daher, auf welche die Europäer ihr Augenmerk richten müssen, wenn sie einen Begriff von den hauptsächlichen Ursachen haben wollen, welche den indischen Charakter gemodelt und gebildet haben, und nicht auf die Vedas; so ehrwürdig diese durch ihr Alter, so entzückend sie sind durch ihre Poesie, so haben sie doch beinahe alle religiöse Bedeutung verloren, soweit das praktische religiöse Leben in Betracht kommt.

Aus diesen Zeugnissen erhellt genugsam, daß wir im Râmâyana nicht eine Dichtung vor uns haben, welche als Kunstproduct einer untergegangenen Welt nur mehr der Geschichte und der Schule angehört, sondern eine noch lebendige Volksdichtung, welche, in zahlreichen Neubearbeitungen verjüngt und umgestaltet, alle diese neuen Sprossen und Schößlinge überdauert hat, noch heute Tausende, ja Millionen unterhält, erfreut, begeistert. Es wird nicht nur gedruckt und von einzelnen gelesen wie die europäischen Bücher: es wird noch wie vor zwei Jahrtausenden durch mündliche Ueberlieferung weitergepflanzt, von volksthümlichen Rhapsoden vorgelesen, hergesagt und declamirt, gesungen, gespielt, in großartigen Volksaufzügen dargestellt.

Bei einer solchen Dichtung läßt sich die literaturgeschichtliche Bedeutung kaum von der allgemein culturgeschichtlichen, sittlichen und religiösen trennen. Um sie aber richtig zu würdigen, müssen wir uns vor allem vergegenwärtigen, daß es ein großer Irrthum wäre, die Rāma-Poesie mit dem Vishnu-Cult überhaupt zusammenwerfen oder gar identificiren zu wollen.

Schon in den Veden erscheint Vishnu in der Gesellschaft des bacchantischen Zechers Indra, dessen Paradies die Mythenbildung später zum üppigsten Traumbild aller Wollust ausgestattet hat. In den Purânas ist Vishnu selber mit den schlüpfrigsten Vorstellungen und Märchen umwoben. In der Krishna-Sage ward er zum idyllischen Hirten oder Hirtengott, anmuthig wie ein Apollo oder Adonis, aber lüstern wie ein Faun. Seine ehebrecherischen Abenteuer erregten im Volke solches Aergerniß, daß die Brâhmanen sich genöthigt sahen, ihnen im Bhâgavat-Purâna eine mystische Bedeutung beizulegen, mit der bedenklichen Mahnung, daß den Göttern mehr erlaubt sei als den Menschen[1]. Spätere Bearbeitungen des Mahâbhârata theilten ihm dann eine erhabene Heldenrolle als Freund und Mitkämpfer der Pându-Söhne zu; allein die unsaubern Bestandtheile der Krishna-Sage wurden ihm dabei nicht gänzlich abgestreift. Wohl ficht er als Fürst der Yadavas im dichtesten Pfeilregen auf dem Kurufelde; wohl offenbart er sich (in der Bhagavadgîtâ) dem staunenden Arjuna in wunderbarer Vision als der höchste Gott, die erhabenste Offenbarung des Weltalls; aber gelegentlich ist er wieder der in Liebesabenteuer verwickelte Rinderhirt oder hat als König von Dvarakâ einen Harem mit 16000 Weibern. Mit Vorliebe hielt die Volksphantasie an der Sage fest, welche Krishna zu dem mit den Gôpis (Hirtenmädchen) tändelnden, schmollenden, seufzenden und untreuen Liebhaber machte. Dieselbe fand ihre höchste künstlerische Verkörperung in dem berühmten Gedichte Gîtagovinda des Jayadeva (12. Jahrh. n. Chr.), das um seiner glatten Form willen wohl allzusehr verhimmelt worden ist. Ihm ging übrigens eine wahre Massenproduction erotischer Poesie[2] voraus, welche sich theils an die Krishna-Sage theils an die Çiva-Verehrung anlehnte, theils unmittelbar aus dem Leben schöpfte. Auch die hinduistischen Reformer zogen die Krishna-Sage vielfach in den Kreis ihres Mysticismus, und in den neuern Volksschauspielen bildet sie wieder einen der Lieblingsstoffe. So ist ein großer Theil der indischen Poesie der tiefsten Entartung anheimgefallen oder wenigstens von einem Geiste üppiger Wollust durchtränkt.

---

[1] *Muir* l. c. IV, 48 ff.
[2] Ueber den merkwürdigen Einfluß der erotischen Poesie auf die indische Metrik vgl. H. Jacobi, Entwicklung der indischen Metrik in nachvedischer Zeit. Zeitschr. d. D. M. G. XXXVIII, 590—619.

www.ingramcontent.com/pod-product-compliance
Lightning Source LLC
Chambersburg PA
CBHW020412230426
43664CB00009B/1260